現代廣播學

陸中明 ◎著

Modern Radio Broadcasting

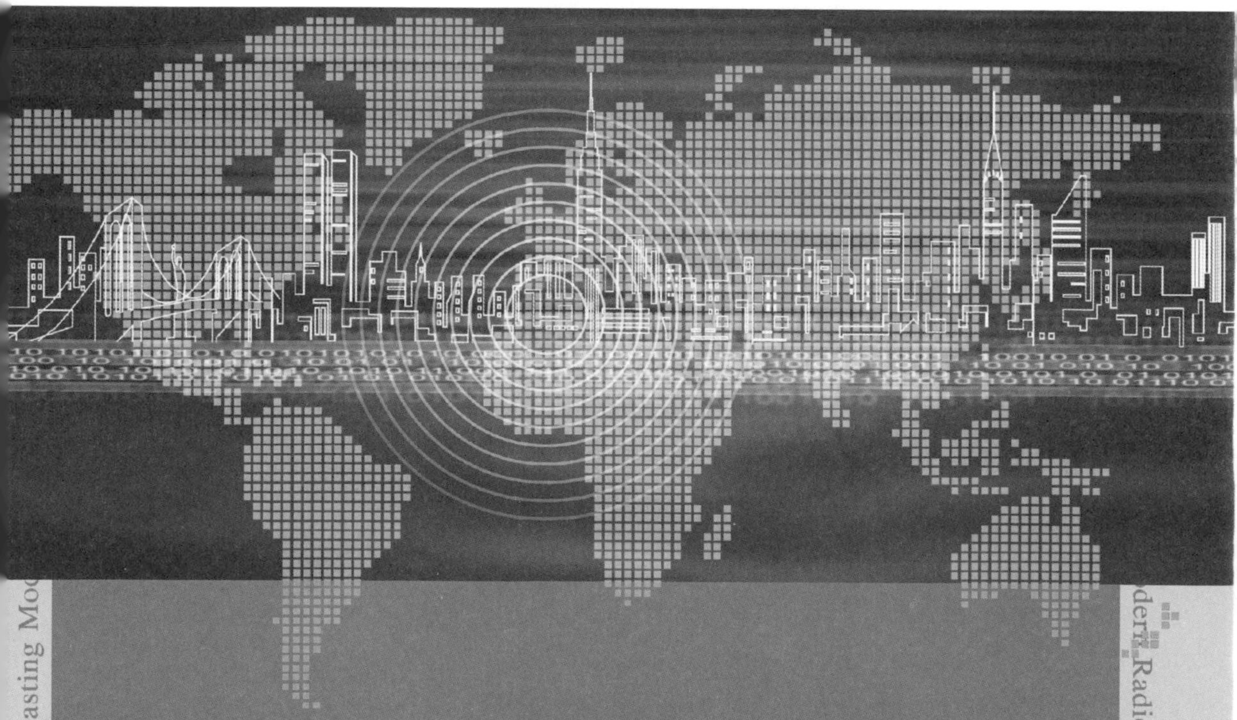

謝 序

廣播的魅力在於它的臨近性與親切感，無遠弗屆的時空下，創造了距離的美與遐思，立即性與方便性建構它獨特的媒體特性。結合現代數位科技與網際網路的應用，更造就了廣播舞台的無限延展性。

陸中明老師是資深的國立台灣藝術大學廣播電視學系的專任老師，曾是亞洲首位獲得紐約廣播節金牌獎的得主。多次入圍且獲得金鐘獎的殊榮，並曾獲得文建會及新聞局教育文化獎和最佳兒童節目獎等的肯定。不僅在實務製作上有很高的成就，努力教學的奉獻也廣受學生的喜愛與推崇。從她身上見證了一個廣播人專業、親切與隨和的特質。

因應快速發展的現代傳播科技、知識匯流與多元整合是一個潮流也是一個必然的趨勢，因此，廣播一樣的需要在獨立的媒體特性中再與其他傳媒整合，期待從新的發展介面中發揮更大的傳播效益。因此，它不僅需求於技術的突破，更有賴更多思維的建構，「內容」永遠是資訊傳遞中最重要的角色。

在這本論述中，陸老師彙整了中外廣播發展與應用的豐富資料，從廣播發展的歷史沿革到網路廣播、數位廣播、衛星與數位行動廣播等特性做了深入淺出的剖析。同時以她個人豐富的親身經歷，探討廣播節目企劃製作與經營行銷，提供有志於廣播領域的學生或相關從業許多寶貴的資訊，殊爲難得，期待這些新的觀念與思維能帶來新的激盪，願共勉之。

國立台灣藝術大學傳播學院院長

謝章富

2008秋於板橋

自 序

那年六歲，小小的個子站在麥克風前面，隨著丁蘭阿姨優美的鋼琴旋律，甩著長長的辮子，說著自己也不完全懂的故事，從此廣播成爲黑白琴鍵，奏出屬於我的彩色樂章。大學畢業後如願地進入中國廣播公司節目部服務，製作主持各類型節目，眞正開始深入瞭解廣播實務，也淺嘗廣播誘人的魅力。後經甄選派往德國之聲工作，五年的國際廣播經驗，開拓了我人生的視野。之後，到美國求學，期間曾經短暫在公共廣播電台擔任採訪記者，體驗公共廣播社區回饋的價值，也更深切明白廣播工作者的社會責任。回國後，即一直從事節目製作及廣播教學至今未曾中斷。

回顧過往，何其有幸，個人的成長過程恰恰見證了台灣廣播的變遷史：由綜合型電台轉變爲類型化電台，由戒嚴時期黨、政、軍之控管到解嚴後電台可由民間申設而百家爭鳴；在數位化時代來臨後，新科技更是改變了廣播原有的面貌，廣播節目中的資訊，可經由不同的載體接收，節目內容的多元及數位接收器的多樣選擇，讓聽衆進入了無限選台（Infinity Dial）的時代。在新媒體時代中，廣播業者如何將節目內容經由整合、分享和開放，尋求新的定位與方向是未來必須面對的挑戰。身爲廣播人的我，面對廣播革命性的改變，心中有了相當程度的迫切感，決意彙整多年來的實際參與、廣泛觀察、教學研究心得等資料，草成此書。

全書共分爲十章，寫作初始即定位爲這是一本提供給喜愛廣播的學生及社會人士之基礎入門參考書，因此嘗試以淺顯的文字表達，並且儘量蒐集國、內外相關資料數據以作爲後續研究之參考。本書第二、三、四章，探討了網路、數位、衛星及數位行動廣播之新趨勢。而在相關章節中亦對於數位時代的廣播節目企劃、電台行銷、收聽率調查等之新發展有概括的描述。

本書之完成必須感謝威仕曼文化的閻富萍小姐貼心的鼓勵及編輯部門人員之辛勞。匆促之中，相信謬誤在所難免，實乃個人學識不足或疏忽所致，仍盼各界賢達先進不吝指正爲感。

秋意正濃，謹將此書完稿的喜悅和因廣播而相識、相知、相守一生的外子李志成及在錄音室中奔跑長大的愛女珊珊分享。

陸中明
於2008年秋

目 錄

廣播之源起與發展

第一節　廣播科技發展簡史

壹、廣播的定義

廣播一詞，譯自英文的"Broadcasting"。根據《英漢大衆傳播辭典》的解釋：廣播爲發射廣播或電視訊號，供受衆收聽或收視者。

1934年美國制定的聯邦傳播法（Communication Act of 1934），將「無線電廣播」定義爲：利用無線電傳輸文字、符號、訊號、影像、聲音，包括所附屬之機器、設備、機構及服務。

根據民國95年6月所修正之「廣播電視法」第二條釋義如下：

1.稱廣播者，指以無線電或有線電傳播聲音，藉供公衆直接之收聽。

2.稱電視者，指以無線電或有線電傳播聲音、影像，藉供公衆直接之收視與收聽。

3.稱廣播、電視電台者，指依法核准設立之廣播電台與電視電台，簡稱電台。

4.稱廣播、電視事業者，指經營廣播電台與電視電台之事業。

5.稱電波頻率者，指無線電廣播、電視電台發射無線電波所使用之頻率。

6.稱呼號者，指電台以文字及數字序列表明之標識。

7.稱電功率者，指電台發射機發射電波強弱能力，以使用電壓與電流之乘積表示之。

8.稱節目者，指廣播與電視電台播放有主題與系統之聲音或影像，內容不涉及廣告者。

9.稱廣告者，指廣播、電視或播放錄影內容爲推廣宣傳商品、觀念或服務者。

10.稱廣播電視節目供應事業者，指經營、策劃、製作、發行或託播廣播電視節目、廣告、錄影節目帶之事業。

貳、調幅與調頻

一、電磁波

德國的科學家赫茲（Heinrich, Hertz）在1888年發表了著名的「電磁及其反應」研究報告，此為有關磁波特性分析最早的著作。後人為了紀念赫茲在發明無線電波上的貢獻，將無線電波稱之為「赫茲」波。為使電磁波被有效利用，專司國際間電磁波規劃與分配事宜的國際電信組織，於1974年在美國大西洋城舉行的國際無線電訊會中將電磁波分為八大類，其中有若干波段（頻率）是專供廣播使用（如**表1-1**）。

Heinrich Hertz (1857-1894)

表1-1　電波頻率與用途表

電波名稱	頻率與波長範圍	用　途	備　註
VLF特低頻	0.003-0.03 MHz	軍事用	超長波
LF低頻	0.03-0.3 MHz	航海用、航空用	長波
MF中頻	0.3-3 MHz	航海、航空、調幅廣播	中波
HF高頻	3-30 MHz	家庭、火腿族、國際廣播	短波
VHF特高頻	30-300 MHz	調頻廣播、軍事用	超短波
UHF超高頻	300-3000 MHz	電視頻道、警用、雷達	1000MHz以上微波
SHF極高頻	3000-30000 MHz	太空傳播衛星、微波	微波
EHF至高頻	30000-300000 MHz		微波

資料來源：Edgar E. Willis & Henry B. Aldridge. *Television, Cable and Radio*. p. 251.

二、調幅廣播

調幅（Amplitude Modulation）是指無線電波之載波振幅，隨低頻聲音訊號振幅變化；簡稱AM，意即「調幅廣播」。中頻調幅廣播（中波廣播）頻帶分配自五二六．五千赫至一六〇六．五千赫。

調幅廣播電台通常使用直徑相當於波長四分之一的發射天線（AM電台的波長介於593到1,823呎之間）。低功率的AM訊號，可以利用建築物的暖氣管或輸電線做傳導媒介，訊號在通過時，可向其四周做短距離的放射。使用這種凹式的廣播，稱為電流載波（carrier-current）電台。

AM立體廣播採用矩陣模式（matrix mode），以類似FM立體廣播的方式混合左右兩個聲道。另外，短波廣播也是使用AM，所分配到的是6～25兆赫的高頻率波段。電離層日夜都會折射這個波段內的電波，因此，訊號能夠全天候傳送到距發射機數千哩外的目標區。短波廣播通常應用於國際廣播。根據民國96年5月修訂之「無線廣播電視電台設置使用管理辦法」第二十六條，對於調幅電台發

表1-2　調幅電台發射電功率及發射天線半徑表

電台電波	電台種類	發射電功率	發射天線半徑
調　幅	甲	3000瓦特以下	40公里
	乙	5000瓦特以下	60公里
	丙	5000瓦特以上	100公里

資料來源：「無線廣播電視電台設置使用管理辦法」，第二十六條。

射機輸出電功率及發射天線半徑的相關規定如**表1-2**。

三、調頻廣播

調頻（Frequency Modulation）聲音訊號是以載波的頻率，隨低頻聲音訊號頻率振幅變化，簡稱為FM。FM廣播分配到的頻寬相當寬裕，是AM頻道的二十倍。這使得FM不僅可傳送高傳真的聲響，還可容納一個立體副載波（sub-carrier）。附屬傳播服務可跟正規的FM廣播節目同時傳送出去，但收音機需要加裝特殊的轉換器才能收聽。因此可開發為盲人提供閱讀服務，或為辦公室、商店提供背景音樂等使用。

FM立體廣播以兩套設備分左右兩個聲道，接收自聲源發出的訊號，再根據訊號調至電台的FM載波。除載波外可同時傳送一個控制或引導（pilot）副載波及一個立體音效副載波；立體收音機中有一個解碼器，將訊號再分為左右兩部分，分別傳到兩個喇叭中。

根據民國96年5月修訂之「無線廣播電視電台設置使用管理辦法」第二十六條，對於調頻電台發射機輸出電功率及發射天線半徑的相關規定如**表1-3**。

根據97年1月NCC公布之「無線廣播電視電台工程設備技術規範」第十一條：調頻廣播頻帶自八八兆赫至一〇八兆赫。調頻廣播頻道之指配，自八八．一兆赫開始至一〇七．九兆赫止共一百個頻道。

表1-3　調頻電台發射電功率及發射天線半徑表

電台電波	電台種類	發射電功率	發射天線半徑
調　頻	甲	宜蘭、花蓮、台東及外島地區為1500瓦特以下，其他地區為750瓦特以下	宜花東及外島地區15公里，其他地區10公里
	乙	3000瓦特以下	宜花東及外島地區30公里，其他地區20公里
	丙	30千瓦特以下	60公里

資料來源：「無線廣播電視電台設置使用管理辦法」，第二十六條。

參、廣播科技發展簡史

蘇格蘭物理學家詹姆士．麥克斯威爾（James Clerk Maxwell）於1873年發表電磁論，認爲有一種看不到的「輻射能」存在的理論，即爲「電磁能」。他以數學方式描述這種能量，並推測它像光

James Clerk Maxwell (1831-1879)

線一樣，是以波浪型態由源頭發射出來。1888年德國物理學家赫茲的實驗報告證實了麥克斯威爾的理論，將電磁波由實驗室的一端傳送到另一端，並測量出其波長。1904年佛萊明（John A. Fleming）取得了二極眞空管專利研究，解決了訊號如何產生、檢測及擴大等問題。馬可尼（Guglielmo Marconi）在1895年首次實驗了無線電傳送，1896年他在英國取得了無線電報的專利權。1899年馬可尼成功地將電報自英國拍發至法國，1901年完成了橫越大西洋的無線電通報，開啓了無線電海上救援的活動。1912年鐵達尼沉船之時，即因在五十哩外的卡帕色亞號上的發報員無意中聽到鐵達尼號求救的訊號，才加速趕往馳援，救起約七百人。1916年德佛瑞斯特（Lee De Forest）在家中架設眞空管發報機，試播留聲機唱片，可說是實驗性播音之始。1919年美國加州聖荷西（San Jose）的KQW電台開始播音，它可能是美國最早正式播音的電台。1919年，威斯康辛大學物理系創設WHA電台，是全美第一座電台，播放市場行情與氣象報告。同年6月，底特律WWJ實驗電台成立。這時候，西屋電器公司研究工程師（Frank Conrad）也在匹茲堡架設8XK電台，報導一些運動比賽結果的節目。1920年11月2日KDKA電台在匹茲堡東區正式開播。開播當天正値總統大選，KDKA的首播內容即是根據報社以電話傳來的開票結果，並穿插留聲機音樂及現場的五弦琴演奏。選舉過後，KDKA固定每天播出一小時的音樂及談話性節目。

之後，1929年起廣播業者使用品質較佳的十六吋ET（Electrical Transcription），這種唱片每分鐘轉三十三又三分之一圈，每面可容納十五分鐘的音樂。1992年德國Fraunhofer Gesellschaft（FHG）公司開發了MP3，2001年蘋果電腦公司推出第一代iPod，廣播在一百三十餘年的發展過程中，和聽衆的生活可說是習習相關，密不可分。**表1-4**條列廣播科技之發展簡史，以供參考。

表1-4　廣播科技發展簡史

1873年	James Clerk-Maxwell發表電磁波理論。
1877年	Thomas Alva. Edison發明留聲機（phonograph）。
1888年	Emile Berliner研製成功了圓片形唱片和電唱機（disk record gramophone）。
1888年	Heinrich Hertz發表「磁及其反應」研究報告，後人將無線電波稱之為「赫茲」波。
1895年	Guglielmo Marconi首次實驗無線電傳送（Radiotelegraph），l901年實驗成功。
1896年	Guglielmo Marconi研製成功無線電傳送裝置。
1899年	Guglielmo Marconi訪問美國，為軍方試播無線電廣播。
1906年	Lee De Forest發明三極真空管，使人類透過無線電廣播傳遞聲音的夢想得以實現。
1906年	12月24日耶誕夜Reginald Fessenden在麻州（Massachusetts）黑雁石（Brant Rock）地方播送耶誕歌曲與聖經詩句，使在海上作業的人自耳機中第一次聽到人類的聲音。
1910年	Lee De Forest在紐約的大都會歌劇院成功的轉播卡羅素的演唱，完成實驗廣播的夢想。
1912年	Marconi公司利用電報將鐵達尼號船難事件傳到美國。
1916年	Lee De Forest在紐約的2XG電台試播廣告，並報導胡佛與威爾遜之總統大選實況。
1919年	Frank Conrad在其8XK實驗電台中廣播音樂。
1920年	Frank Conrad於匹茲堡成立KDKA無線電台。
1920年	AT&T所屬的WEAF開啓付費式廣播。
1920年	11月2日西屋公司在匹茲堡的KDKA電台獲得美國第一張廣播執照。
1926年	奇異公司（GE）、全國無線電公司（AT&T）、西屋電氣公司（Westinghouse）合組成立National Broadcasting Company（NBC），這是美國第一家廣播聯播網。
1927年	聯邦無線電委員會（Federal Radio Commission; FRC）將調幅波段設定在535-1605KHz之間。
1931年	美國無線電公司（RCA）試製成功33 1/3轉／分的唱片（Long Play; LP）。
1933年	Edwin Howard Armstrong發展出調頻無線廣播（FM），RCA調頻廣播電台成立。
1934年	美國聯邦通訊委員會（Federal Communications Commission; FCC）成立，將洲際與國際商業電報和無線電廣播集中管理。

（續）表1-4　廣播科技發展簡史

1938年	Orson Welles用磁帶錄音播出「War of the Worlds」節目，該節目引起全國恐慌。
1940年	FCC核發第一家商業調頻廣播執照。
1947年	美國貝爾實驗室（Bell Laboratories）發明電晶體、使廣播得以成為最強的行動媒體。
1948年	美國哥倫比亞公司開始大批量生產33 1/3轉／分的新一代的密紋唱片（Microgroove），成為唱片發展史上具有劃時代意義的大事。而RCA也推出45轉的EP（Extended Play）與之抗衡。
1953年	Ampex在磁帶錄音的基礎上，成功開發出彩色錄影機，此後二十年間獨霸市場。
1978年	Sony總裁大賀典雄與荷蘭菲利浦公司共同合作研發雷射唱片（Compact Disc; CD），並於1980年正式問世。
1986年	Eureka 147數位廣播系統於歐洲開發。
1988年	世界無線電行政會議制訂Eureka 147規格，1995年歐盟正式採用。
1992年	日本Sony公司推出迷你音樂光碟（minidisk; MD）。德國Fraunhofer Gesellschaft（FHG）公司開發了MP3。
1993年	第一座網路電台「Internet talk radio」正式播出。
2001年	蘋果電腦公司推出第一代iPod。
2006年	蘋果電腦公司推出第五代iPod。
2007年	蘋果電腦公司推出iPhone。
2008年	蘋果電腦公司推出iPhone 3G。

資料來源：陳清河教授等（2006），作者自行增修。

第二節　世界各國廣播發展概況

壹、美國

在美國，廣播的發展依Sandman、Rubin和Sachsman等學者的說法大致可分爲四個時期：

一、實驗期（1906～1920年）

1906年，Lee De Forest完成三極眞空管，使人類透過無線電廣播傳遞聲音的夢想得以實現。同年12月24日耶誕夜Reginald Fessenden在麻州黑雁石地方播送耶誕歌曲與聖經詩句，使在海上作業的人自耳機中第一次聽到人類的聲音而感到驚訝。之後，1919年美國加州聖荷西的KQW電台也開始嘗試播音，它可能是美國最早播音的電台。1916年Lee De Forest在紐約的2XG電台試播廣告，並報導胡佛與威爾遜之總統大選實況。另外，1919年威斯康辛大學物理系創設WHA電台，是全美第一座正式電台，播放市場行情與氣象報告。

此時美國國會鑑於無線廣播電台漫無限制，干擾嚴重，並影響政府通訊，於是通過「無線電廣播法」（The Radio Act of 1912），禁止私人業餘無線電波干擾政府無線電通訊。另外，適逢第一次世界大戰爆發，美國政府以無線電器材須供軍用，而凍結新電台的申請，直到1919年戰爭結束後才解禁。

二、創始期（1920～1926年）

1920年AT&T所屬的WEAF出售廣告時間，開啓了付費式廣播（toll broadcasting）。1920年11月2日西屋公司在匹茲堡的KDKA電台獲得美國第一張廣播執照。此後商業廣播大行其道，如The Everyday Company在1923年贊助並製作了一小時的表演節目，在WRAF電台播出，這是所謂贊助式廣告及外製節目的開始。1921年全美電台有三十家，收音機約有五萬架；到了1922年，電台增加到三百八十二家，收音機三十萬架。

美國第一家獲得正式廣播執照的KDKA電台（1920年）

三、發展期（1926～1937年）

1928年美國第一座實驗電視台WGY在紐約進行試播。1929年美國爆發經濟大蕭條。但這兩件大事似乎並未影響這個階段廣播的發展。1929年經濟蕭條風暴逐漸復甦後，電台急遽擴充。1935年至1941年共增加了兩百家新電台。1933年Edwin Armstrong公開展示了FM調頻電台，收音品質大幅提升、電台迅速擴張、廣告營收上升、更加速了廣播的發展。

(一)廣播網的成立

美國無線電公司（Radio Corporation of America; RCA）在薩諾夫（David Sarnoff）的建議下於1926年成立國家廣播公司（National Broadcasting Company; NBC）包括NBC紅網（Red）、NBC藍網（Blue）；1927年哥倫比亞廣播公司（Columbia Broadcasting System; CBS）成立，1934年互惠廣播網（Mutual Broadcasting System; MBS）成立，大部分的電台變成了聯播網之加盟電台

（Affiliated Station）。以1937年爲例，NBC有一百三十八家加盟電台，CBS有一百一十三家加盟電台，MBS有七十四家加盟電台。（www.oldradio.com）。

(二)商業廣告蓬勃發展

由於收音機的普及，收聽人口的增加，社會經濟富裕，購買力增強，使得廣告主十分看好廣播廣告。以1937年爲例，全年之廣告營收達到一億六千萬，廣告代理商成爲節目的主宰，60%之廣告預算被聯播網獲得。1938年「聯邦傳播委員會」（Federal Communication Commission; FCC）調查了六百三十三家電台，三分之二在播出節目中是有廣告的。

(三)節目型態

根據1938年FCC之調查顯示，此一時期53%是音樂節目，11%屬於談話性節目，9%是戲劇，綜藝占9%，新聞占9%，宗教占5%，有2%是特別報導節目，2%爲其他。基本上，此一時期綜合類型節目爲主要製播型態。

(四) FCC正式成立

1934年7月1日FCC正式成立，主席由總統提名，經參議院同意。FCC每年必須向國會提出報告。

四、廣播的黃金年代（1938～1945年）

收音機的普及使得廣播成爲最受歡迎的大衆傳播媒體，廣告營收持續上揚，尤其在第二次世界大戰期間，美國政府爲節省資源，凍結新廣播電視電台的申請，使得當時市場中的九百多家電台廣告營收大幅增加；1937年至1944年廣告利潤由二千三百萬美元增加到九千萬美元（朱立，1969）。這個階段廣播節目的特色爲：

1.戰時新聞大量增加，充分發揮廣播在新聞傳播與公共服務方面的功能與貢獻。另外，1942年1月美國之音（Voice of America; VOA）成立，正式以多種語言向世界廣播，爲國際廣播開展新紀元。

2.1944年大選夜之實況轉播，開啓了政治傳播（Political Broadcasting）之先鋒。

3.音樂和綜藝仍是最受歡迎的節目型態。

4.肥皂劇（soap）數量減少。

5.爲避免觸犯反壟斷法，國家廣播公司將其「藍網」出售給諾貝爾（Edward J. Nobel），並更名爲美國廣播公司（ABC）。

五、廣播事業的黑暗期（1946～1961年）

1.電子革命：HI-FI和電視之興起，以及錄音帶之問世，給廣播帶來了極大的威脅，收聽率明顯下降。

2.AM調幅電台急遽增加，1952年共增加了二千三百五十五家地方台，加速了區域市場的競爭。

3.電台聯播網經營者開始發展電視事業，初期以廣播廣告來支持電視之發展，許多廣播明星紛紛進入電視，如Bob Hope等。

4.聯播網之廣播節目走入衰退期，戲劇被音樂節目所取代，因爲製作成本較低，所以TOP 40節目型態廣泛受到歡迎，因而使肥皀劇在1960年代正式在廣播中消失。

六、廣播事業的蛻變期（1962年）

當電視迅速發展後，迫使廣播不得不做徹底改變，進而以全新的經營策略、節目型態，爭取新一代的廣播聽衆。

1.全新的經營策略：原本廣播的經營策略是以大眾為訴求，但是卻難以使每個人都滿意，反而失去了聽眾的支持度，所以試圖在小眾市場尋找利基點，於是聽眾區隔日趨明顯，正式從綜合性電台轉型為類型電台（Format Radio）。
2.全新的節目型態：在類型電台的經營理念下，如Middle of road（MOR）、JAZZ、Contemporary Hit Radio（CHR）等音樂類型電台應運而生，廣播娛樂功能日益增強。
3.隨著廣播目標聽眾年齡層的降低，DJ之主持方式廣泛受到歡迎。

廣播在美國的發展經驗至今仍為許多國家學習的榜樣，八〇年代的台灣是踩著六〇年代美國的足跡，在尋找自己的方向及定位，從而奠定了今日的基礎。

根據FCC官方網站記錄，截至2007年12月31日為止，全美領有正式執照的電台，包括AM電台有四千七百七十六家，FM商業台有六千三百零九家，FM教育台有二千八百九十二家，低頻FM有八百三十一家，總共是一萬四千八百零八家（www.fcc.gov）。

貳、英國

1922年，英國數家無線電企業合組了英國廣播公司（British Broadcasting Company），開始了英國的廣播事業。1927年，英國女皇頒布了「皇家憲章」（Royal Charter of Incorporation），將原本屬於私人性質的英國廣播公司，改組為公共性質的英國國家廣播公司（British Broadcasting Corporation; BBC），並授與它在全國經營無線電台的特權。其目標、權利、義務、組織、經費及利潤之使用，均在此憲中有明確規定。BBC的最高領導機構是由十二人所組成的董事會，成員包括各政黨和社會各界代表。經政府提名，英皇任命之。董事會必須對BBC的節目和專業表現全權負責。BBC的運作經費主要來自於視聽大衆繳交的收音機與電視機執照費（1971年起，收音機不再收費），收費標準由國會決定。事實上，英國多年來一直堅持廣播電視應以公共利益爲宗旨的基本精神從未改變過。BBC壟斷英國廣播電視的局面一直到了1954年，國會決定開放商業電視，並組織電視管理局（Independent Television Authority; ITA），以及在1972年決定開放商業廣播之後才被打破。同年，ITA也更名爲獨立廣播管理局（Independent Broadcasting Authority; IBA）。BBC目前節目運作分成國內與國際兩部分，國內節目是由電視執照費提供，也因其經費來自於全民，因此服務必須涵蓋全民，且對國會負責。這種公共體制表現的「政府有限度干預」及「維持完整獨立的運作管理」模式，相當符合民主政治的相互制衡、相互尊重的基本精神（關尚仁，1992）。

近年來，英國國家廣播公司（BBC）爲了因應新傳播科技時代的來臨，在公司整體經營上又做了一連串重大的變革。在BBC年度報告中指出，現代聽衆可由網路、數位廣播（Digital Radio）、數位電視、手機、iPod等傳輸方式聽到BBC的廣播，所以BBC在成功扮演公共廣播服務的角色後，更期望有些新的改變（BBC, 2005/2006）。

2006年4月BBC總裁Mark Thompson指出：第二波數位化浪潮，即將衝垮傳統傳媒的基礎，BBC將在未來五年內，大幅改變節目與服務的傳送以吸引年輕族群。未來節目內容，將用隨選點播的方式，傳送到付費觀／聽衆的手提式設備，如電腦、手機及數位電視。未來閱聽人將透過寬頻手提設備，來取得英國國家廣播公司的服務。同時英國國家廣播公司網站上的全功能搜索引擎，可以傳送現場立即的帶狀節目，也能由檔案資料庫選播內容豐富、題材廣泛的各類型節目，一切皆可依點播者的要求而決定。

參、西德

1923年10月29日柏林的Funkstunde電台成立，1924年陸續成立了八家廣播公司，同時也建立了收聽費的制度。1925年各廣播公司聯合成立「德國廣播聯盟」，作爲其共同管理機制，但未經數月，卻告解散，改由「德國廣播電台」（Reiches-Rundfunk Gessellschaft; RRG）取而代之。由於當時郵政部擁有大部分股權，故當時的德國是一種半國營、半私營的混合式組織的廣播制度。

希特勒（Adolf Hitler）於1933年取得政權，爲穩定政治勢力，集中政府全力，將全德廣播電台收歸國有，受政府宣傳部之指揮。

第二次世界大戰後，西德爲避免重蹈納粹時期廣播公司因國有而淪爲政治宣傳工具之覆轍，在「基本法」中伸張廣播電視之獨立自主權，不受政府箝制，其管轄權歸屬各邦。當時（1949年）占領西德之四強，包括英、美、法、蘇各自成立廣播公司。如：法國在巴登（Baden）地方成立西南廣播公司（SWF），法國占領區仿照BBC形式在漢堡設立西北廣播公司（NWDR），美國在約登堡設立南德廣播公司（SDR），於慕尼黑設立巴伐利亞廣播公司（BR）、法蘭克福設立黑森林廣播公司（HR）及布萊梅廣播公司（RB）等，三強占領國有六個電台。而原有之大德廣播公司（Crossdeutshes Rundfunk）則隨第三帝國而瓦解（行政院新聞局七十八／七十九年度研究報告彙編，1991，頁245）。

除前六個電台外，另有柏林自由電台（SFB）、薩爾蘭德廣播電台（SR）、德西廣播公司（WDR），共計九個邦立廣播公司，於1950年協議成立「西德公營廣播電視協會」（ARD），聯合規劃經營方針、製作節目、經費分攤、工程技術及法律上的問題（蔣麗蓮，1982）。

此外，依西德聯邦法律所設的德意志廣播電台與德國之聲亦分別於1960年與1962年分別加入ARD協會，共同製作節目，分攤經費，彼此合作無間（蔣麗蓮，1982）。

到了1990年，東、西德統一，原東德境內之五個邦亦研議考慮加入ARD組織。前述ARD組織，又稱「第一電視台」，以區別於1963成立之「西德第二電視台」（ZDF）。

ZDF於1964年開播，同年，公營第一電視台（ARD）的各組成台為服務地方居民，開闢第三電視網，因節目內容大幅增加，包括連續劇、偵探影集與娛樂節目等，儼然已成為第一與第二電視台之競爭對手。德國廣播電台及電視台分公營及民營兩種，擁有電視及收音機之家庭每月需繳交廣播電視規費，用以支付公營電台之營運，公司行號，廣電規費之收取，則以視聽機器之多寡論件計費。2007年1月起，對能夠經由網際網路存取電視及廣播節目的電腦及手機每月徵收5.52歐元（約新台幣231元）的執照費。

肆、日本

1925年開始播音的東京廣播電台是日本第一家廣播電台。1926年東京廣播電台合併了大阪廣播電台和名古屋電台，組成日本放送協會（Nippon Hoso Kyokai; NHK）。日本在1950年制訂廣播法和電波法，NHK改組成為公共廣播電視台，與商業廣播電視台展開良性競爭。

NHK設立了經營委員會，以決定每年度的預算、決算和事業計畫、節目編排等基本計畫，以此為NHK經營方針和業務運作方面的重要依據。這個委員會是由能夠在公共福利上做出公正判斷、並擁有豐富經驗和學識的十二位委員組成。委員之遴選須經參、眾兩院的同意後，由首相任命，任期三年（徐耀魁，2000）。

伍、蘇俄

1919年，蘇俄於莫斯科開始建立電台，1920年開始實驗廣播。1922年9月17日，蘇俄成立「群眾之聲」廣播公司，並利用12千瓦的發射電力，正式廣播節目，這也是第一次大型的「廣播音樂會」。

1925年8月，成立世界第一座短波電台，1924年10月成立「社會廣播電台」（Sohelnicheskaya Radio Peredacha）。這個莫斯科電台（Radio Moscow），一直是蘇俄最重要與最大的廣播電台，轄有四個廣播網（蔣麗蓮，1982）。

1948年，蘇俄將全國廣播委員會改組爲「國家廣播電視委員會」，負責廣播電視事業委員會，負責廣播電視事業的設計與指導。

由於蘇俄幅員遼闊，直到1985年才算達到廣播節目普及全國的目標，這時，莫斯科電台已增爲五個廣播網，播出新聞、政治、文學、音樂、調頻等節目，以及國際短波。1987年，全國共有一百七十六個廣播電台，五千個以上的地方廣播電台廣播站。1990年7月14日，蘇俄總統戈巴契夫公布「廣播電視事業自由化命令」，准許私人或民間組織設立電台（張樹棣，1991）。

陸、法國

法國的廣播事業肇始於1921年，是利用艾菲爾鐵塔（Eiffel Tower）發射站，每天播出節目。第二次世界大戰後，法國取消所有的民營電台，成立法國國家廣播電視公司（Radio diffusion-Television Francaise; RTF），爲一國營獨占廣播公司。1963年起，改爲三個不同的廣播網，一個是「法國內部」（France Inter），一個是「法國文化」（France Culture），一個是「法國樂府」（France Musigue）（張樹棣，1991）。

1948年左右，社會黨執政，決定結束國營廣播電台獨占局面，而開放民營電台的設立。目前，法國廣播事業仍由法國廣播公司（Radio France）負責，不播廣告，下設五個廣播網，各具特色，分別播出不同型態的節目。

此外，海外廣播則由法國國際廣播電台（Radio France International; RFI）負責，共擁有三大廣播網（RFI 1, 2, 3）以衛星傳輸方式進行全世界的廣播（陳清河，1997）。

柒、中國大陸

中國共產黨手創的第一座電台——延安新華廣播電台，於1940年12月30日正式播音，呼號XNCR。

1949年3月，在中共所謂解放區內，一共有二十四座電台，其中華北有四座，東北十五座，華東三座，西北一座，中原一座。1982年，中共為擴展廣電業務成立了廣播電視部，積極發展廣電事業。根據中國國家廣播電影電視總局之統計資料，截至2006年底之統計：中國目前有二百七十三座電台，三百零二座電視台，總台數有一千九百三十二台；廣播覆蓋率為94.48%，電視覆蓋率為95.81%；2006年全年廣播廣告收入約五十九億人民幣（www.gdtj.chinasarft.gov.cn）。

第三節　廣播事業在我國的發展

民國11年12月，當時美商奧斯本（Osborn）在上海開辦中國無線電公司，並在大來百貨設立第一座無線電台，電力50瓦。民國16年10月，在上海新新百貨屋頂，設立了50瓦的廣播電台，呼號爲SSC。是我國第一座民營電台。本節將分三階段來說明廣播事業在我國的發展：(1)大陸時期（民國38年前）；(2)頻道釋出前（民國82年前）；(3)頻道釋出後（民國82年後）。

壹、大陸時期（民國38年前）

1.民國11年美商奧斯本先生在上海開辦了中國第一座無線廣播電台，惟僅三個月即告關閉。
2.民國16年國人自辦的第一座廣播電台——天津廣播電台成立，呼號爲COTN，採取收費制。
3.民國16年上海新新百貨公司設立50瓦的廣播電台，呼號爲SSC，是我國第一座民營電台。
4.民國17年中國國民黨第二屆執行委員會第四次全體會議後，陳果夫先生、戴傳賢先生、葉楚傖先生商議後，由陳果夫先生籌款官銀一萬九千兩，向美商開洛公司訂購500瓦之中波發射台一座，簡稱中央廣播電台，呼號爲XKM。「X」爲國際無線電工會指定給中國專用的字母，「中央廣播電台」於民國17年8月1日下午5時正式開始播音。
5.民國17年至25年，全國共有公民營電台七十六家。
6.民國25年2月23日南京短波廣播電台成立，呼號爲XGOX。
7.民國27年在重慶成立了國際廣播電台。
8.抗戰時期設流動電台，因應戰時的需要。
9.民國34年8月10日，中央廣播電台在重慶的歇子台收音站偵聽到日本以降求和的決定。
10.勝利之初廣播發揮了命令傳達、播音導航等工作。

11.民國37年上海電台以六套FM調頻機及中波機轉播第七次全國運動大會實況。

貳、頻道釋出前（民國82年前）

一、日本統治時期

1925年6月，日本總督府便在台北建立播音室，進行試驗性廣播。1928年11月日本政府在台北成立台灣廣播電台（當時的放送局），使用日語開始播音。其後，在台南、台中、嘉義、花蓮四處建立廣播電台，並仿照日本國內的模式，成立台灣放送協會進行管理，以廣播對台灣人民進行殖民統治。並且配合日本政府的南進政策，與加強對華占領區的心戰需要。當時的電波涵蓋範圍，包括整個東南亞及中國大陸江蘇與南京等地區（中央廣播電台，1991）。

台灣光復以後，1945年11月國民政府派員接管上述五座廣播電台，台灣的廣播工程人員將日據時代的設備進行組裝，延續發展各項設施（李木村，2005年8月11日，轉引自陳清河，2005）。1949年國民政府及其中央廣播電台等公營電台先後遷移至台灣，同年11月6日，中國廣播公司的前身中央廣播事業管理處在台灣成立，管轄台灣廣播電台及其下屬的台中、台南、嘉義、花蓮、高雄、台東六個分台（郭鎮之，2005）。

二、頻道釋出前

(一)1949～1958年

1949年國民政府遷台，雖然局勢頗爲混亂，但仍有部分電台在此時恢復播音。當時隨政府撤退來台的只有中廣、軍中、空軍、民本、民聲、正聲、鳳鳴、益世等幾家電台。民國39年，台灣地區軍、公、民營電台共有二十一家。民國44年時，政府決定台灣省每一縣市准設民營電台一座，惟電力須1,000瓦以上。民國41年至47年，全省廣播電台由原來的二十一家增至五十二家。

(二)1959～1970年

從民國50年起，政府便凍結民營廣播電台的設立。在這段時期爲實施對大陸心戰，設立了五家軍用電台，均隸屬於國防部及其所屬軍事單位使用，包括在金門、馬祖前線對中共軍隊喊話的有：光榮之聲、軍中播音總隊（後改名軍中電台，現爲漢聲電台），及正義之聲（大陸敵後）、空軍電台等。其中最具代表性的軍用電台，當屬民國46年8月1日成立的復興廣播電台。該台隸屬於國防部軍事情報局，開闢時段對大陸廣播，特色爲只要對岸有「匪波」滲入，復興廣播電台即時在適當地點，以同一頻率予以阻擋，同時並從事心防教育。此爲第一階段拓展時期。

(三)1970～1992年

交通部於1968年4月公布「調頻廣播無線電台工程、技術規範」（中華民國廣播年鑑，1969）。規範中載明，台灣調頻廣播電台頻道爲100～108MHz，規劃爲八個全省性調頻網路，其頻道寬度爲200KHz。七○年代至八○年代初期，漢聲等電台獲准成立新的調頻頻道（漢聲106.5兆赫，警廣104.9兆赫，教育101.7兆赫，台北市政93.1兆赫，高雄市政93.1兆赫），此外，當時中國廣播公司，亦獲得新的調頻頻道（音樂網96.3兆赫，流行網103.3兆赫，鄉親網105.9兆赫，前新聞網107.8兆赫）。另外，民國68年成立的台北國際社區廣播電台（ICRT），其前身爲美軍電台（AFNT），是國內唯一以英語發音的廣播電台，亦獲配調頻頻率爲100.7兆赫。

參、頻道釋出後（民國82年後）

政府自1993年2月至2002年止，分十個梯次開放廣播頻道供民間申設廣播電台。1994年9月，政府再次大幅度開放88～92MHz中的頻率供地區申設調頻頻道，並依電台服務區域大小分為甲、乙、丙三種功率的電台規格。按2003年行政院新聞局的白皮書之陳述，第一至第四梯次及第七梯次開放中功率調頻廣播電台；另第四梯次亦開放一個調頻大功率廣播電台，第四、五梯次並首度開放社區功能的小功率廣播電台；其他如第六梯次金馬調頻廣播電台開放案，使多年未有新電台設立的金馬地區有廣播電台的設立；第八梯次開放於台北地區設立客語調頻電台；第九與十梯次才加入原住民電台及客語調頻電台的申設。除此之外，依據「廣播電視法」第九條規定及立法院會議制定「國立教育廣播電台組織條例」時通過之附帶決議，教育電台應增加播送頻道，故保留七個頻道供國立教育電台使用。扣除以上指定用途頻率，仍有多數頻率供一般電台申設使用。第八梯次之後既有的共識才逐漸形成，規範廣播頻譜規劃應力求普遍均衡，不但需符合社會開放潮流，強調照顧弱勢族群，且應保留一般電台申設空間。另外，為了尊重民意配合立法院附帶決議，擴大教育電台對偏遠地區民眾教育的服務，期能平衡都會及偏遠地區廣播水準，以引導建立一個更多元、專業、均衡、公平、健全以及普及化的廣播市場（陳清河，2005）。

根據行政院新聞局所編印之開放廣播頻率設立電台執行計畫中說明了開放電台普遍均衡的原則，落實方式是「於各地區普設電台」，以「服務地方聽眾，縮短城鄉差距」，並以民營為主。至於弱勢族群電台成立亦為開放新電台的目的之一，因此在開放小功率電台時，除原有十家地下電台獲准設立外，另外兩家以「勞工」為訴求的「台北勞工教育電台」（基北區）、「新竹勞工之聲廣播電台」（桃竹區），和一家以「女性」爲訴求的「女性生活廣播電台」（基北區）申設均獲准。

頻道開放後全省共有一百七十家電台。其中公營廣播電台有七家。民營廣播電台有一百六十三家，加上籌備中之五家數位廣播電台，二家籌設中的小功率電台，共有一百七十七家（www.ncc.org.tw）。

第四節　數位時代廣播發展新貌

數位科技的日新月異，開啓了廣播新紀元。自1980年德國廣播技術研究所首先開始研究「數位音訊廣播」（Digital Audio Broadcasting; DAB）技術以來，世界各國政府已陸續展開數位廣播的運作。數位廣播可以避免多路徑干擾，並使收音品質提升到CD的水準，同時可傳輸影像及數據，優點甚多。英國自1995年9月加入數位廣播的行列，採用的是Eureka 147系統。截至2007年底，已有一億以上人口收聽過DAB的節目。

至於美規IBOC系統，又稱HD Radio，可與現有的AM / FM相容，爲了大力提升其使用率，2006年提撥超過兩億的宣傳費用，以推廣HD Radio。在台灣，2005年6月數位廣播執照釋出，共核准了三家全區單頻網及三家地區網。關於數位廣播之發展及現況，將在第三章中詳述之。

網際網路的興起，徹底破除廣播區域性之限制，藉由影音串流，將多樣化的內容傳送給網路聽衆。傳統電台或者提供即時線上收聽，或者提供隨選播音服務，皆著眼於提高收聽率及擴大廣告效益。Arbitron 2008年1月之報告指出，有三千三百萬美國人收聽網路廣播節目，本書第二章將詳述網路廣播之生存與發展。

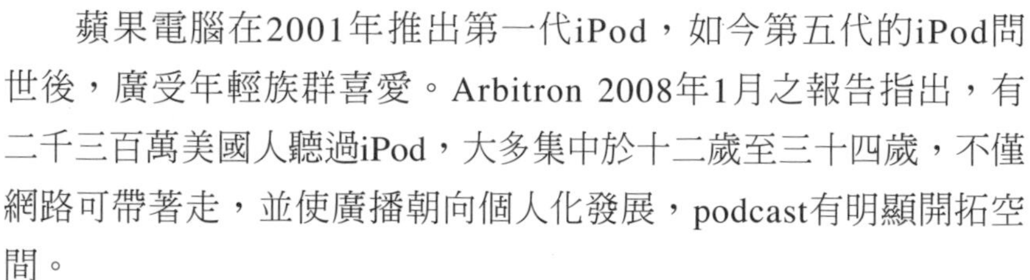

蘋果電腦在2001年推出第一代iPod，如今第五代的iPod問世後，廣受年輕族群喜愛。Arbitron 2008年1月之報告指出，有二千三百萬美國人聽過iPod，大多集中於十二歲至三十四歲，不僅網路可帶著走，並使廣播朝向個人化發展，podcast有明顯開拓空間。

2001年衛星廣播公司XM及SIRIUS相繼開播，由於和各大車廠合作在車上裝置接收機，所以廣為聽眾所接受。每年約可增加三百萬訂戶。根據Arbitron調查公司2008年的報告指出，有60%受訪者認知SIRIUS及XM衛星廣播的存在。本書將在第四章中討論其未來發展。

Chapter 2 網路廣播

第一節　網路廣播之源起與發展

第二節　網路廣播電台

第三節　網路廣播收聽行為分析

數位科技的快速發展，網際網路的崛起，改變了傳統的傳播模式。網路媒體所具備的多媒體、超文本、分工交換、共時性及互動性等特質，不僅影響傳播內容的生產方式，也改變了聽衆與媒體之間的關係（楊忠川，1996）。以廣播電台而言，收音機不再是收聽廣播的唯一工具，透過網際網路，聽衆可任意連上全世界一萬個以上的廣播網站，透過電腦收聽即時的廣播節目，也可以透過隨選播音的形式，依自己的時間和興趣，選擇喜好的節目。更可以透過如live 365.com或stream audio.com等入口網站，付費架設個人化的電台。

廣播和網路的結合是廣播的一個新的里程碑。由於網路環境的逐漸成熟，網路廣播的收聽人口正逐漸增加，根據Bridge Rating調查公司之調查報告顯示，全美網路收聽人口每週約有五千七百萬，網路廣告在2007年達到二百九十億美元。因此在未來十年，廣播將面臨繼五〇年代類型電台之後另一次新的挑戰。網路時代之廣播面臨的是全球化的競爭。傳統廣播電台的節目類型，是否可以抓得住聽衆的口味，是值得觀察和討論的問題。

第一節　網路廣播之源起與發展

壹、網路廣播在美國的發展

Carl Malamud在1993年利用MBONE技術架設了全美第一個網路電台「Internet talk radio」開啓了線上收聽的先鋒。1994年12月3日Kansas大學的校園電台，開始了全天二十四小時的網路播音，這是校園電台首次上網。1995年「前進電台」（Progressive Network）使用real audio system軟體，成功的藉由網路播出西雅圖

Carl Malamud
資料來源：www.urel.feec.vutbr.cz/index.php

水手隊和紐約洋基隊的比賽。之後Progressive網路電台快速的改善它們的線上收聽品質，成立了Real Network（www.realnetwork.com）。1995年2月第一個網路原生電台（Internet-only radio）開始發聲，HK是由在加州之新媒體工作室的Norman Hajjar所架設的獨立音樂頻道，初期使用Cu-seeme 網路連結技術，後來使用Real Audio的伺服器。1999年Mycaster公司開發了一種技術，可以讓任何人在網上自行播音十分鐘，這是個人化電台之起源，基本上它和MP3及Winamp之功能相類似。

從1999年開始，網路掀起了一陣"Do it yourself"、"Be your DJ"的風潮。最普遍和最簡單的方法是使用Live 365的網路服務架設網路電台，網友不需要特殊的科技使用技術，只要依個人需求，付少許的費用就可以合法在網路上自己當DJ。Live 365和中華電信策略聯盟，每月只要付一百四十九元月租費就可享用不受廣告干擾的網路廣播服務。目前Live 365連結一萬家以上的網路電台，至少有五十二種以上的節目類型可供點選，其中80%是由聽衆自己當DJ的個人頻道。收聽時數每月約二千萬小時。

貳、網路廣播在英國的發展

英國國家廣播公司（BBC）堪稱是傳統廣播電台進入數位時代之後，經營成功的典範。BBC除了線上收聽以外，也提供數位廣播、podcast以及隨選播音（Radio on demand）的服務。根據BBC2007/2008年度報告之研究資料顯示，2007年，有一億九千二百七十萬人次造訪過BBC的網站，有一千三百五十三萬人次使用隨選播音服務。每週隨選播音的時數約爲七百五十萬小時，線上收聽的時數爲一千二百萬小時，網路聽衆增加的速度十分驚人。如今BBC有十個收聽頻道，聽衆與節目之區隔均極爲明確。

除了英國以外，澳洲的ABC廣播網、法國的Radio France均提供全天的線上收聽節目，播出新聞、文化節目、音樂節目等。網友更可由comfm.com進入，它連結了一萬一千一百六十三家的網路電台可供收聽。在德國有三千家以上的網路電台，提供四十種以上的類型節目選擇，其中以音樂類型居多。

參、網路廣播在台灣的發展

自民國82年政府開放廣播電台申設以來，目前全省之廣播電台總數爲一百七十家，自民國85年陸續開始架設網站，提供節目表、E-mail信箱、主持人介紹等相關訊息，之後提供同步線上收聽之服務。經統計目前在一百七十家電台中架設網站的有四十九家，其中三十八家提供線上收聽的服務；聽衆在網路上可同步收聽節目。

根據2008年2月份經由HiNet CDN流量報表系統所記錄之各電台收聽狀況顯示，Hinet網路平台收聽廣播的網民日益增多，總體看來，仍以收聽音樂類型節目之聽衆居多，生活資訊次之。在收聽率的表現方面和傳統FM / AM之排名區別不明顯，但可以由**表2-1**看

表2-1　網路廣播收聽各類型節目排名金榜

一、音樂

名次	電台名稱	收聽次數	收聽占有率
1	KISS Radio網路音樂台	1,066,095	26.38%
2	Hit FM聯播網（台北）	903,635	22.36%
3	中廣音樂網	533,254	13.20%
4	大衆廣播電台	401,675	9.94%
5	中廣流行網	252,597	6.25%
6	台北愛樂	156,732	3.88%
7	台北之音	153,616	3.80%
8	Hit FM聯播網（台中）	97,870	2.42%
9	Best Radio港都983	93,929	2.32%
10	蘋果線上	77,512	1.92%

二、生活資訊

名次	電台名稱	收聽次數	收聽占有率
1	飛碟電台	343,980	60.73%
2	亞太電台	38,649	6.82%
3	亞洲電台	34,225	6.04%
4	佳音電台	31,977	5.65%
5	大千電台	23,865	4.21%

三、綜合

名次	電台名稱	收聽次數	收聽占有率
1	正聲FM	23,747	32.75%
2	綠色和平電台	22,336	30.81%

四、方言與外語

名次	電台名稱	收聽次數	收聽占有率
1	ICRT	411,208	91.6%
2	寶島新聲	21,809	4.86%

（續）表2-1　網路廣播收聽各類型節目排名金榜

五、新聞

名次	電台名稱	收聽次數	收聽占有率
1	中廣新聞網	134,321	55.84%
2	News98	106,232	44.16%

六、交通

名次	電台名稱	收聽次數	收聽占有率
1	警廣全國交通網	14,330	35.98%
2	警廣交通網（高雄台）	9,015	22.64%

註：分類標準係參考政治大學廣電系黃葳威教授所著之《聲音的所在：透視電台節目規劃管理》。
原始資料來源：HiNet CDN流量報表系統所記錄之各電台收聽次數。
資料來源：HiNet網路廣播收聽金榜（2008/2）（http://radio.hinet.net）

出下列趨勢：第一，KISS Radio網路音樂台2月份有超過百萬的點閱收聽人次，高居第一名，顯示網路廣播在未來音樂類型細分化趨勢下之驚人潛力。第二，警廣交通台網路收聽遠不如其FM電台之收聽率，顯示交通專業電台之播出內容性質並不適合網路特性。第三，若以黃葳威教授所引用「長尾理論」（The Long Tail）來看，未來網路電台之節目設計與編排，則出現極大之組合空間。

黃雅琴（1999）在1998年12月初至1999年2月底藉由實際上網觀察廣播電台網站的方式，分析網路電台網站的資訊呈現，研究結果發現，國內廣播電台網站的資訊呈現多功能，符合不同電台各自定位與屬性。多數電台網站皆會提供電台簡介、節目表、主持人、DJ介紹、活動介紹、留言版等，部分網站尚且提供相關網站連結。網際網路同時也吸引許多的校園廣播電台進駐，例如中山大學、清華大學、交通大學、台灣大學、臺藝之聲、銘傳大學、輔仁大學等，皆陸續發展校園電台網路廣播或直接在網路架設網路電台，規劃新的節目內容及網站訊息。除了傳統廣播電台提供線上收聽之外，銀河網路電台是台灣第一家原生網路電台（Internet-only），在1998年7月成立，目前已擴展到香港、新加坡、美國，下一步是中國大陸。如今每日有超過二十萬到站人次。從開播時的一個網站六個節目，現在則有每日更新的二十個網站，二萬集的有聲節目，五百本以上的新書介紹及數千則以上的四格漫畫供網友在網上瀏覽、收聽，是台灣目前最具規模的網路電台。另外，台灣地區尚有約二十幾個原生網路音樂電台，爲弱勢族群發聲的電台及網路宗教電台。

肆、傳統廣播電台進入網路廣播的五個階段

自1995年之後十年間，在美國有57%的傳統電台在播放節目的同時，直接透過音效壓縮技術將聲音內容轉爲數位檔案，經由網路傳送，提供網友在線上收聽。在台灣亦有三十八家電台提供線上的收聽服務。除此之外，網路原生電台在歐美各國的發展亦十分快速。在這十年的發展過程中Chris Priestman（2002）將網路廣播發展歸納爲五個階段：

一、架設電台網站

大部分的傳統廣播電台在進入網際網路的第一步，即爲架設電台網站。初期先是提供E-mail信箱或線上點歌，增加與聽眾的互動，並將電台的有關資料放在網上，達到電台宣傳與促銷的目的。

二、同步播音

傳統電台進入網路播音的成本很低，不需額外支付FCC執照費或增加節目的製播成本，即可將原有的節目經由串流技術在網上同

步播出。

三、建立檔案資料庫，讓網友可隨點隨播

傳統電台原本就擁有大量的音源資料，例如音樂資料庫、名人專訪或廣播劇等，將傳統的錄音帶資料數位化，放在網路上供聽眾點選播出，不必受節目時間表的限制。

四、副載波的利用

許多電台投資開發副頻道，提供與主流節目不一樣的新節目以滿足更少數的小衆。並藉此開發新的收聽族群，提高原有電台的收聽率，開發更多廣告效益。

五、協助架設網路電台

協助公益團體或個人架設網路電台。如Live 365有系統的採收費制，協助個人及團體架設網路電台。並可與Live 365連結，讓聽衆很方便的由Live 365進入該電台，以增加收聽率。

綜合以上所述，證諸台灣網路廣播的發展現況，不難發現台灣仍停留在第二或第三階段，故仍有極大的空間可供發展。

伍、網路廣播電台的特性

傳統電台業者於民國84年後陸續設置網路收聽服務，其動機可分四個層面：(1)將網際網路作爲電台節目廣告的一個新媒體；(2)透過網際網路進行更具互動性的聽衆服務；(3)在網際網路中建立電台的形象，吸引新的聽衆；(4)逐漸發展新的資訊消費型態與線上的銷售系統（常勤芬，2000）。

根據Martin（1999）、Silberman（1999）、Donow和Miles

（1999）將網路廣播電台的特性整理如下：

一、消除廣播電台播送範圍的限制

傳統廣播電台主要是透過無線電波傳送聲音訊號給廣大的聽眾，但因無線電波的播送範圍受到限制，僅有在播送功率範圍內的聽眾朋友才能接收到廣播電台的節目；網際網路則打破這層限制，廣播電台只要將節目送上網路，即可讓全球的聽眾朋友都有機會收聽到該廣播節目。

二、資訊類型多樣化

網路廣播電台以設置全球資訊網爲主，結合文字、圖片、動畫、影像的超文件形式，使得網路廣播電台除了聲音的播送之外，還以文字與多媒體，內容呈現多樣化的資訊類型。

三、互動性

網際網路最大的特色即在於網路使用者可與網站經營者或其他網路使用者產生互動。網路廣播電台除了藉由網站的設置提供閱聽人可直接在該網站中表達意見或問題諮詢之外，爲促使閱聽人能規律性地造訪該網站，也提供各式各樣的免費互動性服務增加網站的流量，例如歌曲點播服務、主持人電子郵件信箱，以及聊天室、留言版，供閱聽人分享彼此的心得與對音樂的評價等。

四、音樂資訊的易得性

傳統廣播電台節目的播送時間向來是固定的，聽眾在收聽之餘若想獲得節目中的音樂資訊，通常必須透過額外的資訊管道取得，例如書籍、報紙、雜誌等。但網路廣播電台網站的設置則提供另一種型態的管道讓聽眾得以輕易地自該網站中取得音樂資訊，包括曲目、演奏或演唱者、購買服務等，甚至網路廣播電台還可透過音樂資料庫的方式，提供聽衆更爲豐富的資訊以及試聽。

五、蒐集閱聽人資訊

傳統廣播電台除非是透過收聽率調查，否則很難瞭解聽衆的需求或相關資料，但是透過網路廣播電台網站，經營者可蒐集閱聽人資訊並藉以提供更適合的節目（吳芬滿，2000）。

陸、網路廣播電台的軟硬體需求

網路廣播的科技發展和網路串流技術的成熟有密切的關係，1995年時Xing公司即已研發出Stream Works的技術，但當時網路環境未成熟，頻寬不足而時有延遲情況發生。ICRT早期即使用Xing公司的技術，透過網路向全世界播放他們的節目。目前網路上最多人「使用」的網路廣播收聽軟體，是由real.com提供的RealPlayer，網友可以上網（www.real.com）免費下載。大部分的網路廣播電台都以此規格播放，當使用者下載軟體安裝後，可以看到上面已經有許多內建的電台頻道，省去不少尋找電台的煩惱。

至於微軟系統內建的Windows Media Player（WMP）除了支援網路廣播，也可以播放MP3檔案，並和IE 5結合在一起。另外，建立網路廣播共同轉播站也是加強網路廣播的競爭力與廣播品質的解決方案，網路廣播共同轉播站可以降低骨幹頻寬的需求，讓網路廣播的推廣方便許多。

第二節　網路廣播電台

壹、網路廣播電台

網路廣播電台基本上可分爲兩大類：非商業類與商業類。非商業類又可分爲：公共廣播網路電台、校園網路廣播電台、宗教網路廣播電台、社會公益網路廣播服務電台。分述如下：

一、非商業類

(一)公共廣播網路電台

各國原有的公共廣播電台原本收視率就不及商業廣播電台高。但近年來由於網路和廣播的結合，使得公共廣播電台擴大了收聽範圍，收聽人數也明顯的增多。如：美國的公共廣播電台NPR，全天二十四小時線上播音，提供的節目類型包括：

1.藝術及文化。
2.經濟。
3.人物。
4.健康和科學。
5.新書。
6.音樂。
7.政治及社會。

在這七大類之下，每一類又細分爲五、六個頻道。如健康和科學項下又細分有：環境、太空、健康、孩童健康、全球健康共五類。每類項下又分出幾個主題。節目類型較傳統廣播電台時代增加許多，並且創造了許多的加值服務。如CD的線上販賣即爲一例。

這在以前的公共廣播電台是不可能出現的。其他如澳洲國家廣播電台、德國國家廣播電台、荷蘭國家廣播電台均提供優質的線上收聽服務。

(二)校園網路廣播電台

由學生管理的廣播電台。由於發展線上收聽，也擴大了收聽範圍。節目類型大致以音樂類型爲主。在美加地區有一百多家校園廣播電台，可由www.cmj.com網站進入連結到提供線上收聽的校園電台。

(三)宗教網路廣播電台

節目播出類型以宗教題材爲主。自Live 365網站進入，可連結到四百家以上的宗教電台。其中仍以基督教節目占大多數。內容以詩歌、聖經故事、講道爲主。其中十分值得注意的是，有許多聖歌現代版的播出，顯示出宗教也注意到時代主流的需求，並期盼吸引年齡層較低的聽衆。

(四)社會公益服務電台

社會公益團體多半利用網路電台報導社區消息及公益團體的訊息。如戒菸團體之電台，設計許多鼓勵癮君子參加戒菸活動，或提供各種與戒菸有關的資訊。以往這類節目內容大多在公共廣播電台播出，現在在網路上得到了更大的生存空間。

二、商業類網路廣播

網路廣告、付費音樂下載、線上產品銷售、個人化服務等，均爲商業網路電台之營收來源。美國網路廣播廣告在2006年有七十四億美元，直追傳統廣播電台；而全美前四大網路電台，AOL、Clear Channel Online Music、Yahoo’s LAUNCHcast、Live

365，聯合成立了網路廣告公司（Ronning/lipset radio），使得媒體購買者有了更方便的選擇。

(一)節目類型

以音樂類型居多，以Live 365爲例，五十二種節目類型中，四分之三是音樂類型。其他如Yahoo's LAUNCHcast、AOL等亦相去不遠，差別只是在如何將音樂類型更微細化。

(二)商業服務

可分爲免付費及付費兩種型式，免付費包括：音樂資料庫試聽、下載、軟體下載。付費服務包括：聽眾可透過Live 365自己架設電台、線上購買CD、音樂書籍、禮券以及最新的軟體。

貳、英國BBC的網路廣播

英國國家廣播公司（BBC）在面對新傳播科技時代的來臨做了一連串的改變。在BBC年度報告中指出，現代聽眾可由網路、數位廣播、數位電視、手機聽到BBC的廣播，所以BBC在成功扮演公共廣播服務的角色後，更期望有些新的改變（BBC 2007/2008年度報告）。

BBC在廣播部分目前提供線上收聽（On-line）、隨選播音（On Demand）服務以及數位廣播服務。從節目表上統計出共有包括：Radio 1、Radio 2、Radio 3、Radio 4、Radio 5 live、1Xtra、6 Music、Asian Network、BBC 7、5 live Sports Extra以及BBC國際廣播（BBC World Service）等十一個頻道，針對不同的聽眾訴求，規劃出不包括BBC World Service在內的十套節目（如**表2-2**）。各頻道特色分敘如下：

表2-2　BBC線上收聽及隨選播音

	On Demand 人次	On Demand 時數	On-line 時數
All BBC Radio	13,530,155	7,107,316	14,583,916
Radio 1	2,248,273	1,739,381	4,398,425
Radio 2	1,628,846	1,140,270	3,556,582
Radio 3	769,596	501,134	505,843
Radio 4	3,747,161	1,578,898	2,182,498
Radio 5 live	241,003	146,895	1,773,239
1Xtra	424,032	328,765	145,986
6 Music	423,727	240,632	561,289
Asian Network	120,508	73,611	70,152
BBC 7	2,801,658	1,357,730	248,792
5 live Sports Extra	N/A	N/A	258,135

資料來源：www.bbc.co.uk (2007)

BBC之收聽頻道

資料來源：www.bbc.co.uk (2008)

一、Radio 1

自2002年5月起，Radio 1重新更改節目編排策略，目標聽衆年齡層訂在十五至二十九歲。該台網站經理Ros Lawter說：「提供聽衆更多樣化的音樂節目內容選擇，及更方便的進入方式，是我們的目標。」Radio 1開始採用新的節目策略，播出現場演奏、音樂會和慶典節目。另外，也加強網路上聊天室的功能。使網路聽衆在網頁停留的時間加長。

二、Radio 2

涵蓋的節目類型較多，新聞、音樂劇、藝術性節目、紀念專輯等都涵蓋在內，音樂類型也較多。每週播出至少一千二百一十小時的歌曲，包括：rock & pop、folk & country、easy、classical、jazz and big band等。目標聽衆年齡層訂在三十五歲以上。

三、Radio 3

Radio 3以音樂及文化節目爲主。包括爵士樂、世界音樂、藝術討論及新作品介紹等，它偏重於現場及在全英國各地錄製的音樂節目。

四、Radio 4

Radio 4以深度新聞及談話性節目爲主，題材涵蓋範圍十分廣泛。有43%的節目爲作家新作品的介紹。

五、Radio 5 live

全天播報即時的新聞和體育新聞所占節目比重爲74.8%。由於有全球新聞中心的支援，所以關於各種運動及體育新聞之蒐集十分豐富。目標聽衆年齡層爲二十五至四十四歲。

六、5 live Sports Extra

5 live Sports Extra是Radio 5之姊妹台，2002年2月成立只爲數位播出，內容則偏重體育實況報導、體育評論等。和一般電台不同的是它的節目播出不定時，依運動比賽賽程或體育活動淡、旺季而定。

七、1Xtra

1Xtra在2002年8月成立，是數位廣播頻道之一，以十五至二十四歲年輕族群爲目標聽衆。77%的節目爲現代黑人音樂，包括最新之專輯。

八、6 Music

2002年3月BBC成立了6 Music音樂頻道，以二十五至四十四歲之音樂愛好者爲目標聽衆。播出的音樂類型爲非主流流行音樂，意爲新發行的專輯，但非爲主流音樂。標榜的是聽衆在其他頻道較少聽到的音樂，並且提供許多和非主流音樂有關的音樂新聞。它也是BBC數位頻道之一。

九、BBC 7

2002年12月該台成立，是數位廣播頻道之一。目標聽衆爲青少年。將BBC原有之節目檔案數位化。另外還有許多適合兒童及青少年收聽的節目，如：兒童故事及遊戲區。2003年12月由於聽衆反應佳，延長爲二十四小時播音。2008年新推出Dr. Syn之冒險故事以及每天下午六點爲九至十一歲的兒童所設計的Big Toe radio show，內容生動精采，值得推薦收聽。

十、Asian Network

這是一個為英國的亞洲人所服務的數位電台。2002年10月頻道重整後提供音樂、新聞、運動、辯論式談話節目。2004年投資超過一百萬英鎊，製作一個每天播出的戲劇節目，名為Siver Street。2008年新增五種南亞語言以服務住在英國之亞裔。

十一、BBC World Service

原本為短波電台，提供國際廣播服務，現在則以短波，線上收聽、隨選播音及數位電視的接收方式，每天二十四小時，以四十三種語言向全世界播出。每週有一億五千萬人透過各種收聽方式收聽BBC的新聞及節目，發揮了網路無國界之最大效益。

參、Yahoo's LAUNCHcast

美國的商業網路電台之類型大致沿襲傳統廣播電台的類型區分。按照電台經營策略之不同而做更窄化的區隔。在商業網路廣播中收聽第一名的是Yahoo's LAUNCHcast音樂頻道。Yahoo是最廣為人知的入口網站，LAUNCHcast是Yahoo之網路音樂電台，根據Arbitron和comScoreMediaMetrix兩機構2008年6月公布的統計資料顯示，每週白天時段累積受眾為一百一十四萬人次。其特色如下：

一、經營模式

LAUNCHcast分為免付費及付費兩種經營模式。付費又分為年繳及月繳。年繳為35.99美元，月繳為3.99美元。免付費與付費所享受的服務不同，付費頻道可以收聽一百個以上的電台，每一個電台都標榜提供精心製作的節目，收聽品質達CD標準，並且二十四小時無廣告，無限歌曲跳選，意為當聽眾不喜歡某一首歌曲，可以立即跳選另一首歌，不必全首聽完。無限個人化服務（unlimited customized radio），聽眾只要每月付費3.99美元就可以架設自己的網路電台，並且無上限的使用LAUNCHcast所提供的音樂。另外也提供所謂的情境音樂台（Mood Station）服務，聽眾依照自己的品味，將歌曲依類型重新編排。簡言之，一年付費35.99美元，可以收聽一百個頻道以上CD品質的音樂，二十四小時無廣告，並且享受了個人化的服務。

二、頻道特色與節目內容分析

LAUNCHcast為一個線上音樂電台，節目類型以音樂為主。傳統的音樂類型電台是每一個電台播出一種音樂類型，但是基於網頁開啓了無限延伸的概念，一個網路音樂電台可同時容納多種音樂類型，每個音樂類型又可細分為多個子類型，讓聽眾有更多樣的選擇。

LAUNCHcast將頻道依音樂類型及主題作分類，茲簡述如下：

(一)依音樂類型分類

依音樂類型頻道分為：

1.都會。
2.搖滾。
3.鄉村。
4.流行／舞曲。
5.民謠／原住民。
6.爵士／藍調。
7.基督教。

8.其他（樂團、新專輯、現代、古典等）。

在八大類之下，聽眾可以依個人喜好有多種選擇，如：都會（19）、搖滾（26）、鄉村（9）、流行舞曲（14）、民謠（6）、爵士／藍調（7）、基督教（5）、其他（14）。其中若以基督教為例，其項下有五個子分類，包括：基督搖滾、現代基督音樂、讚美詩、福音歌、九〇年代基督音樂。讓聽眾在一個頻道中可以找到最適合自己收聽的音樂內容。

(二)依主題分類

依歌曲之收聽情境、歌曲之年代及訴求對象之不同，將播出之音樂類別分為下列九個主題，每一個主題又各有其子分類，如：

1.排行榜（10）。
2.年代（27）。
3.熱門歌曲（13）。
4.經典老歌（9）。
5.工作時收聽（19）。
6.聚會時收聽（8）。
7.世界區（7）。
8.孩童角落（6）。
9.其他（新專輯、快樂時光等）。

LAUNCHcast為人們在工作時適合的音樂提供了十九個選擇，包括：辦公室輕柔音樂、輕柔鄉村（soft country）、馬丁尼酒吧（martini lounge）、情歌（love song）等。而在kids corner中提供了六種類型適合孩童收聽的鄉村、搖滾等。

第三節　網路廣播收聽行為分析

壹、網路廣播的聽眾素描

台灣地區2008年1月上網人數已達一千三百八十萬人，寬頻網路使用人數均為一千零三十一萬人，上網人口中男性（67.55%）比例高於女性（60.64%）。以十二歲到二十五歲民眾上網比例居多，超過93%〔財團法人台灣網路資訊中心（TWNIC），2008〕。在上網人口中，曾收聽過網路電台的比例約為58%。在曾經收聽過網路電台的網友中，依人口統計變項，女性約為51.5%，多於男性的48.5%；年齡多集中於十五歲到三十歲；教育程度集中在大學院校以上（63.05%），研究所以上（20.53%）。職業以學生為主占60.41%，每月收入則在兩萬元以下占多數（62.46%），其次是三萬元到四萬元（10.65%）。

根據2007年2月Bridge Rating的調查資料顯示，全美在1月份有七千二百萬人收聽過網路廣播，收聽時數每週超過九小時（www.fmqb.com）。這個數字和去年相比足足增加了三千萬人。其中男性占60%，高於女性之40%。年齡分布則以二十五至五十四歲為主，占56%。年收入五萬美元以上者占46%。職業則以有科技知識者占48%，其中白人居多數占58%。

英國國家統計局（2007）資料顯示，英國有66%之人口上網，男性70%多於女性之63%，年齡以十六至四十四歲居多。而在網路廣播收聽人口中，三十五至四十九歲占上網人口中之26%，二十五至三十四歲占上網人口中之18.6%。

整體而言，美國及英國網路廣播聽眾仍以年輕、高學歷、高收入為主要聽眾群。

台灣地區上網人口集中於年輕族群，網路收聽習慣並未完全形成，所以較偏向於以年輕人、高學歷、收入低者爲主要收聽群。

貳、網路廣播收聽行為分析

根據吳芬滿（2000）、Arbitron（2004）及英國BBC（2004）之研究資料，作者以平均每天收聽時間、收聽頻率、收聽時段、收聽網路廣播類型、選用的收聽方式、常收聽的節目類型或頻道、收聽地點、收聽情境等多項因素，探討網路廣播聽衆的收聽行爲，結果如**表2-3**。

參、On Demand收聽行為分析

隨著數位科技的進步，廣播的收聽方式也因收聽設備的多元化而有了革命性的改變。由以往傳統的AM / FM收音機、短波收音機等，進展到網路、衛星、數位接收、iPod、手機等收聽方式；不僅改變了廣播的製播形式，也改變了聽衆的收聽行爲，更增加了廣播的附加價值。著名的Abitron調查公司自2005起即開始針對聽衆隨選收聽／收視行爲進行調查，由其2006年的調查報告，可對On Demand之收聽行爲有進一步的瞭解。

一、美國網路廣播聽眾素描

表2-4之資料解讀方式以三十五至四十四歲年齡層之網路廣播收聽爲例：

三十五至四十四歲在美國總人口中占19%，約爲四千七百五十萬人，全美上網人口占81%，約爲二億二百五十萬人，其中三十五至四十四歲占21%，約爲四千二百五十萬人，全美網路廣播收聽

表2-3　網路廣播聽衆收聽行為分析

收聽行為變項	台灣	美國	英國
平均每天收聽時間	5成以上未超過1小時，25.28%是1-2小時	10分以下(20%) 11-30分 (36%) 31-60分 (13%) 60分以上(31%)	一週平均7小時
收聽頻率	一週內數次 每月少於一次	每天一次(23%) 一週至少一次(15%) 一月一次(68%)	每天一次(42%) 每週數次(28%)
收聽時段	晚間17:01-19:00 夜間23:01-1:00	晚間19:00－24:00居多	日間3:00-5:00 夜間19:00-24:00
收聽網路廣播類型	90%線上收聽傳統電台節目，如中廣、飛碟。6.38%收聽國內網路電台，3.87%收聽國外網路電台	Internet-only radio	Radio on line DAB頻道
選用的收聽方式	77.9%的聽衆選擇線上收聽，22.1%選用隨選播音功能	即時線上收聽 隨選播音	即時線上收聽 隨選播音
常收聽的節目類型或頻道	71.5%音樂、新聞、綜合 中廣、飛碟	Country、AC、Urban、Rock CHR Yahoo's LAUNCHcast、 AOL Radio Network Microsoft's MSN	音樂、新聞、運動頻道為Radio 1、Radio 5 live、Radio 2
收聽地點	家中或住處含宿舍為最多占66.74%	家中最多，辦公室次之	家中居多，辦公室次之
收聽情境	65.83%的閱聽人是邊聽邊工作、課業	邊聽邊工作或從事其他事物	邊聽邊工作或從事其他事物
網路電台網站服務	60.6%的閱聽人在網站查詢節目資訊，其次為檢索音樂資訊	尋找資訊，收聽音樂節目、建立個人電台	尋找資訊、收聽音樂、玩遊戲

資料來源：吳芬滿（2000），Arbitron (2004)，英國BBC (2004)，作者自行整理分析。

表2-4　美國網路廣播聽衆素描

		美國12歲以上人口數：約2億5千萬	網路使用者(81%美國人口)	上月網路收聽人口(21%美國人口)
性別	男性	46%	47%	58%
	女性	54%	53%	42%
年齡層	12-17	11%	13%	14%
	18-24	10%	11%	15%
	25-34	16%	17%	23%
	35-44	19%	21%	22%
	45-54	18%	19%	19%
	55-64	12%	11%	5%
	65以上	14%	8%	2%
職業	全職／兼職	57%	62%	67%
	退休	16%	11%	4%
	學生	14%	16%	18%
	家管	7%	6%	5%
	無職業	4%	4%	4%
年收入	75,000元以上	27%	32%	36%
族裔	白人	73%	74%	69%
	非裔美籍	11%	10%	14%
	西班牙裔	11%	10%	9%
撥接方式	寬頻	N/A	58%	74%
	電話撥接	N/A	39%	26%

資料來源：Arbitron (www.arbitron.com).

人口占21%，約爲五千二百五十萬人，其中三十五至四十四歲占22%，約爲一千一百五十萬人次，依此方法解讀資料可得以下結論：

1.網路廣播收聽群年齡層分布爲十二歲以上五十五歲以下占93%，約爲四千八百八十二萬人。

2.網路廣播收聽群包括全職／兼職及學生共占85%，約爲四千四百六十三萬人。

3.網路廣播收聽群之收入有36%年收入在七萬五千美元以上。

4.網路廣播收聽群仍以白人居多，占69%。

5.網路廣播收聽群家中以寬頻上網者占74%，可見頻寬是網路廣播之選擇要素之一。

二、美國網路隨選播音（On Demand）聽眾素描

由表2-5分析可得以下結論：

1.在全美擁有iPod及其他MP3播放器的人數占總人口數之22%，約為五千五百萬人，其中男性約為三千萬人

表2-5　美國網路隨選播音聽衆素描

		擁有iPod及其他MP3播放器(22%)	擁有可攜式數位媒體播放器(11%)	擁有掌上無線E-mail及上網設備(4%)	家中／朋友中首先嘗試新產品(10%)	較家人及朋友先一步嘗試新產品(11%)
性別	男性	54%	52%	62%	56%	44%
	女性	46%	48%	38%	44%	56%
年齡層	12-17	21%	20%	7%	16%	12%
	18-24	14%	13%	6%	15%	11%
	25-34	21%	15%	31%	20%	21%
	35-44	26%	26%	32%	16%	20%
	45-54	13%	16%	15%	15%	21%
	55-64	4%	9%	6%	8%	9%
	65以上	2%	1%	2%	9%	6%
年收入	75,000元以上	43%	34%	58%	32%	33%
族裔	白人	71%	70%	79%	67%	74%
	非裔美籍	10%	13%	12%	21%	9%
	西班牙裔	11%	11%	8%	9%	11%

資料來源：Arbitron/Edison Media Research : Internet and Multimedia 2006: On-Demand Media Explodes，作者自行整理。

（54%），女性約爲二千五百萬人（46%）。

2.在全美擁有可攜式數位媒體播放器的人數總人口數之11%，約爲二千七百萬人，其中男性約爲一千四百萬人（52%），女性約爲一千三百萬人（48%）。

3.在全美擁有掌上無線E-mail及上網設備的人數占總人口數之4%，約爲一千萬人，其中男性約爲六百二十萬人（62%），女性約爲三百八十萬人（38%）。

4.若以對新產品之接受程度而言，有10%是家中／朋友中首先嘗試新產品者，另外約11%是較家人及朋友先一步嘗試新產品者。

5.在全美擁有iPod及其他MP3播放器的年齡層分布，較集中在十二至十七歲（21%）及二十五至四十四歲（47%）兩個年齡層。這項統計資料在2008年出現重大變化，目前十二至十七歲有73%擁有ipod及MP3，十八至二十四歲有51%，二十五至三十四歲48%，三十五至四十四歲48%，成長十分快速。

6.在全美擁有可攜式數位媒體播放器的年齡層分布，亦較集中在十二至十七歲（20%）及二十五至四十四歲（41%）兩個年齡層。

7.在全美擁有掌上無線E-mail及上網設備的年齡層分布，較集中在二十五至四十四歲（63%）。

8.若以對新產品之接受程度而言，以十二至四十四歲年齡層接受度較高。

9.年收入在七萬五千美元以上者，明顯對新產品及新服務的接受度較高。

10.白人亦明顯對新產品及新服務的接受度較高。

三、美國網路隨選播音與線上購物行為之關聯性分析

目前全美每週上網七小時以上者占37%，約為九千三百萬人，其中女性（53%）略多於男性（47%），年齡層集中在二十五至五十四歲，占62%，約有五千八百萬人。依**表2-6**中之統計資料可知，上月曾收聽網路廣播者占21%，約為五千二百萬人，其中男性（58%）多於女性（42%），年齡層則集中在二十五至五十四歲，占64%，約有三千三百萬人。上月曾收看網路影音節目者占14%，約為三千五百萬人，其中男性（62%）多於女性（38%），年齡層則集中在十八至四十四歲，占62%，約有二千二百萬人。近年來線上購物已成流行趨勢，由Arbitron調查公司之統計資料中顯示，曾在線上購物者占52%，約為一億三千萬人，其中女性（52%）略多於男性（48%），曾在線上購物者之年齡層集中在二十五至五十四歲，占66%，約有八千六百萬人。概括而言，二十五至五十四歲上網收聽隨選播音之節目者較多。另外，白人、年收入較高者，較熱衷於線上購物。詳細資料見**表2-6**。

總結2006年Arbitron/Edison Media Research所公布的On Demand收聽／視報告結論重點如下：

1.報告中將隨選聽眾使用程度分為重度、中度、輕度、極輕度及從未使用過共五類。其定義為：

(1)重度使用者指擁有多種On Demand設備（TiVo/DVR、iPod、portable DVD player等）。

(2)中度使用者指曾經有過一些On Demand之使用行為，但不見得擁有On Demand設備。

(3)輕度和極輕度使用者指曾經有過極少數On Demand之使用行為。

(4)從未使用過指從未有過On Demand之使用行為。

表2-6　美國網路隨選播音與線上購物行為之關聯性分析

		每週上網7小時以上者(37%)	上月曾收聽網路廣播者(21%)	上月曾收看網路影音者(14%)	曾在線上購物者(52%)
性別	男性	47%	58%	62%	48%
	女性	53%	42%	38%	52%
年齡層	12-17	11%	14%	15%	8%
	18-24	13%	15%	17%	11%
	25-34	20%	23%	24%	21%
	35-44	23%	22%	21%	24%
	45-54	19%	19%	15%	21%
	55-64	10%	5%	6%	11%
	65以上	5%	2%	2%	5%
年收入	75,000元以上	39%	36%	45%	40%
族裔	白人	76%	69%	72%	78%
	非裔美籍	10%	14%	11%	9%
	西班牙裔	9%	9%	10%	9%

資料來源：Arbitron/Edison Media Research : Internet and Multimedia 2006: On-Demand Media Explodes，作者自行整理。

2.報告中指出有77%的受訪者在家中擁有電腦，32%的受訪者在家中擁有一台以上的電腦。

3.報告中指出有58%的受訪者在家中使用寬頻上網。

4.受訪者認爲對生活改變最大的新科技爲手機及寬頻網路。

5.2005年屬於重度On Demand使用者只有11%，2006年增加了10%成爲21%。

6.網路廣播收聽人口2005年爲8%，2006年增加爲12%，2008年增加到13%。

7.在十二至十七歲年齡層中，iPod的擁有者從10%增加到22%，有50%的成長。

8.在所有受訪者中，MP3之相關產品擁有者由2005年的14%增加爲22%；在十二至十七歲年齡層中由27%增加爲42%。

9.線上購物的消費者比例大幅成長，有52%的受訪者有線上購物的經驗。

10.傳統的AM / FM廣播並未受到網路廣播太大的影響，有77%的受訪者表示，他們仍會收聽AM / FM廣播。

11.較爲有趣的是40%的受訪者表示網路和電視若必須二選一的話，他們寧願選擇電視，尤其在十二至三十四歲的年齡層。

此外根據英國RAJAR（Radio Joint Audience Research）2007年2月網路收聽調查報告顯示：

1.曾造訪過電台網站之比例有31%。

2.以網路收聽節目的比例有22.2%。

3.十五歲以上家中有數位接收機DAB的比例有16%。

4.只收聽數位廣播的人數有四百五十萬人。

5.用手機收聽廣播節目的人數有一百六十萬人。

6.擁有MP3的人數有一千一百萬人，其中有17.4%（約二百一十萬人）使用Podcasting。

綜合以上資料顯示，網路廣播收聽人口日益增加，收聽習慣已逐漸養成，網路廣播之發展基礎已然穩固；不斷創新之接收設備在年輕族群中接受程度超出預期，傳統電台進入網路廣播時必須正視此趨勢發展並及早因應。

第一，聽衆網路收聽習慣逐漸建立。

1.以BBC爲例，2007年9月當月造訪該站人次如下：

Radio 1	Radio 2	Radio 3	Radio 4	Radio 5 live	1Xtra	6 Music	Asian Network	BBC 7
55,562,321		9,020,599	37,382,794	37,973,939	4,999,499	3,687,627	2,355,669	7,709,444

資料來源：（www.bbc.co.uk/pressreleases/stories, 2007/9）研究者自行整理。

2.美國十二歲以上的上網人口中，每週造訪網路電台之網站人次如下：

網路電台	週一到週日（上午六時至晚上十二時）
AOL Radio Network	1,347,800
Clear Channel Online Music and Radio	1,451,300
RL Select	520,700
Live 365	639,300
Yahoo's Music/LAUNCHcast	1,667,600
五大網路電台總人數	5,626,700

資料來源：（www.arbitron.com, 2007/11）研究者自行整理。

3.美國十二歲以上的上網人口中，每週收聽網路電台之時數如下：

網路電台	AOL	Yahoo's Music/ LAUNCHcast	Live 365	Clear Channel
收聽時數	15.25	10.25	10.6	9.4

資料來源：（www.arbitron.com, 2007/11）研究者自行整理。

第二，資料庫之建立是進入網路廣播之最佳利器。

網路廣播和傳統廣播在收聽上最大的不同是，除了同步收聽線上廣播之外，亦可隨選播音。隨選播音仰賴完整資料檔案庫。BBC提供隨選播音服務有兩種選擇：(1)七天內的節目皆存放在電腦內，可隨選隨聽；(2)音樂資料檔案，聽衆可依自己的喜好，點選喜歡的音樂。因此資料檔案越豐富，聽衆的選擇性越大，於是該頻道網站被利用的機率會越高，停駐時間會越久。

網路電台資料庫的資料透過網路TCP／IP封包交換的方式，不再僅限於查閱、整理和分析的作用，資料庫是網路個人化服務最重要的利器，良好的資料庫設計，可以替電台衍生出許多附加價值、開發新的獲利點。因此對於網路電台而言，無論是節目的製作與管理，製播流程的控制以及閱聽人的資料分析，都需要仰賴網路資料庫，透過網路資料庫，對內可控制管銷和正確之人力規劃，對外容易達成使用者個人化服務，增加閱聽人的黏著度，對於形成網路內容最末階段的虛擬社群極爲重要。

第三，網頁設計內容之豐富多樣化能增加點擊率。

網站內容的及時性，正確性是閱聽人最重視的項目。同時網路廣播互動性的功能與閱聽人收聽偏好有高度相關性（陳慧瑩，2002），BBC及Yahoo's LAUNCHcast之網站設計均採取易於進入，方便連結之原則，聽衆進入該網站之首頁後，均可發現清楚的分類。點進網頁後，很快便能找到自己喜歡的節目或音樂。BBC雖非商業電台，但是網頁設計功能強，每一個頻道皆設計有遊戲或益智或拼字遊戲，十分有趣。也在聊天室及E-mail功能之外，增加了和聽衆的互動。

第四，正視網路廣播加值服務之開發以增加收益。

網路廣播廣告是網路商業電台收入來源之一。在美國，2002年網路廣播廣告約有十四億美元，2003年網路廣播廣告爲六十一億美元，2004年成長了21.74%，達到了七十四億美元（www.tns-mi.com）。除了廣告之外，網路廣播也創造了許多其他的加值服務，如Yahoo's LAUNCHcast所提供的架設個人電台或架設個人音樂頻道之服務，或是Live 365所提供的各類型配套服務、音樂下載收費或商品販賣等，都能創造可觀的收益。

網路廣播在經過十四年來的發展之後，已經成爲廣播聽衆除了AM / FM之外的另一種收聽選擇，但是AM / FM電台的收聽率並沒有受到太多影響，根據Arbitron調查公司2008年的調查結果顯示，76%的受訪者不會因爲收聽網路廣播而放棄收聽AM / FM電台的節目。唯一有影響的是對於新專輯資訊的取得，網路聽衆選擇在網上搜尋、下載新歌，使用iPod或MP3隨身攜帶，反覆收聽。而在未來廣播全面數位化來臨之後，節目企劃必須重新思考不同收聽載體之特性，作革命性的改變。

Chapter 3 數位廣播

第一節　何謂數位廣播？

第二節　數位廣播之系統發展概況

第三節　數位廣播在各國之發展概況

第四節　數位廣播節目

第五節　數位廣播新時代

第一節　何謂數位廣播？

壹、數位廣播之定義

數位音訊廣播（DAB），是將廣播傳輸過程中的音訊，以數位科技來處理，減少在傳統類比訊號傳輸過程中因干擾而產生的失真現象，可提供聽眾如CD般音質的收聽效果，這是繼調幅（AM）、調頻（FM）廣播之後的第三代廣播。

數位廣播可以避免多路徑干擾，具有單頻建構廣播網及行動接收之特色。在資源使用上，單頻網路有節省頻譜及節省功率兩大優勢；此外，數位廣播亦可透過人造衛星或地面廣播電台進行廣播，使收音品質提升至CD音響的水準，同時可傳輸影像及數據，進而提供附加價值的服務。

貳、數位廣播之優點

數位廣播採用MUSICAM編碼技術以及編碼正交分頻多工調變技術（Coded Orthogonal Frequency Division Multiplexing; COFDM）來處理傳送的聲音訊號，可使用於地面廣播、衛星直播、地面／衛星混合廣播，以及有線廣播網路等的多功能廣播服務系統。因此相較於傳統類比廣播而言，廣播數位化的主要優點在於：

1.達到CD般高品質的廣播音訊。
2.提供數據及多媒體等資訊服務。
3.提高頻道使用效率。
4.全區單頻道廣播網路（如**表3-1**）。

表3-1　數位音訊廣播之優點

對象	效益
聽衆	1.結合編碼技術與時域／頻域交錯技術（interleaving in time / frequency），使在固定點（如家中）或移動中（如汽車或行動間）的接收機能穩定接收到CD般良好的音質 2.全區單頻網路（SFN） 3.不會有多重路徑傳播所引起的干擾現象 4.更豐富的節目附加資訊（如旅遊與交通資訊、緊急資訊、電子信箱、傳呼、電子報紙、商業廣告資訊、導航與車輛定位資訊等）
廣播業者	1.藉由數位編碼（digital coding），可較傳統FM廣播系統具有更高的頻道使用效率，如在單頻網路（SFN）上頻道使用效率為FM系統的3倍 2.較傳統FM廣播系統有更廣的涵蓋範圍 3.藉由數位調變技術以降低傳輸功率耗損 4.藉由通道編碼技術具有更正錯誤的能力 5.數位線路較類比線路成本為低 6.更具選擇彈性的頻段與廣播方式（如地面廣播、衛星直播、地面／衛星混合廣播、有線廣播）

資料來源：工研院IEK-ITIS計畫（2003/06）。

參、數位廣播與類比廣播之差異性比較

傳統的AM / FM廣播只能傳送聲音，而且音質受地形、其他訊號干擾而產生雜訊，同時一個頻道只能傳送一套節目，相較之下數位廣播可同時傳送聲音、文字、圖片、短片等多媒體內容，且品質不受干擾，數位廣播與類比廣播之差異性比較如**表3-2**。

第二節　數位廣播之系統發展概況

目前全球數位音訊廣播主要有四大系統：(1)歐洲Eureka聯盟所制訂的Eureka 147系統；(2)美國的IBOC（In-Band-On-Channel）

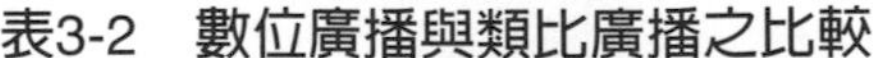

表3-2　數位廣播與類比廣播之比較

	數位廣播	類比廣播
傳送內容	聲音、文字、圖片、短片等多媒體內容，具顯示幕，可讀取各項圖文	聲音
行動性	可高速行動接收	高速行動接收時易使訊號受到干擾而產生雜訊
訊號與音質	不受多路徑傳播的干擾，可確保音質	音質受地形、其他訊號干擾而產生雜訊
頻道負載	較佳的壓縮技術，使一個頻道可同時傳送多套近CD音質節目，或同時傳送數位服務資訊	一個頻道只能傳送一套標準音質的音訊節目
頻譜	可採用單頻網	需採用複頻網

系統；(3)法國的DRM（Digital Radio Mondiale）系統；(4)日本的ISDB-T（Terrestrial Integrated Services Digital Broadcasting）系統。日本所制訂的ISDB-T系統，其技術能處理數位音訊與數位視訊的傳輸，故具有在寬頻與窄頻上廣播的能力。在此四大系統中，採用Eureka 147系統的國家最多。全球地面採用DAB標準之國家分布見表3-3。

表3-3　全球地面採用DAB標準分布表

標準	採用地區
Eureka 147	澳洲、奧地利、比利時、汶萊、加拿大、克羅埃西亞、捷克、丹麥、愛沙尼亞、芬蘭、德國、香港、匈牙利、印度、愛爾蘭、以色列、義大利、立陶宛、馬來西亞、墨西哥、奈及利亞、荷蘭、挪威、波蘭、葡萄牙、新加坡、斯洛伐克、斯洛維尼亞、南非、南韓、西班牙、瑞典、瑞士、土耳其、台灣、英國等
IBOC	美國
DRM	法國（保加利亞、阿拉斯加試播中）
ISDB-T	日本、巴西

資料來源：盧素涵（2003），作者自行增修。

壹、Eureka 147之發展

1986年成立的Eureka是歐洲最早的數位廣播國際技術研發單位，在這個非營利國際組織的推動之下，歐洲各國發展出許多數位廣播相關的新技術。1987年在147號技術專案中，英、德、法、荷等國共同規範了歐洲數位廣播的規格系統標準，故稱此一標準爲Eureka 147。這項專案不僅考慮高音質之音訊廣播需求，更考量

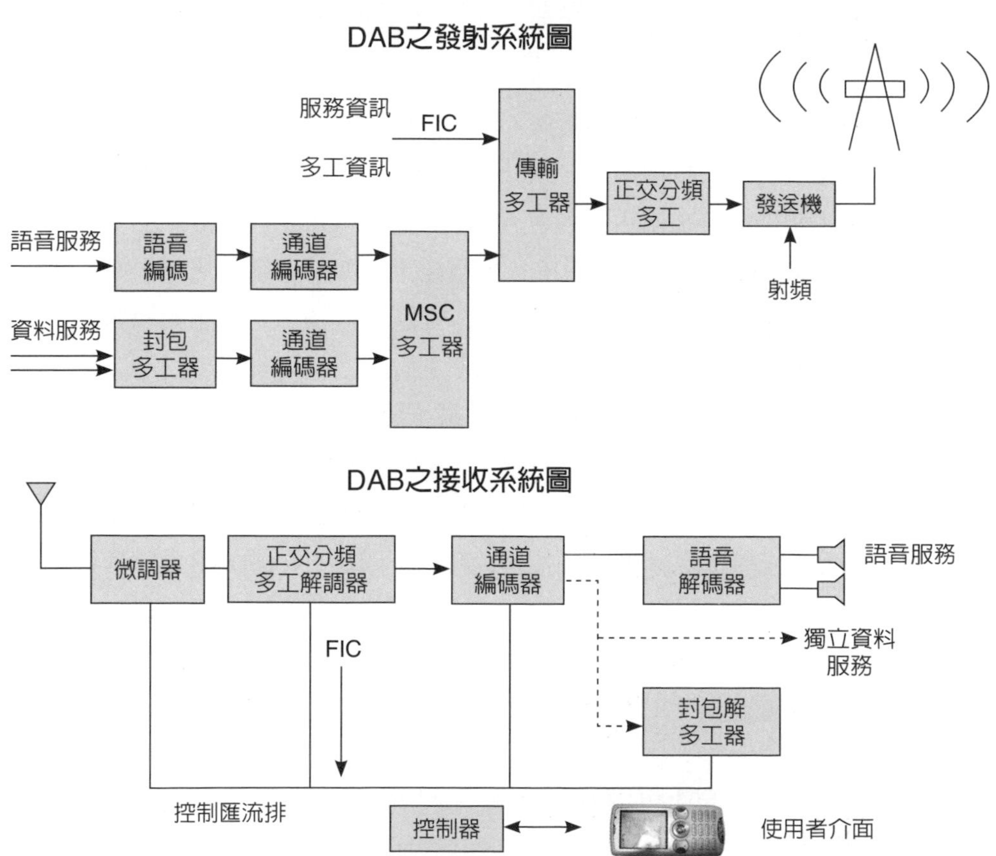

圖3-1　DAB之傳送系系統

資料來源：www.worlddab.org

表3-4　各國DAB人口覆蓋率

國家	覆蓋率	國家	覆蓋率
新加坡	99%	瑞士	90%
韓國	99%	香港	50%
加拿大	35%	挪威	80%
法國	25%	瑞典	37%
英國	90%	義大利	45%
荷蘭	72%	西班牙	52%
德國	70%		

資料來源：WorldDAB (2007)，作者自行整理。

移動接收時的高速數據服務，得到國際電信聯盟（ITU）的認可。它是頻帶外的廣播系統，與現行AM、FM廣播不相容，故須重新規劃專屬頻道來使用；且利用保護頻帶（Guard band）及交錯碼（Interleave）方式，可對抗多重路徑干擾與都普勒效應所引起的選擇性衰落，使得單一頻道便可達成全區域廣播，即所謂的單頻網路（Single Frequency Network; SFN）。

根據WorldDAB針對全球各國推動Eureka 147狀況所進行的調查，歐洲主要國家的DAB人口覆蓋率在2007年底時，多已突破70%，提供了五百八十五套以上不同的DAB數位廣播節目，相關商業活動逐漸出現。**表3-4**中之數字說明了現今各國DAB人口覆蓋率狀況。

貳、美國的IBOC系統

是一種頻帶內的數位化系統，利用FM、AM現有的頻帶進行數位化，不需改變電台頻率。可同時廣播原來的類比訊號，使類比到數位的過渡更平順。目前美國積極推廣IBOC系統，即HD Radio。由於IBOC相對於DAB，其建置成本較低，通常僅需更改頭端設備，便可升級，且接收機價格較低，因此美國電台均朝此方向規劃（IBOC之傳送系統見**圖3-2**）。HD Radio由美國iBiquity公司持續十年的發展，現在已進入成熟階段。iBiquity公司，它是由USA Digital Radio及Lucent Digital Radio合併而來，相較於DAB系統，起步較慢，其數位廣播方式是類似副載波技術，其特色有：

1.相容於原有AM / FM數位廣播方式系統。
2.數位節目與類比節目各自獨立。
3.數位資訊亦含資料廣播、鎖碼資訊及加強型緊急通告等。

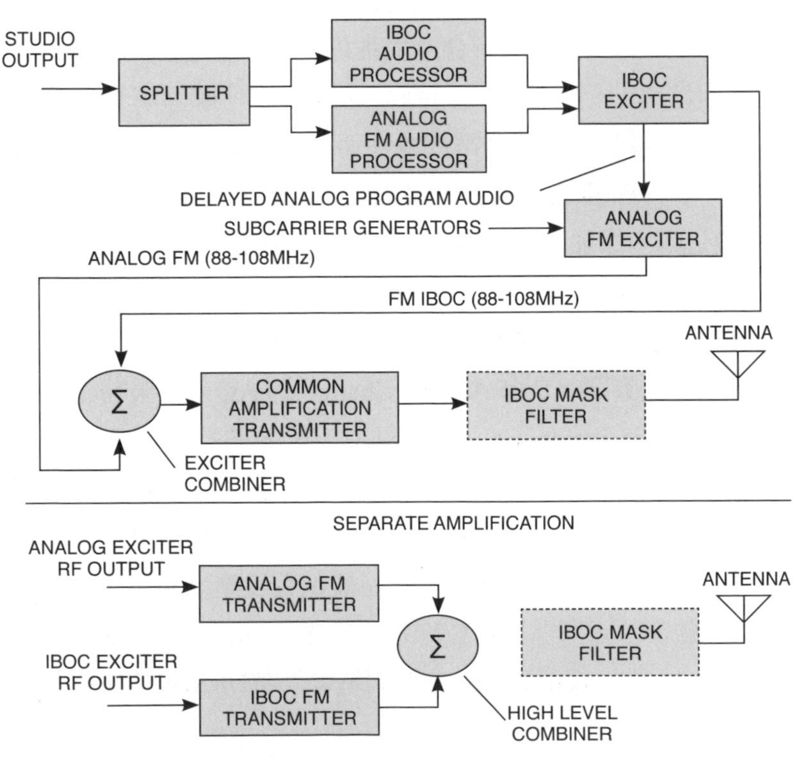

圖3-2　美國的IBOC傳送系統圖

資料來源：www.radioworld.com

相較於DAB須另立頻道做數位廣播，美國則繼續使用88-108 MHz之原有FM頻道。預計2006年HD Radio的聽衆將可達到五十五萬五千人，目前在美國有超過八百九十四個AM、FM電台使用HD Radio系統播送數位廣播節目，更有超過二千個電台正進行HD Radio系統建置。

參、法國的DRM系統

DRM是針對120MHz以下的AM短、中、長波廣播所發展的DAB標準，這是在AM頻帶內進行數位化的一種系統。AM電波的特性之一，是遇到電離層時會產生跳躍現象，若進行大功率傳送就可跳躍到地球的另一端，可以進行遠距離的「國際廣播」之用。DRM就是法國希望保留此電波特性而加以數位化，提升發射效率並增加內容，所發展出的數位廣播新技術（廖俊傑，2005）。自2008年7月起，保加利亞及阿拉斯加均開始試播DRM，其中保加利亞預計試播二年。

圖3-3說明了DRM的傳輸過程，凡是語言、文字、資料、快速接近頻道資訊（Fast Access Channel; FAC）及服務顯示頻道（Service Description Channel; SDC）等資訊經由通道編碼器，OFDM調變器可傳送到接收器中，讓聽衆不僅可以收聽，還可以看到文字、圖像及資料庫中的資訊。目前在歐洲DRM每日播出時數約四百小時，使用者可以發射地、廣播電台及廣播語言來過濾，並以時間、頻率、目標區等欄位來進行排序，http://www.drm.org/for-broadcasters/live-broadcast-schedule網站可下載DRM數位廣播的頻率表。

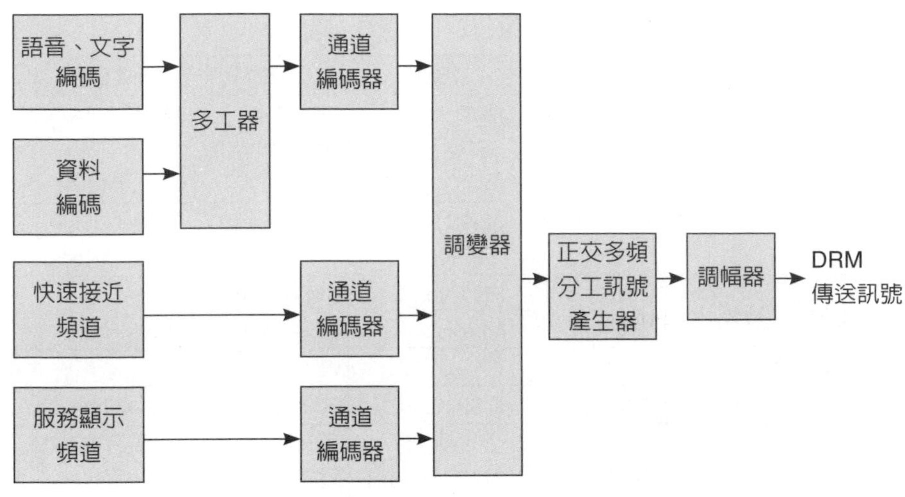

圖3-3　法國的DRM發射系統方塊圖

資料來源：www.radioeng.co.uk

肆、日本的ISDB-T系統

ISDB-T是由日本NHK自1994年開始研發的數位廣播電視系統，其技術能處理數位音訊與數位視訊的傳輸，故具有在寬頻與窄頻上廣播的能力。到2007年為止，日本使用ISDB-T的人數超過四千萬人，其中one-seg行動電視手機之普及率已達二成以上，2008年銷售量達三千萬台以上。

除了這四大系統外（如**表3-5**），德國廣播管理當局（Media Authority of Brandenburg and Berlin）也表示將推動Digital Advanced Broadcasting專案，自行發展效能更佳的數位廣播標準。亞洲地區的韓國近年來積極發展數位多媒體廣播（Digital Multimedia Broadcasting; DMB），DMB基本上是由Eureka 147發展出來的，可經由衛星（S-DMB）或地面（T-DMB）傳送廣播或電視節目至各

表3-5　數位廣播系統比較表

名稱	DAB	IBOC	DRM	ISDB-T
解碼技術	MPEG-1 Layer II	HDC（採用SBR）	MPEG-4/AAC+/HVXC/CELP	MPEG2/AAC
音頻速率	128-192Kbps	32-96 Kbps	24-48Kbps	283.1-1801.5Kbps
頻寬	FM Hybrid 1.536MHz	FM Hybrid 142KHz	AM Hybrid 4.5-20KHz	5.6MHz
單頻網路	是	否	是	是
最大數距率	1.2 Mbps	約99 Kbps	72 Kbps	23.4Mbps
相容性	與現有AM/FM不相容	可升級現有AM/FM發射機	可升級現有AM發射機	與現有AM/FM不相容

類型行動媒體接收設備，如手機等。2008年北京奧運中，使用者非常多。使用頻寬是1.536MHz，L-Band，1452-1467.5MHz。但是在視頻壓縮標準部分採用的是H.264（JVT）標準，該標準在同等圖像品質下的壓縮效率比以前的標準提高了兩倍以上，所以和其他的視頻編碼標準相比，在相同的頻寬下提供更佳的圖像。

第三節　數位廣播在各國之發展概況

壹、英國

英國數位廣播的發展在世界各國中一直居於領先的地位，其中數位廣播發展局（Digital Radio Development Bureau; DRDB），積極整合業者及持續進行各項廣播聽衆的收聽行為調查，希望能找出DAB的潛在消費者，功不可沒。成立於2001年的DRDB，是由英國國家廣播公司（BBC）、各商業電台、DAB平台經營者共同出資組成的非營利組織，也是促使英國DAB產業快速普及的重要機構。其主要功能與作用有兩大方向，分別是「整合DAB產業鏈各業者」，以及「掌握消費者需求」。

另外，英國國家廣播公司（BBC）自1994年起，其研發中心就已經完成DAB發射硬體設施，開始播出節目，並製造完成全世界第一台DAB接收機（李蝶菲，2001）。

從2002年7月開始，BBC調整各節目播出頻寬，在DAB頻道上規劃出十一套不同的節目，其中有五套是DAB專屬節目。除了在全國性頻道的節目外，還要負責製播三十七套地區性的DAB節目。BBC的努力帶動了地區性商業電台投資製作DAB專屬節目，使閱聽衆爲了收聽特定節目而購買接收機的比例大幅提升。現今，在英國擁有DAB廣播接收機的家庭有39%（www.ofcom.org.uk）。

此外，英國的DAB發射涵蓋硬體工程也由BBC主導建構，在英國境內的DAB發射覆蓋率，在2007年迅速提升到達90%，發射機的數量在2003年有四十六個，2004年底時則增加爲七十六個。這些發射工程的基礎建設愈加完善與密集，DAB的發射電波就會愈加穩定，閱聽衆的接收品質也就愈加提升，形成良性的循環。英國有兩家全國性的多工分配器業者，分別是：英國國家廣播公司（BBC）與民營業者Digital One。目前，BBC有十一套數位廣播節目，其中五套是全國性的數位廣播節目，另外六套是和全國性的類比廣播節目同步播出。BBC也利用電視文字廣播運作一個稱爲「BBC Vision Radio」的資料服務，提供道路交通資訊與電子化地圖導引。Digital One則提供七個全國性只能在DAB接收機接收的節目。從**表3-6**得知目前英國共一百七十台提供四百二十二套節目，其中二百三十四套是只能經由數位接收的。

2008年10月，英國媒體主管單位Ofcom提議重新規劃DAB數位

表3-6 英國各電台之DAB節目套數

	電台屬性	涵蓋區域	數位／同步廣播
BBC	公共電台	11（全國性頻道）	5數位廣播（DAB）
Digital One	商業電台	7（全國性頻道）	3同步廣播（Simulcast） 4數位廣播（DAB）
Various	商業電台	120（地方性頻道）	89同步廣播（Simulcast） 31數位廣播
BBC	公共電台	32（地方性頻道）	32同步廣播（Simulcast）

資料來源：Ofcom (2007).

廣播的執照發放規則，藉以鼓勵Global Radio與Channel 4共組公司以經營DAB全國網Digital One，目前Channel 4已取得Digital One頻道的65%股份。至於DAB全國網Digital 2，則預計由Global Radio及Arqiva集團共同經營，但是官方要求業者開播的時程均因廣告受益不佳等因素一再延後。

貳、德國

目前德國境內DAB電波覆蓋率達總人口數的80%，有超過一百四十個電台製作提供DAB頻道節目。1995年5月巴伐利亞天線電台（Antenna Bayern; AB）爭取到巴伐利亞全邦性的DAB廣播執照，AB台立刻轉投資成立全新的DAB專屬電台：搖滾天線台（Rock Antenna; RA），租用DAB商業頻道向巴伐利亞全邦傳送節目，是德國率先進入DAB領域的商業廣播電台。至於巴邦的DAB電台，全區性頻道利用Band Ⅲ頻帶，有一張頻道執照。區域性頻道則利用L-band頻帶，目前已經發出四張頻道執照，各發射台分別建置在慕尼黑市（München）、英高斯塔特市（Ingolstadt）、奧古斯堡市（Augsburg）以及紐倫堡市（Nürnburg）（李蝶菲，2005）。

2004年12月德國法蘭克福地區開播DAB。Sky Radio是近來第三個在當地成立的數位廣播電台，提供四套DAB節目，並充分運用數位廣播剔透的音質與數據廣播等特色，製作不同於現有FM電台內容的DAB節目。例如在其中一套節目利用DAB的數據廣播特性，提供聽衆有關交通的訊息，包括路況報導、火車時刻、機場航班等（莊尙平，2005）。

整體而言，德國數位廣播的發展並不如英國快速，DAB接收機銷售量也不如英國，原本2009年全面數位化的時程，將延遲至2010～2015年間。

參、其他歐洲國家

從2006年1月1日開始，愛爾蘭RTÈ Radio在首都都柏林（Dublin）及東北等人口密集區域推出爲期三個月的DAB試播專案，並作爲愛爾蘭廣播產業邁入八十週年的紀念，RTÈ Radio將以DAB與FM並存的方式發展DAB，以更有效運用頻寬資源並提供更多元服務。基本上，歐洲廣播電台大多是受到政府的資助。此外，DAB的熱潮也在歐洲其他國家蔓延，包括丹麥、挪威、比利時等國，根據蓋洛普（Gallup）公司在2005年4月的調查顯示，丹麥家庭擁有DAB接收機的數目達到十三萬五千戶，這個數字較前一年呈現倍數成長，並有相當多人表示正考慮購買DAB接收機。除市場的好表現外，政府部門在DAB政策上也有明顯進展，荷蘭、義大利皆於2005年公布DAB推動規劃與相關法規。挪威國家廣播電台（NRK）表示，預計2014年將全面使用DAB系統播送節目，並停止目前類比音訊廣播服務（視訊月刊，2006）。

肆、澳洲

澳洲政府宣布將於2009年1月1日起開始播送數位廣播。2006年澳洲政府投資四億在DAB的發展上。澳洲商業電台（Commercial Radio Australia）主管Joan Warner表示數位廣播在澳洲具市場潛力，根據Colmar Brunton Media Solutions的調查，79%的澳洲人每週都有收聽廣播節目，並有67%的民衆是藉由廣播來接觸新發行的音樂、歌曲，顯示廣播節目在澳洲具廣大市場。此外，在預算許可下，更有75%的澳洲人及84%的十八至二十四歲年輕人表達願意收聽數位廣播節目，目前在澳洲有包括ABC、SBC在內的九個電台提供數位廣播節目。

伍、韓國

韓國資訊通信部（Ministry of Information and Communication; MIC）宣布，韓國地面DMB技術獲得世界數位廣播多媒體論壇組織（World DAB Forum）的推薦，2005年將作爲ETSI（European Telecommunications Standards Institute）的標準，同時推動韓國DMB技術在ITU國際標準化。2006年韓國賣出二百萬台DMB接收器。

陸、日本數位廣播的發展

日本數位廣播推廣協會（Digital Radio Promotion Association; DRP），在2003年10月促成實驗數位廣播的開播。DRP是由日本NHK電視台、商業廣播電台以及其他新進業者聯合成立。NHK目前在東京與大阪地區提供數位廣播服務。數位廣播目前在主頻道上以及三個次頻道上播送一套高音質（high-quality sound）節目，爲物盡其用，NHK開闢多語天氣預報服務，這套服務系統可自動將各項天氣資料（如氣溫、風向或降雨／雪百分比等）語音化，並翻譯成英文、韓文以及中文。NHK並以銀髮族爲主要的服務族群，配合銀髮族在聽力上的不便，透過調降背景音的dB值（六個單位），讓數位廣播節目主要的聲部更爲清晰。NHK認爲，在目前人口日益高齡化的世界趨勢中，公共廣電系統擔任提供銀髮族相關的服務角色將愈顯重要（NHK網站資料）。

柒、台灣

台灣的DAB技術引進，源起於交通部電信總局於1998年9月擬訂DAB推動計畫草案，確立DAB推動時程，並於2000年1月14日由交通部正式公告進行我國的DAB試播實驗。

在行政院「國家資訊通信發展推動小組」（NICI）主導下，由交通部電信總局、行政院新聞局、經濟部等相關單位負責推動。最初，電信總局委託工研院電通所進行「數位音訊廣播技術分析與傳輸標準建議」研究案，針對上述各種數位音訊廣播技術進行研究，經過詳細評估，該研究報告建議採用歐規Eureka 147系統，並建議選擇VHF地面廣播的BandⅢ頻帶。電信總局乃於1998年9月擬具DAB試播實驗計畫草案，並於2000年公告進行我國的DAB試播實驗，實驗對象以現有廣播業者優先考量（交通部電信總局，2001）。

一、電波頻段使用狀況

目前，Eureka 147的頻段設在174～240MHz之間，因此，政府將DAB試播及第一階段開播的頻段，暫訂爲頻道13中的

211.648MHz、213.360MHz、215.072MHz，以及220.352MHz、222.064MHz等五個頻段。其中，每一個頻段的頻寬是1.5MHz，一個數位頻道的頻寬，可以容納五個CD音質的廣播節目同時播放，多餘的頻寬，還可以用來作為圖文、資訊的傳輸載具（李蝶菲，2002）。

二、參與DAB試播的公民營電台

國內共有十九家廣播電台組成十組實驗電台取得試播許可，分為使用全國全區性及各分區地區性的頻道。在傳輸工程技術上，DAB頻道中可以用「封包」和「串流」的方式傳送圖文數據資訊，使DAB有別於傳統廣播只能傳送音訊，而成為數位化的資訊平台。國內在試播階段初期，各電台業者除積極推出多元的廣播節目外，也曾與電信業者和數據資訊業者合作，進行多項數據傳送的實驗。

(一)傳送節目圖文資訊

DAB與傳統廣播最大的不同點，就是能夠傳送數位化的圖文資訊，經由發射頭端的電腦整合，使與節目相關的樂曲解說、歌曲與歌手簡介、CD專輯封面等，都能隨著節目的播出呈現在閱聽眾眼前。在DAB試播初期，部分廣播業者也開始在製作端輸入節目圖文資訊，並利用電腦螢幕作為接收介面，包括：中廣公司、飛碟電台、台北之音電台、中央電台等。

由於是實驗性質，各電台業者並沒有製作大型資料庫，只著重在圖文資訊的傳輸與接收功能測試，在技術面上相當順利。

(二)傳送購物資訊的實驗

在DAB試播期間，中廣公司曾經與經營購物資訊的捷購公司合作，將捷購公司購物頻道裡的數據，透過DAB頻道發射，除了傳送購物內容外，該公司並自行開發製造數位機上盒（後來成為數位電視目前所使用機上盒的一部分）。該項產品內建一個20GB的硬碟，可以利用廣播離峰的深夜時段下載所傳送的資訊數據，包含圖片、購物資訊、遊戲、電影等。技術實驗進行了一季，正式開始傳送數據則約有半年時間。但因無法滿足即時的需求，故雙方僅合作不到一年，即告終止（李蝶菲，2005）。

(三)傳送交通路況資訊

開車族一向是廣播的重度使用者，再加上DAB具有移動中穩定接收訊息的功能，廣播業者將開車族視爲DAB最具潛力的消費者。業者在進行數據傳送研究時，交通路況資訊的傳送接收必然成爲相當重要的項目。

交通訊息在DAB之應用，可分爲五個層面，包括資料蒐集、訊息產生、訊息編輯確認、訊息傳遞、訊息接收等。目前，交通資料的蒐集單位包括公路單位、交通警察等，透過交通資訊中心整理出有用訊息，再經由廣播傳送出符合標準之交通與旅行者資訊（Traffic and Traveler Information; TTI）訊息，使用者從接收機端就可以接收到相關交通及路況訊息（連紀舜，2004）。

第四節　數位廣播節目

壹、世界各國數位廣播節目概況

目前DAB廣播節目依播送範圍可分成地區性與全國性節目兩類，其中又可根據營運目的分爲公共化節目與商業化節目兩大類。公共化節目主要是政府基於推廣DAB等政策目的播送的節目，而商業化節目則是以獲取商業利益爲目的。因此，商業化節目的套數相當程度反映該國DAB市場的發展狀況。其中，英國以四百套DAB

表3-7　各國之DAB節目套數

國家	商業電台節目（套）	公共電台節目（套）	國家	商業電台節目（套）	公共電台節目（套）
英國	127	43	澳洲	9	3
德國	80	60	香港		7
加拿大	57	16	新加坡	2	14
法國	6	6	韓國	10	3
義大利	24	5	瑞典	0	29
西班牙	9	12	奧地利	0	8

資料來源：WorldDAB（2006），作者自行整理。

節目居冠，德國及加拿大在DAB商業化節目的套數也都分別超過七十套與四十套（如表3-7）。

貳、台灣數位廣播節目（試播期間）

一、中國廣播公司

在試播實驗階段之初，中廣公司規劃了五套節目，其中只有兩套是DAB專屬節目，包括播放古典音樂的「DAB古典網」以及播放最新流行歌曲的「DAB TOP網」。其餘三套節目則分別同步播出中廣公司在FM頻道中的流行網、音樂網，以及AM頻道中的新聞網。中廣公司於2002年與慈濟大愛台合作，在花蓮架設完成第十部發射機，又重組切割DAB頻寬，播出第六套由大愛台製作提供的節目，以服務東部地區的民眾，試播訊息及接收狀況都相當良好。

二、中央、教育、漢聲、警廣等公營電台

中央、教育、漢聲、警廣等公營電台團隊在試播的全國性頻道的1.5M頻寬中，規劃出五套廣播節目和一個數據服務頻道。在音訊

廣播部分，中央電台負責兩套，其餘各電台各負責一套，內容規劃分別如下：

1.中央電台綜合網：針對不同年齡層而分別設計不同的節目單元。
2.中央電台音樂網：古典音樂、流行歌曲等。
3.教育電台教育網：新聞資訊、進修學習、教育文化、休閒娛樂等。
4.漢聲電台漢聲網：節目內容包含新聞、藝文、音樂、戲劇、兒童以及教學節目等。
5.警廣交通網：節目內容以治安、交通、緊急救難爲專業定位，爲民衆提供各項資訊服務。（電信總局，2001）

三、飛碟電台

飛碟電台於2000年投入DAB試播計畫，初期十分看好DAB能提供高品質的音訊廣播，2004年也在第一梯次DAB頻率開放時提出申請。但最終未能取得執照。飛碟電台於試播階段在北區地區網DAB頻道上播出六套音訊廣播節目，其中有兩套是分別同步播出飛碟電台及News98的既有節目，其餘四套則都是音樂節目。

四、其他電台

除上述試播電台之外，台北愛樂、亞洲、全國、每日、好家庭、城市、大衆等七家中功率電台共同投資籌組了「優越傳信」公司，經營與DAB相關的網路廣播，該公司並在台北的台北愛樂電台、新竹的台灣廣播公司、台中的全國廣播、高雄的大衆（KISS Radio）等電台的機房架設DAB發射機。聽衆可以透過網路連接，節目內容則區分爲PC-radio的外國音樂節目；PC-university的新聞英語、健康、管理學等各種教學節目；PC-entertainment的MTV、電影介紹、新歌試聽等；PC-information的鐵路／飛機班次表、股市資訊、天氣預測等；PC-express的東森新聞報、電子書、電子型錄等。在試播期間，除了提供數位廣播節目外，各參與試播電台亦提供PAD及Non-PAD資訊服務。所謂PAD指的是節目相關資訊（Program Associated Data）在DAB節目的傳輸中，有許多與節目相關的圖文資訊，是由節目供應者蒐集整理後，在製作前端伴隨著音源一齊傳送的，包括：樂曲曲名、作詞者、作曲者、演唱者或樂團簡介、相片、CD封面、樂曲解說等。閱聽受眾可以透過接收機本身的螢幕或是用接收晶片連結的電腦螢幕，看到與節目內容相關的圖文，或是主持人與聽眾互動的即時訊息。Non-PAD指的是非節目相關資訊。除了音訊廣播之外，也可以利用DAB頻寬來傳送與音訊廣播節目無關的圖文數據資訊，例如：交通資訊、即時路況、氣象預報、股票行情、金融即時資訊等，使用者可以利用DAB接收機、PDA、手機等螢幕來收看。從商業營運的角度來看，數據資訊的傳輸不僅是DAB與傳統廣播最大不同的特色，也是產業導入DAB平台時最有獲利機會的部分（李蝶菲，2005）。

中廣公司將數位化的新聞資訊提供手機業者及入口網站業者，供消費者利用手機或網路來收聽閱讀中廣新聞，以擴大中廣新聞網所產製新聞被收聽、閱讀、點選的機會，除了增加新聞作業的邊際效應，也可以形成新的商業模式，獲得分享資訊的利潤收入。與中廣新聞網有合作關係的手機業者包括：中華電信、和信i-mode等，消費者除可以利用手機收聽新聞，還可以閱讀新聞標題與內容。網站入口的合作對象則包括：蕃薯藤、PChome、Yahoo奇摩、中華電信Hinet、微軟MSN等，消費者可以在網頁上看到中廣新聞的標題、內容與新聞圖片（www.bcc.com）。

第五節　數位廣播新時代

壹、台灣數位廣播時代來臨

2005年6月26日行政院新聞局正式公布第一梯次數位廣播執照申設獲准名單，宣告數位廣播時代的正式來臨。第一梯次共計發出：全區執照三家，北區二家，中區從缺，南區一家（如**表3-8**）（其中中國廣播公司因股權爭議延遲至2006年3月終於通過

表3-8　第一梯次數位廣播執照申設獲准名單

區域	分配頻道	公司名稱	現況
全區網	10D（215.072MHz）	中國廣播公司	過往有五年發展經驗，但目前呈停滯狀態
	11C（220.352MHz）	優越傳信數位廣播公司籌備處（大眾、全國、每日、台北愛樂、大苗栗、亞洲、好家庭、華聲）	過去已有五年數位廣播測試及擁有全省發射台，並與WorldDAB及DAB國外相關業者關係緊密，目前已完成DMB測試及進行申設中
	11D（222.064MHz）	福爾摩沙電台籌備處（IC之音、大千、寶島新聲）	惠普、聯宇、遠傳等
北區網	10C（213.360MHz）	寶島新聲電台	擁有廣播及elearning之相關經驗，未來將以通信及多媒體內容及行動學習為主，現申請營運執照中
	10B（211.648MHz）	台倚數位廣播公司籌備處（台北之音、IC之音）	台倚數位廣播公司於2008年12月1日解散公司，籌設執照繳回NCC
南區網	10C（213.360MHz）	好事數位生活電台籌備處（港都、高屏）	籌備中

資料來源：行政院新聞局（2005.6），作者自行整理。

但由原先之11C移頻至10D）。

貳、數位廣播的未來發展

在未來數位多媒體廣播之發展則與政府政策、技術發展、跨業與跨媒體的整合應用有密切之關係。

一、政府政策

數位廣播電台的建置成本頗高，估計約需五億元。若無政府支持，則很難靠單一民間企業獨資完成。因此，很多國家在推動數位廣播時，皆由政府輔助完成；如英國（BBC）及挪威（NRK）或韓國（KBS）都是由政府出資，先輔導公共廣播電台開播後，再逐步完成商業經營。目前台灣預計到2010年前完成數位化，政府政策與實際推動扮演關鍵角色。新聞局於2005年前發出六張數位廣播籌設許可執照，三年中只有台倚一家試播，其他五家業者籌設進度緩慢，皆處於觀望中，市場反應相當冷淡。其根本原因在於雖然數位廣播音質接近CD，並可同時傳送影音、圖像等，但業者認爲科技不斷進步，數位廣播功能可被數位行動平台取代，數位行動廣播接收設備就可以擁有聽廣播、聽音樂、上網、講電話等功能，發揮空間比數位廣播大。再加上現行廣播市場廣告大餅有限，數位廣播的經營更顯困難。

台倚數位廣播是由台灣大哥大與倚天合資成立的，台倚確定以12月1日爲解散基準日，並已向國家通訊傳播委員會申請撤銷數位廣播籌設許可。台倚數位廣播的退出市場，點出數位廣播市場的經營困境，主管機關NCC或許應該重新評估數位廣播業務，對於所謂外資等問題與相關單位共同審慎評估後，作更明確的解釋，協助業者找出成功之道。

二、數位多媒體廣播的技術發展

隨著數位壓縮技術的進步，數位廣播朝向數位多媒體廣播的技術發展之趨勢已是十分明顯。英國已成功使用DAB與DVB數位電視傳送影音串流節目至個人電腦，韓國也積極開發數位多媒體廣播（DMB）技術。韓國開發的地面DMB技術在交通工具等150km/h以上速度的移動環境下可提供數位電視及新聞、股市等各種內容，是一種新的行動數位多媒體服務。這項DMB技術從2002年開始由韓國電子通訊研究院（Electronics and Telecommunications Research Institute; ETRI）研發，以歐洲「Eureka 147」影像傳送爲基礎。2003年南韓政府投資了四百六十億韓元於DMB的開發。根據韓國MIC資料顯示，2007年的DMB終端設備市場的規模將達五十億美元，未來全球DMB相關市場需求極大，藉著2006年德國世界足球比賽與2008年北京奧運的舉辦而擴展，預期在2012年達到三十億美元規模。

之外，數位廣播發展的另一關鍵是降低DAB接收機的價格。以最常見的Eureka 147系統爲例，其接收機在2000年的平均售價爲每台二百九十九英鎊（約合新台幣一萬五千元）。不過，這個價格在2008年時已降到七十歐元（約合新台幣四千二百元）左右。現今在e-Bay購物網站中亦出現二十美元之低價。在接收機機型方面，亦越來越具特色，有強調定時錄放功能、有強調Hi-Fi音質，並有車用、手持式，或透過USB介面與電腦結合使用的機種；隨著DAB接收機售價調降、可供消費者選擇的機種越來越多，DAB將比過去更能滿足消費者求新求變的心。2007年2月總部位於英國的半導體公司Frontier Silico推出了Venice 6接收機，機型強調四合一的功能；意即可用一台接收機可以接收Internet Radio、music playback、DAB、FM，堪稱是現今功能最爲齊全的接收機，2007年7月開始上架銷售。

三、DAB與跨業與跨媒體的整合應用

根據英國廣播收聽率調查公司RAJAR於2006年第二季的調查報告顯示：在英國，有22.8%的聽衆是經由網路收聽廣播，有38.9%經由數位電視收聽廣播，9.7%是由手機收聽廣播，有25.8%擁有MP3播放器，且其中有14.8%的人是由網路下載廣播節目。換言之，在英國有一百九十萬人是Podcast的使用者。資料顯示，數位廣播現階段已經可以結合手機、網路及各種寬頻手提設備等，創造出更多的應用與經營模式。中廣公司資訊處副處長蕭文合（2004年）亦提出DAB與跨業整合之看法如下：

(一)與手機的整合

台灣的手機普及率非常高，在新聞產製方面，如果整合DAB與手機系統平台，將可以把最新產製的新聞以最快速的方式傳達到手機使用者，也將爲中廣新聞價值增添邊際效果。在使用者端而言，其接收的便利性和範圍比廣播或電視來得更廣，對後續加值應用來說，是一種很好的應用推廣模式。

(二)與網路的整合

無線網路Wi-Fi是最近一、兩年相當熱門的應用系統，若結合手機與DAB，站在使用者需求的考慮上，把三者特性與傳送經濟效益上，進行搭配，而有不同的呈現方式與價格配套方案，將可以爲內容提供業者、系統經營者、網路承包業者創造新的營運模式。

在跨業整合上，技術面已經準備就緒，加上政府目前正積極推動雙網計畫，也就是手機GSM的3G環境，與無線網路的搭配。其優點在於手機的涵蓋率很廣，無線網路涵蓋率雖然較低，但是費用相對來說比較低廉，在公共場所熱點（hot spot）的服務提供上，

無線網路也十分方便。二者截長補短，就成為優質的應用模式。

(三)與通訊產業的整合

由於DAB具有高速移動間穩定接收能力，將DAB模組植入手機、PDA、汽車等行動裝置內，是業者正在進行的研究方向。而在目前激烈的媒體產業競爭環境下，若能把DAB與通訊產業相結合，則明顯具有下列幾項優勢：

1.在高速行進間仍可順利接收數據訊息，其功能特性和手機的移動接收相同，但傳輸頻寬則較手機大得多。
2.可以利用串流（streaming）技術傳送資訊，適合為消費者提供即時性的數據資訊。
3.具有提供多媒體資訊能力，包括圖文、語音，韓國在2004年底已經發展出影音多媒體（DMB）的傳輸功能。
4.以「一對多」的廣播型態提供音訊與數據的傳輸服務，相較於2.5G或3G的行動通訊產業，有更為經濟的通訊費用，可以構成互補的應用模式。

另外，根據數位視訊廣播通訊聯盟秘書長陳耀聰（2008）指出，數位廣播應用服務有三大主軸：娛樂（Entertainment）；線上學習（E-learning）；傳播通訊（Communication）。其中娛樂服務包括：(1)有聲書；(2)影音廣播即時新聞（V-news）；(3)行動影音部落格（M-Vlog）；(4)個人音樂電台（Pandora）；(5)TV/Movie Preview Entertainment。線上學習包括：(1)Live ABC；(2)數位輔助教材服務；(3)數位行動學習中心；(4)線上家教及財經資訊、線上交易等服務。傳播通訊則是利用DMB/DVB-H/3G/Wi-Fi/WiMAX等手持行動裝置發揮VOIP/ Voice+ Video/Conference/SM之功能。

廣播訊號的數位化意味著與行動電話系統、網際網路系統間可做進一步匯流。隨著DAB、電信、網路技術及影音壓縮等技術的發展，未來的行動商務將從現行蓬勃的電信服務、日益普及的無線網路服務，逐步將廣播服務納入，例如提供多媒體、數據等傳輸服務都將成爲新商機之所在。屆時，手機、筆記型電腦、車用通訊設備、PMP（portable media player）等各種移動式設備將可與DAB結合，構成更便宜、便利與多元的行動服務環境。英國國家廣播公司總裁湯普遜（Thomson）在2006年6月即大膽預測，未來的廣播將把節目內容以隨選點播的方式，傳送到付費聽衆的手機、電腦、數位電視及各種寬頻手提設備中。屆時，不僅廣播業者的商業模式與服務內容將與現在不同，聽衆也將享有嶄新的廣播體驗。

Chapter 4 衛星與數位行動廣播

第一節　衛星廣播

壹、衛星廣播的定義

衛星廣播（Satellite Radio）或稱DARS（Digital Audio Radio Service），意爲將製作完成之廣播節目訊號由地面通訊站傳送到衛星，然後再由衛星傳送到另一個地面通訊站，其過程只需數秒。收聽者只需擁有家用、車用或可攜式的接收設備即可收聽。衛星廣播屬於付費廣播，即聽衆必須月付基本費9.99～12.99美元，始能成爲基本訂戶。收音機價格自100～399美元不等。

貳、衛星通訊的特性

自從1957年蘇聯成功地發射了第一顆人造衛星以來，目前全世界已發射了千枚以上通訊用的衛星，擔任國際間商務通訊往來之重任。衛星通訊之特色如下：

1.通訊距離遠、覆蓋範圍大：以一顆靜止的通訊衛星爲例，它的天線波束可以覆蓋地球表面積的42.4%。全球通訊網的建置，只需要在軌道上等間隔的配置三顆同步衛星，若爲中軌衛星，只需配置十顆就能完成，因此衛星通訊可以達到無遠弗屆的境界。

2.傳輸的價格全然不受距離長短的影響。

3.多點通訊導向系統（Multicast-oriented System）。

4.衛星結構組織網路較爲彈性，並可用於多重擷取聯接：在衛星傳送天線波束的範圍內，衛星通訊網路所屬的地面站可以同時和其他地面站建立各自的通訊路線，而形成一種多方向、多地點的通信。這種衛星通訊特有的性能，叫做多重擷取聯接。

5.通訊品質高、容量大：衛星上有衛星轉頻器（transponder），以衛星傳送電視頻道節目來說，傳統的一個電視頻道，採用類比的方式，需占用一個轉頻器，而今數位化技術進步，便可以將多個頻道壓縮後共用一頻道，增加其通訊的容量。另外，衛星通訊工作在微波頻段，再加上各種頻率的重複利用，使得現在一顆通訊衛星可用頻帶寬度達幾千兆赫，通訊容量超過了三萬三千條話路。同時在衛星通訊中，電波主要在接近眞空的外層太空傳播，因而可以大幅地減小大氣折射和地面反射的影響，傳播特性比地面微波接力線路明顯穩定，所以通訊品質高。

參、衛星通訊的系統與服務

一般衛星通訊系統所使用的頻帶有：C、Ku、Ka及L/S四種頻帶，其頻率劃分如**表4-1**。

表4-1　衛星通訊使用頻帶之頻率劃分表

頻帶	上鏈頻率（GHz）	下鏈頻率（GHz）	問題
C	4（3,7-4,2）	6（5,925-6,425）	地面訊號干擾
Ku	11（11,7-12,2）	14（14,0-14,5）	雨衰減嚴重
Ka	20（17,7-21,7）	30（27,5-30,5）	雨衰減更嚴重 設備成本高
L/S	1.6（1,610-1,625）	2.4（2,483-2,500）	ISM頻帶之訊號干擾

資料來源：林高洲（2004）。

不同軌道之衛星通訊系統，其特性如**表4-2**。

表4-2　不同軌道之衛星通訊系統特性表

型態	低軌衛星（LEO）	中軌衛星（MEO）	同步衛星（GEO）
高度	160-480 km	9700-19400 km	36000 km
可用時間	15min	2-4hrs	24hrs
優點	‧低成本 ‧通道延遲低 ‧訊號衰減低	‧中度成本 ‧通道延遲低	‧地表覆蓋率42.2% ‧無都卜勒效應
傳送延遲時間	15ms-50ms	220ms	480ms
缺點	‧生命週期只有一至三個月	‧較大的通道延遲 ‧較大的訊號衰減	‧通道延遲非常大 ‧昂貴的後級處理

資料來源：林高洲（2004）。

衛星通訊依其功能可提供下列服務：

1.DTH（Direct To Home）：DTH利用中功率的C或Ku頻段衛星把電視節目傳送至地面，用戶只需以大約一公尺面寬的天線，即可直接收視衛星電視。

2.DBS（Direct Broadcasting Satellite）：DBS要先將節目訊號經數位壓縮，經由上鏈發射到高功率之Ku頻段衛星上直接把電視節目廣播至地面，就用戶端而言，直接可由裝置在用戶屋頂上的五十公分不到的超迷你碟型天線所接收，再加上數位衛星解碼器及網路介面卡，用戶即可在電視中看到衛星傳送的節目。直播衛星下行速率可達400Kbps。缺點是易受氣候變化或電波干擾影響。

3.FSS（Fixed Satellite Service）：是指在固定的發送與接收台之間，進行衛星傳播的應用方式。目前電視台SNG衛星新聞就是固定衛星業務的範圍。

4.MSS（Mobile Satellite Service）：衛星行動通訊系統是由澳洲於1992年成功的將AUSSAT送上軌道而開始萌芽，成爲全球第一個提供國內衛星行動通訊的國家；至於美國著名的AMSC（American Mobile Satellite Corporation）系統也在1995年發射衛星升空至同步軌道，開始提供區域性行動通訊業務。由於衛星通訊技術不斷提升，現階段已能提供輕薄短小手機的衛星行動通訊系統，例如屬於低軌衛星之Iridium、Global-star（LEO）、屬於中軌衛星之Odyssey和Inmarsat-P（MEO），這些系統將以L/S頻段提供全球個人衛星行動電話服務。

5.BSS（Broadcast Satellite Service）：利用衛星電台發送，爲公衆衛星廣播業務，接收對象爲不特定之公衆，可供一般大衆直接接收之無線電通信業務，可分爲用戶個別接收與利用共同天線接收後再分配給個別用戶兩種接收方式。

6.DARS（Digital Audio Radio Service）：只要在汽車上裝上一小片金屬片，即可以同一頻道在全美收聽，不需再換頻道。即目前發展極爲迅速的衛星廣播。

肆、衛星廣播之發展概況

一、美國

FCC在1992年批准了全國性的「S」頻率給衛星廣播使用。1997年FCC核發了兩張衛星廣播執照給SIRIUS（前身爲CD Radio）及XM（前身爲American Mobile Radio）。這兩家公司分別在2001年9月及12月完成籌備工作，正式開播。

(一)XM

XM爲美國第一家衛星廣播電台，總部設在首府華盛頓，在紐約及納許維爾分別設有製播中心。1997年取得FCC之正式執照後，經過四年的努力，2001年3月18日在夏威夷東南發射了XM1，名爲 ROCK（岩石）的「S」波段廣播衛星，緊接著在5月8日又發射了XM2，名爲ROLL（滾動）的第二枚衛星，兩枚衛星皆屬於702形式的美國波音公司衛星系統。每一枚衛星都有兩個16.4呎長的S波段傳輸反映器，一個X波段的全球接收天線。發射成功之後，提供了一百二十個左右的頻道。2005年3月1日XM3名爲Rhythm（旋律）在太平洋上赤道附近的奧得賽（Odyssey）海上發射平台順利發射升空，和前兩枚一樣XM3衛星也採用波音702型，發射重量四千七百零三公斤，衛星總功率高達18KW，當屬目前功率最大的通信衛星。XM3衛星的有效載荷由法國阿爾卡特宇航公司研製，工作在S波段（2.3GHz）；從而加強了因供電系統發現故障導致電功率損失的XM1及XM2衛星服務之不足。2006年10月發射了第四枚衛星名爲Blues（藍調），所以自2006年以後XM衛星廣播可以提供一百七十多個頻道，包括六十七個無插播廣告之音樂頻道，六十個以上的新聞、體育、談話、喜劇、兒童及綜藝娛樂節目，和二十一個交通氣象頻道等。

(二)SIRIUS

SIRIUS衛星廣播公司亦於2001年底開播。總部設在紐約的洛克菲勒中心，和XM相同，也有三顆衛星（SIRIUS I, II, III）提供超過一百三十個頻道之節目。其中包括六十九個沒有廣告播出的音樂頻道。2006年10月起SIRIUS有七十八個頻道可在網上收聽。SIRIUS及XM之衛星示意圖見**圖4-1**。

二、加拿大

加拿大廣播電視暨電訊委員會（CRTC）在2005年6月16日批准了三家衛星廣播公司，分別是：

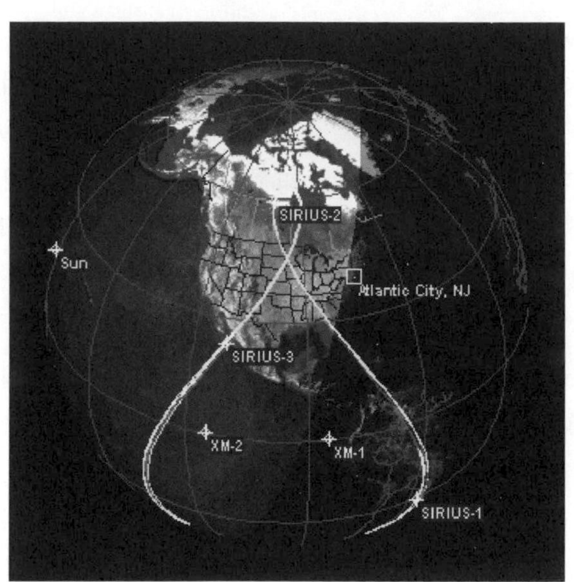

圖4-1　SIRIUS，XM之衛星示意圖

資料來源：www3.sympatico.ca/n.rieck/docs/sirius.html

(一)Sirius Radio Canada

這是加拿大CBC廣播公司和美國的SIRIUS衛星廣播公司合作的。其申請企劃書中指出，初始時將提供七十八個頻道，其中四個頻道由CBC製播。CRTC爲維持加拿大電視節目的競爭力，要求10%的節目必須爲加國人製作的節目，Standard會提供兩個頻道之節目，一爲英語，一爲法語，每月基本費爲12.95加幣。

(二)Canadian Satellite Radio

這家新的衛星廣播公司由多倫多商人John Bitore主導，並與美國的XM衛星廣播公司合作。CSR預計提供一百零一個頻道，其中四個頻道的節目在加拿大製播，分別爲音樂頻道（英語、法語）、喜劇以及新聞談話頻道，每月基本費爲12.99加幣。

(三)CHUM

這是三家中唯一的一家加拿大頻道。預計提供五十個頻道，所有頻道的節目均在加拿大製播。其中四十個頻道提供英語節目，五個頻道提供法語節目，另五個頻道爲多語節目。和其他兩家（SIRIUS、CSR）不同的是CHUM計畫初期只利用地面衛星傳輸，所以只有大城市聽得到。每月月租費爲9.95加幣。

CRTC規定SIRIUS及CSR必須有八個加拿大頻道，且其中85%必須是加拿大之節目。由這一點可以看出加拿大政府保護本土廣播及藝人的意圖。在CRTC的部分成員認爲批准SIRIUS及XM進入加拿大廣播市場後，會打擊到原本的廣播生態，但是樂觀者認爲這也是一次讓加拿大廣播節目和藝人大展身手，加入美國市場的絕佳機會。不過一些極具爭議性的節目，如和SIRIUS簽下五年五百萬美元的Howard Stern的節目，雖然數年前曾在加拿大電台播出，但如潮水般的抱怨湧向CRTC之後，節目被停。而今雖然SIRIUS進軍加拿大，但是Howard Stern的節目仍被拒於加拿大門外。

三、WorldSpace Satellite

WorldSpace衛星廣播公司在1990年由Noah A. Samara所創建。它的衛星服務範圍包括了非洲、亞洲、印度、中國、中東在內的發展中國家。主要任務爲幫助第三世界國家人民有機會與全球同步取得資訊。1998年它成功發射了非洲之星（AfriStar）在赤道上方三萬五千公里，定位於東經21度。

1999年第四季開始對南非、中東地區提供商業服務。2000年發射另一枚亞洲之星（Asia Star）衛星，定位於東經105度。每一枚衛星有三組涵蓋波束，每組波束可以傳送八十個以上的頻道節目，音質可達到CD的水準。同時它所提供的節目內容是涵蓋區域內之一般AM、FM電台所收聽不到的。它的收聽頻率爲1467-1492MHZ L-Band，在美國境內也難以收聽到它的節目。不過由於它是XM的原始股東，提供了10%的自製音樂節目在XM的四個頻道中播出。因此，可說有部分節目是可以經由XM衛星廣播在美國境內收聽到。目前WorldSpace在全世界一百三十個國家提供衛星廣播節目，服務五十億聽衆。

伍、衛星廣播電台之經營策略

衛星廣播公司的營收狀況以美國的XM及SIRIUS兩家公司來看，目前並未達到損益平衡的目標。2006年第三季XM虧損約八千四百萬，而截至2006年第四季SIRIUS第一次出現較樂觀的財報。不過根據NPD之分析指出，未來數年內這兩家公司有機會達到收支平衡。基本而言，XM之訂戶中有半數來自汽車市場，SIRIUS之訂戶則大多爲一般家庭。爲提升收聽率，XM及SIRIUS各自有其經營策略：

一、增加頻道，擴大服務

XM在2006年成功發射Blues衛星，目前頻道數量增至一百七十個，SIRIUS經由階層調變（Hierarchical Modulation）新技術，增加了三十個頻道，並且可增加資料傳輸及影像之功能。

二、爭取汽車及其他產業之合作

XM和GM（General Motors）、Honda、Toyota、Hyundai、Nissan以及Volks Wagan/Audi合作，替超過一百二十款之汽車配備衛星廣播收音機。XM並和全美知名的租車公司，如：Avis、National、Alamo等合作提供車上衛星廣播服務。同樣地，SIRIUS

2008年也爭取到和Mitsubishi、Benz、Lexus、Ford、LandRover、Jaquar等的某些車型，合作提供衛星廣播服務。

三、積極開發新技術及接收器

技術和內容是衛星廣播在未來是否能擺脫虧損及致勝的關鍵。因此SIRIUS為了擴增頻道，開發了階層調變技術，而XM也開發了可攜式、掌中型的新收音機Delphimyfixm 290，這款收音機除了可攜帶，而且貼心的設計了一個三角夾，可以夾在褲腰或裙子上，使用者可以十分方便的隨時隨地收聽節目，打破了衛星廣播接收器只適合在車上使用的迷思。SIRIUS也開發汽車後座收視設備，讓後座乘客可以看到影像播出。

四、策略聯盟與合作

XM在2005年7月和AOL及AEG合作成立了數位娛樂公司，名為Network Live，它希望經由網路、衛星或其他全球媒體平台，如：VOP、HDTV等提供現場娛樂節目。XM是全美第一的衛星廣播公司，AOL是居領導地位的互動服務公司，AEG是最大的現場體育及娛樂節目的內容提供者，所以三者的合作是值得期待的。XM也已成功的進入了加拿大的市場。SIRIUS和加拿大CBC廣播公司合作，取得了進入加拿大市場的機會。另外它與Multicultural Radio Broadcasting合作，自2005年9月播出韓語節目（Radio Korea USA），並加強對工商之服務。另外BBC Radio之節目也可以在SIRIUS收聽得到。

多元化及多角化之經營策略是衛星廣播加入廣播市場後積極努力的方向及目標。雖然成效尚未立即顯現，但是市場評估，到2010年全美可能可以達到二千萬的訂戶。這也是XM及SIRIUS兩家公司全力以赴的目標。

XM及SIRIUS兩家之接收器彼此不相容，因此當訂戶選擇成爲哪一家的訂戶就只能在指定的型號中選擇自己喜歡的類型。2007年2月XM和SIRIUS終於談成了併購計畫，總體價値爲一百三十億美元。XM的1股可換SIRIUS的4.6股，合併後SIRIUS之執行長Mel Karmazin將成爲新公司的執行長，原來XM之執行長Gary Parsons將出任總裁。Karmazin認爲合併對於兩家仍處負債狀況的衛星電台將是利多，同時節目的整合對聽眾亦有好處。

FCC終於在2008年7月29日正式通過了這項合併案，公司更名爲SIRIUS XM Radio；FCC在同意案中並列入了四項附加條款：(1)三年內對現有訂戶不調漲費率；(2)三個月內仍提供訂戶la carte節目；(3)提供8%的衛星頻寬給教育類及少數族群節目使用。全部合併後之整合工作，預計在三個月中完成；(4)XM同意支付一千七百五十萬美元、SIRIUS同意支付二百二十萬美元罰金，並承諾符合FCC之技術規範。

陸、衛星廣播節目分析

衛星廣播公司頻道數量多，節目的胃納量也相當大。節目來源包括自製節目、簽約轉播其他電台的節目、節目製作中心或供應商所提供的節目。

一、SIRIUS

SIRIUS衛星廣播公司除了提供六十五個頻道的「無廣告」之音樂節目，包括：POP（1－13）及98、ROCK（14－30）、COUNTRY（31－38）、HIP-HOP（40－45）、R&B及urban（50－54）、ELECTRONIC / DANCE（61－68）、JAZZ（70－77）、古典（80－86）、拉丁／世界（90－99）、體育（120－127）、新聞

（101－105）、談話類／娛樂（130－161），其中（150－159）是依地區提供地區性的交通路況及氣象資訊，每分鐘播一次。另外110、111、112、131等共十八個頻道是屬於「Play by Play」。即節目重複播出，聽衆可一聽再聽。

在另外五十五個頻道中SIRIUS提供了運動、新聞、娛樂性節目，分別和許多知名的廣播公司合作以衛星傳送其節目。

1.新聞：合作對象爲ABC、BBC、BLUMBERG、CNBC。
2.財經：合作對象爲CNN、FOX NEWS、WRN等。
3.體育：合作對象爲ESPN、SPORTS BY TIME等。
4.公共及公共服務：合作對象爲C-SPAN、COURT TV、NPR、PRI等。
5.心靈服務節目：與WISDOM RADIO合作製作內容與心靈成長、健康成長、個人成長相關之節目。
6.娛樂：合作對象爲DAVE REMSY SHOW、ENTERTAMENT TV NETWORK、PLAYBILL、RADIO CLASSIC、WEBSTER HALL（舞曲）。
7.生活：合作對象爲CAR TALK、DISCOVERY CHANNEL（RADIO）、ONLINE TONIGHT、RADIO DISNEY、THE WORLD CHANNEL。
8.宗教：合作對象爲EWTN（宗教廣播公司）。

二、XM

XM是美國第一大衛星廣播公司，共有一百七十個以上的頻道，音樂頻道亦強調無廣告干擾，內容如下：40年代（4）、50年代（5）、60年代（6）、70年代（7）、80年代（8）、90年代（9），鄉村歌曲（10-16）、熱門音樂（20-29）、基督教音樂（31-33）、ROCK（40-54）、URBAN（60-67）、JAZZ（70-74）、生活（75-77）、舞曲（80-83）、拉丁（90-95）、世界（100-102）、古典（110-113）、兒童（115-116）、新聞（121-134）、體育（140-147）、喜劇（150-151）、談話／娛樂（152-171）、運動（175）、重複播出（176-189）、ACC校園運動（191-193）、DAC（194-196）、BIGTENSPORTS（197-199）、XM LIVE（200）、HIGH VOLTAGE（202）、路況與氣象（210-247）。

從頻道播出內容來看，兩家衛星廣播電台播出內容差異性並不大，但是彼此力求發展出自己的特色。茲歸納如下：

1.XM及SIRIUS 在音樂內容方面可謂無分軒輊，XM以依年代分出40年代至90年代之經典歌曲頻道，頗具吸引力。
2.XM對體育及運動類節目，內容較爲豐富。尤其是大量的體育新聞報導及現場比賽轉播，對於以男性、開車族及目標聽衆的衛星廣播而言是正確的節目規劃。SIRIUS自2007年起亦大幅增加體育節目，如全天候轉播NFL及NASCAR等比賽。
3.XM自210到230頻道爲路況及氣象資訊報導，涵蓋地區包括美國東西、中、南部，並且每分鐘皆有更新的資料，較SIRIUS每四分鐘更新一次資料，聽衆服務的效率XM顯然較高。XM247提供緊急事故提醒服務，值得讚賞。FCC亦在合併案中籲請保留。
4.XM也特別爲兒童開闢了XM115及XM116兩個頻道的節目，頗見用心。

三、WorldSpace

WorldSpace是以全球的聽衆爲服務對象的衛星廣播。由於其涵蓋面擴及亞洲、非洲及歐洲，在美國本土難以接收，只提供XM四個頻道之節目。由AfriStar衛星所傳送的節目，包含熱門音樂（五個頻道）由英國的VIRGIN RADIO及其他UPOP RADIO CAROLINE等所提供的ROCK有三個頻道，另外各有一個頻道播出R&B DANCE、古典、JAZZ、COUNTRY、非洲／世界等音樂類型。印度區域性節目有五個頻道，包含英語及印度語播出。新聞節目共有十個頻道，完全以英語播出，其內容由BBC、CNN、FOX、 NPR及BLOOMBERG提供內容。其中BBC提供五個頻道，包含世界新聞、非洲西部、東部、南部、阿拉伯地區新聞。

BLOOMBERG RADIO提供國際財經新聞。非洲肯亞（Kenya教育系統）、巴基斯坦教育頻道、非洲學習頻道等則提供四個教育頻道節目。

非洲之星衛星頻道也提供九個法語頻道的宗教、娛樂、新聞節目。並且提供TAMIL、SONINKE、BAMABARA等非洲其他語言之節目。

AsiaStar所提供之節目類別和非洲之星頻道相似，有新聞、音樂、宗教、體育及地方新聞，以英語播出爲主。另外有日語、法語、印度語、馬來語等節目。

柒、衛星廣播聽衆分析

衛星廣播由於採取訂閱制，所以基本上是屬於付費廣播。這和傳統廣播的經營方式大不相同。傳統廣播的營運是靠廣告收入，但是衛星廣播則靠訂閱費及部分廣告。那麼誰會收聽付費廣播呢？根據2007年美國Arbitron調查公司的研究報告，有下列發現：

1.在一千五百零五個電話受訪者中，98.4%均有過開車經驗或搭乘非大衆運輸工具。

2.在受訪者中開車族，平均每天需開車至少三十六分鐘，每週平均開車五百五十三哩。有時一天中爲了工作需要開車達4.6小時。這些開車族較能接受衛星廣告的觀念，也較有意願在未來成爲訂戶。

3.受訪者中平日既有收聽廣播之習慣，平均收聽時數約3.29小時，所以他們較有意願成爲衛星廣播的訂戶。

4.較易接受衛星廣播者中，51%對於交通路況的報導極爲重視。

5.受訪者中52%樂於接受新的科技觀念，同時購買新產品的意願也較高。

6.以居住區域而言，美國南部及東北部之受訪者對於衛星廣播接受度較高。

7.受訪者當被問及若購買新車時，是否希望汽車中有衛星廣播接收器之裝置，表達了高度的意願。同時有34%的人會因此而成爲訂戶。

另外，在2007年Arbitron所做的調查報告資料中，可歸納出以下六點發現供作參考：

1.在接受調查的樣本戶中，有61%曾經聽過XM及SIRIUS這兩家衛星廣播公司的名字。

2.男性（53%）比女性（47%）對於衛星廣播較感興趣。

3.受訪者中可看出其年齡層爲12～17歲（14%），18～24歲（6%）、25～34歲（20%）、35～44歲（24%）、45～54歲（18%）、55～64歲（11%）。

4.在衛星廣播之訂閱戶中年收入普遍較高，年收入五萬到七萬五千元的有24%，十萬元以上的有27%。

5.若是汽車中已安裝衛星廣播收音機，有15%覺得非常有興趣變成訂戶，完全沒有興趣的有28%，但是若沒有收音機裝置則48%不會去裝。

6.報告中亦說明對於音樂類型的喜愛，以CHR最多，占23%；NC（現代成人音樂）居次，占20%；鄉村歌曲占13%，位居第三。

同樣地，Arbitron公司對英國的開車族所做的報告中則發現，英國開車族對數位廣播的熱衷程度爲22%，但是在車內裝置數位廣播接收器的只有1%。

綜合上述資料可作出以下之結論：

1.衛星廣播的目標聽衆爲年輕、擁有私人汽車的開車族。他們對於新科技、新事物的接受度較高。
2.衛星廣播自2001年開播以來，市場知名度已打開，但是接受程度在2004年之前並不高，直到2004年之後，訂戶才大幅增加。
3.衛星廣播之聽衆仍局限於開車族，汽車中配備衛星收音機是爭取訂戶之關鍵之一，因此XM及SIRIUS積極爭取和汽車廠商之合作，開發新的訂戶。
4.男性較女性易接受衛星廣播，故在節目類型方面也以體育比賽、交通路況等較受歡迎。

衛星廣播的發展近年來十分快速，收聽人口亦急遽增加。根據Nielsen/Netrating的研究報告指出SIRIUS衛星廣播公司自提供網路服務後，造訪人數急速增加，2006年3月達到二千三百萬人次，較2005年同期增加約188%，另外，訂閱人數亦大幅成長，SIRIUS有六百二十四萬戶，XM有七百六十萬戶，整體市場收益2008年可達三十億美元。

XM在2006年加拿大納入其服務區域後，估計用戶將增加六倍，2008年達二千六百萬戶。2006年3月造訪者約一千六百萬人次。此外，聽衆的收聽忠誠度亦明顯的提高。SIRIUS約十五分鐘，XM約十三分鐘。2006年8月XM衛星廣播公司與搜索引擎龍頭Google合作廣告業務，未來Google的廣告客戶只要透過其服務平台，就可以同時在Google網站及XM衛星廣播電台播放廣告。

第二節　數位行動廣播新趨勢

數位科技的快速發展，網際網路的崛起，改變了傳統的傳播模式，也開啓了新媒體（New Media）時代。

在新媒體時代中，廣播不再局限於利用調幅（AM）或調頻（FM）收聽，經由網路、衛星、數位廣播（DAB）或是iPod、iPhone、MP3等可攜式接收設備均可收聽。而透過數位平台，廣播不再有收聽範圍和收聽地點的限制。聽衆可無限轉台收聽自己喜愛的節目，正驗證了「Infinite Dial」時代的來臨。數位行動廣播的發展仍屬起步階段，但未來十年中將成爲主流趨勢。所謂數位行動廣播接收機意指包括：MP3、iPod、iPhone、Cell phone在內之可攜式接收設備；數位行動廣播的聽衆包括：(1)直接自電腦下載音樂或廣播節目到可攜式設備中的聽衆；(2)在可攜式設備中收聽兌付費的FM廣播聽衆；(3)利用傳統的Flash記憶體、藍芽等，將個人電腦、MP3的音樂轉存至可攜式設備中；(4)付費自網路上收聽音樂或網路節目的聽衆。

壹、何謂播客？

播客（Podcasting）是由Broadcasting（廣播）、Webcasting（網路廣播）和iPod衍生組合而來。根據維基百科上的定義，

Podcasting指的是在網際網路上發布聲音文件並允許用戶訂閱feed以自動接受新文件的方法。它使用RSS2.0文件格式傳送訊息。一般聽衆只要透過網站或是RSS下載Podcast節目到電腦中，就可以利用MP3播放軟體收聽。簡單說來，iPod只是一台可隨身攜帶的音樂或節目播放器，使用者將iPod插上電腦，下載MP3格式之廣播節目，之後無論在任何時間、任何地點都可以聽到自己喜歡的廣播節目，若之後聽膩了，可以在任何一台電腦上更新你喜歡的節目。可攜式的iPod亦擁有快轉、倒轉及暫停的功能。

一、播客的源起與發展

2001年10月23日蘋果電腦推出第一代5GB的iPod，可以儲存一千首歌曲，只能和Mac相容，推出後二個月中賣出十二萬五千台。

2002年3月蘋果電腦推出第二代10GB的iPod，可以儲存二千首歌曲，只能和Mac相容，7月蘋果電腦宣布第二代20GB的iPod正式推出，與PC相容。

2003年4月蘋果電腦宣布第三代iPod結合iTunes線上音樂網站提供音樂下載服務。新的iPod較以往輕且薄，分爲10GB（二千首歌）、15GB（三千七百首歌）、20GB（五千首歌）、30GB（七千五百首歌）、40GB（一萬首歌），與Mac及PC皆相容，並訂出歌曲下載付費標準，一首歌爲九十九美分。

2004年2月蘋果電腦推出iPod Mini，有五種不同的顏色，容量爲4GB，三個月中賣出兩百萬台。截至7月iTunes賣出一億首歌曲，震驚音樂市場。8月爲止，蘋果在數位音樂播放器市場占有率達58%。

2005年蘋果電腦iPod Shuffle推出，目標鎖定隨身碟市場，記憶體容量分別爲512MB、1GB兩種版本，較iPod Mini更爲短小輕薄，厚度只有0.82公分。2006年10月新一代的iPod Shuffle開始上市，大小只如一張郵票，背面附有隨身夾，可直接夾在衣物上，被認爲是至今最小的MP3播收器（張翠蘭，2006）。用戶可以在iTunes中設定播放順序或使用shuffle的順序播放。用戶可以設置在每次連接iTunes時，把音樂資料庫隨機塡到iPod Shuffle中。傳輸介面只有USB 2.0 一種選擇。iPod Shuffle首次使用FlashMemory作爲儲存媒體。Shuffle包括兩種型號：512MB（存一百二十首以128kbit/s編碼的四分鐘歌曲）和1GB（存二百四十首歌）。與其他型號的iPod不同的是，iPod Shuffle不能播放Apple Lossless和AIFF編碼的音樂文件，因爲它所使用的SigmaTel處理器並不支援。

2005年9月蘋果電腦推出iPod Nano。這是取代iPod Mini的新產品，功能類似iPod Photo，長只有4公分，厚只有0.9公分。

2005年10月蘋果電腦推出第五代iPod，它具有播放MPEG-4和H.264影片功能，分爲30GB及60GB兩種規格。後者可儲存一萬五千首四分鐘長的歌曲，二萬五千張彩色照片，或一百五十小時影片。其功能特色爲可播放電視節目、音樂錄影帶等視訊檔案。爲配合此新增功能，蘋果電腦將iTunes網站的服務內容從音樂擴及影片，目前iTunes網站約有二千支音樂影帶可供下載，並和迪士尼合作，提供迪士尼有線電視頻道兩個節目的下載服務，網友只要每集支付1.99美元，約合新台幣六十五元，就可以在這些節目播出的第二天下載沒有插播廣告的影集內容，利用電腦或第五代iPod觀賞。另外ABC電視網亦提供可付費下載節目，如《慾望師奶》、《Lost檔案》及《惡夜狂魔》等節目。迄今iTunes已售出超過四千五百萬集的電視劇（陳棨，2005）。

2006年9月蘋果電腦推出80GB的iPod以及第二代的iPod Nano。並自2007年初起推出無線電視連線裝置iTV，透過無線方式從iTunes下載電影再傳輸至電視機播放。iTV每個售價爲二百九十九美元，約合新台幣一萬元左右。已知的合作對象，包括迪士尼影片（Disney）、皮克斯動畫（Pixar）、米高梅影業（Miramax）、觸金石影業（Touchstone）等公司。

2007年蘋果電腦推出iPhone，並和全美最大之行動通訊商美國電話電報公司（AT&T Mobility）合作以跨足行動通訊；iPhone具有多媒體功能並且支援全球移動通訊系統（GSM），除了短信服務以及可視語音信箱的應用之外，iPhone還結合了照相手機以及多媒體播放器的功能。同時還提供電子郵件、網頁瀏覽以及當地Wi-Fi無線網路連接的網際網路服務。使用者只要輕點多點觸控式螢幕上的虛擬鍵盤及按鈕即可完成輸入。電池效能極強，可通話五小時、多媒體播放十五小時。

2008年7月蘋果電腦推出iPhone 3G，上網速度更快，並增設繁體、簡體中文手寫輸入。

二、播客的特色

(一)大幅降低進入廣播的門檻

正如同部落格的出現，降低了線上出版的門檻。Podcast只需要一台電腦、一支麥克風加上一條網路線，任何人都可以在任何地方對全世界廣播。被稱爲Pod教父的Adam Curry製作了四十分鐘的Pod廣播節目，名爲*Daily source Code*，如今在全球已有十萬以上的聽衆，而在洛杉磯的KCRW自從提供Pod節目之後，一個月就增加了十倍的聽衆。另外，蘋果iTune4.9上市以來，僅僅兩天就有超過一百萬人上網下載，由於沒有國界，沒有任何規範，所以Podcast成爲人人皆可方便發聲的廣播媒體。

(二)個人廣播風潮興起

傳統的節目製播模式要求的是精緻的節目內容，完美的錄音之後，放在市場上由聽眾來決定聽什麼，如今是聽眾自己選擇資訊或音樂來源，自己來製作節目，經由網路在全球尋找知音。iPod抓住了人性慾望的基本面：自己擁有、自己掌控，隨時、隨地、隨機播出。自己當製作人，自己當DJ，完全由被動的收聽者轉換成爲主動的製播者。同時，Podcast爲個人化廣播，內容五花八門，充滿個人風格。如*Dawn and Drew show*，原本是兩位藝術家夫婦在威斯康辛州家中的居家閒談，後來因爲網路效應，成爲下載率極高的Podcast節目。

(三)製作成本低廉

Podcast目前對訂戶均不收費，像網誌族（blogger）一樣，Podcast製作人的取材亦包羅萬象。如政治、科技、美食、宗教、藝術性園藝等無所不包。但不需像傳統的廣播一樣，須付費給撰稿人、特約錄音室、知名主持人。製作成本十分低廉。

(四)精準地抓住目標聽眾

無論是個人或公司都可以利用Podcast，在網路上和志同道合者建立起有效的溝通管道，並且能深入某些特殊的網路族群，維持其收聽忠誠度。

(五)擁有最大的創作及新聞自由

部落格炫風方興未艾，部落格讓意見以文字的形式在網路上集結串流，而Podcast以不同的語言，個人化的創意內容在網上尋找知音，更甚者，Podcast擁有最自由的節目型態，及最大的言論空間。

三、Podcast節目製作

Podcast的檔案是採取最普遍的MP3檔案，使用者可以在網路上點選連結收聽，也可以直接把節目的MP3檔下載到自己的電腦裡，並把檔案傳輸到MP3隨身聽，帶著自己喜歡的節目隨時收聽。或者

iPod的使用者還可以透過和iTunes的同步功能，直接把廣播節目下載到自己的iPod，享受Podcast的節目。

一般而言，Podcast節目製作需要經過五個步驟：

(一)企劃及錄製節目

首先企劃自己想要錄製的節目內容，先蒐集好資料再加以適當的編輯，就可以準備開始錄音，錄音的工具可以使用MP3隨身聽的錄音功能錄製節目，若沒有MP3隨身聽也可以先用內建格式錄音再到電腦上轉成MP3，最基本的需求是一支簡單的電腦用麥克風或Skype的耳麥配合電腦上的錄音軟體就可以完成錄音工作。

(二)將MP3檔案置放於網路並上傳

節目錄製完畢，將MP3檔案的節目內容置放到網路上，並提供一個可以連線下載的URL鏈結。在台灣，銀河網路電台提供的ipavo平台，可讓網路聽眾自製節目並上傳（王品涵，2005）。

(三)在Blog裡發表檔案連結

如果你有自己的Blog，可以直接在上面發表節目的檔案連結。或者你可以使用Google提供的Blogger網站建立一個Podcast專用的Blog，之後照著網頁的指示完成註冊後，在URL的框裡貼上製作完成的MP3檔鏈結，最後按下Publish Post，就完成了Podcast節目。

(四)製作RSS 2.0格式的RSS連結

若想提供Podcast節目清單供網友訂閱，就必須製作RSS 2.0格式的RSS連結。有些Blog本身就提供了RSS Feed的功能，不過並不一定可以支援Podcast的訂閱。因此建議可以進入Feedburner網站，在Your Blog or feed address旁邊有個空格，可以直接把剛剛複製下來的Blog貼上去，當確認畫面出現，確定設定均無問題，按下Activate my feed（Feed功能開啓），RSS製作即算完成。

(五)公告發布電台

Podcast的終極目標是在網路上與人分享自己有趣的節目內容及心得。最簡單的方式就是把RSS用Email寄給親朋好友，若是希望更多人知道你的Podcast，則可以由Podcast的入口網站如Odeo、iPodder、Podcast.net等進入，或是經由華語Podcast聯播網iPodtalk作爲向全世界推薦自己的電台的起點。**圖4-2**爲Podcast之發布、訂閱流程圖。

貳、數位行動廣播之趨勢發展

一、擁有數位行動廣播接收器的人數大幅增加

蘋果電腦推出的iPod自2001年上市後，已售出一億四千萬台，在美國數位行動廣播接收器（PMP）市場占有率爲75%，最令人矚目的發展是自2007年起，包括通用、富豪、賓士等二十家，近七成

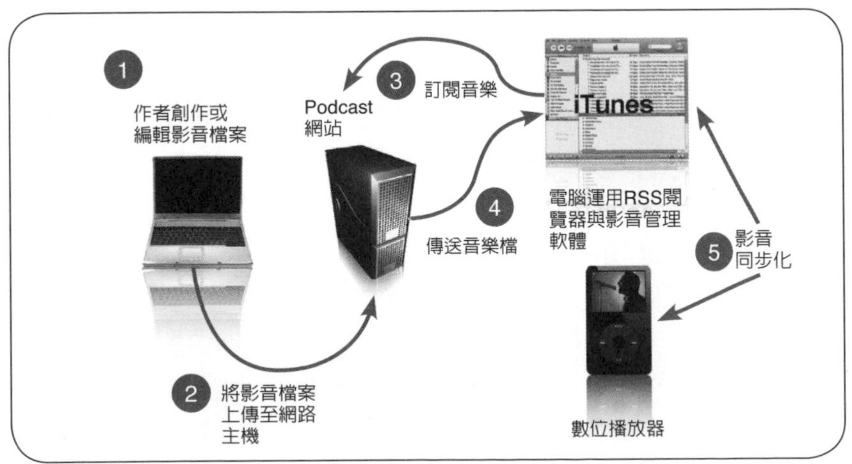

圖4-2 Podcast之發布、訂閱流程圖

資料來源：IAT (2005).

表4-3　數位行動廣播接收器銷售數量統計表

年份	2002	2003	2004	2005	2006	2007
銷售量	376,000	937,000	4,416,000	22,497,000	39,419,000	66,430,000

資料來源：http://en.wikipedia.org/wiki/IPod#_note-iPod_sales

的汽車廠牌，將iPod整合系統列入全車系標準配備，駕駛人直接在汽車音響面板上即可操作iPod。預期2008年銷售數量會下降，但亦有五千萬台的潛力。數位行動廣播接收器歷年銷售數量如**表4-3**。

根據Arbitron（2007）的資料顯示：每三個美國人中即有一個擁有數位行動廣播接收器，其中以擁有iPod的人數最多。而在iPod之擁有者中則以十二到十七歲之青少年居多。但擁有率不代表使用率。

2008年Arbitron最新公布的資料顯示，青少年（十二至十七歲）有73%擁有iPod或MP3，十八至二十四歲亦有51%擁有iPod，成長十分驚人；亦說明數位行動廣播之接受度日益升高。**圖4-3**爲自2005年至2007年全美iPod擁有者之年齡分布圖。

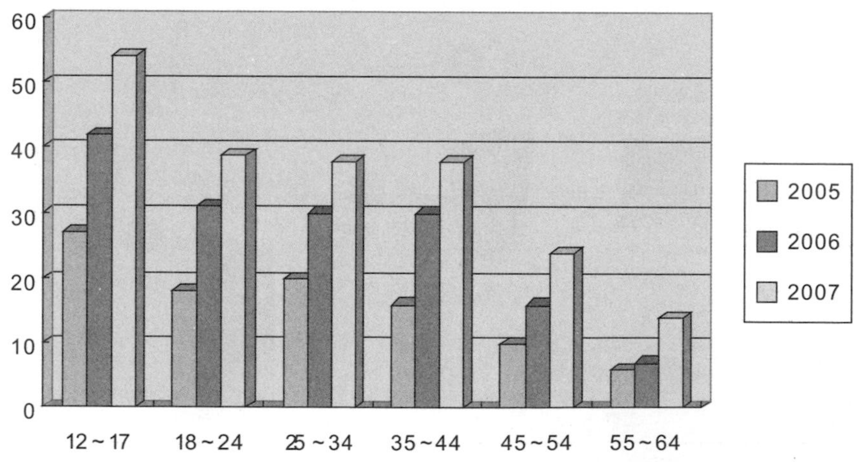

圖4-3　全美iPod擁有者之年齡分布圖

資料來源：Arbitron (2007)，研究者自行整理。

二、收聽數位行動廣播節目之聽眾素描

1.在美國收聽數位行動廣播節目之聽眾有63%爲男性，37%爲女性。

2.收聽數位行動廣播節目之聽眾的年齡層以二十五至三十四歲爲最多，占36%。三十五至四十四歲居次，占35%，十八至三十四歲占12%，四十五至五十四歲占13%。

3.數位行動廣播節目聽眾之收聽地點以家中最多占31%，其次是學校或辦公室。

4.數位行動廣播聽眾尤其是Podcast的聽眾多數爲高所得者，根據Arbitron之資料指出：年收入在五萬至十萬的聽眾占44%，收入十萬以上的聽眾占23%。

5.收聽族裔除美國人之外，西班牙裔占19%，黑人占15%。

6.持手機收聽音樂及節目人數逐年增加中。

三、數位行動廣播之聽眾收聽動機

低收費、方便性、速度快、較佳的收聽品質，是數位行動廣播之聽眾所注意的重點。**表4-4**說明了影響數位行動廣播聽眾之收聽因素。

表4-4　影響數位行動廣播聽眾之收聽因素

因素	比例
低收費	36%
速度快	35%
較佳的收聽品質	33%
電池壽命較長	25%
收聽較方便	23%
音樂選擇性較廣	22%
收聽頻道選擇較多	18%
收聽設備螢幕較大	17%

資料來源：Arbitron (2007)，研究者自行整理。

表4-5　廣播聽眾媒體選擇收聽因素分析

	AM / FM	衛星廣播	Cell Phone	MP3	Podcast	網路廣播
節目內容	82%	88%	92%	93%	95%	96%
易得性	90%	46%	24%	81%	21%	55%
方便性	88%	85%	51%	66%	18%	59%
廣告數量	85%	4%	15%	1%	21%	2%
同儕影響	39%	29%	42%	61%	18%	54%
成本考量	67%	9%	72%	5%	7%	16%

資料來源：Bridge Rating(2007)，研究者自行整理。

另外根據Bridge Rating所做的廣播聽眾媒體選擇調查如**表4-5**，同樣顯示出，易得性、內容、方便性皆為聽眾選擇收聽數位行動廣播的重要因素。

由**表4-5**的資料可以看出，節目內容是聽眾所以選擇數位行動廣播最重要的因素。另外，在選擇MP3及網路廣播收聽部分則受到同儕的影響最大，而在傳統AM / FM廣播方面，易得性及方便性是重要的考量因素，但是認為廣告量太多的高達85%，這也說明了廣告少、選擇自由大、個人化的廣播收聽行為是未來趨勢之一。

四、數位行動廣播之收聽行為分析

1.收聽地點：數位行動廣播之聽眾最常收聽的地點依序為家中（31%）、辦公室或學校（17%）、交通行進中（17%）、購物時（13%）、旅行時（13%）。

2.收聽時段：一天中最重要的收聽時段為週一到週五下午三至七時（52%），週一到週五上午六至十時（35%）。

3.數位行動廣播之聽眾其他媒體使用狀況：若與其他媒體比較，數位行動廣播之收聽時數有成長，但仍偏低。另外，較常上網者數位行動廣播之使用率亦較高。

表4-6 數位行動廣播之聽衆其他媒體使用狀況

	擁有數位行動設備	數位行動廣播使用者
上網	2.47小時	3.45小時
看電視	3.17小時	2.33小時
收聽FM廣播	1.31小時	1.53小時
收看錄影帶	0.66小時	1.24小時
聽音樂（iPod/MP3）	0.31小時	1.06小時
閱讀雜誌	0.46小時	1.04小時
玩線上遊戲	0.33小時	1.01小時
收聽網路廣播	0.23小時	1.00小時
閱讀報紙	0.43小時	0.57小時
聽音樂（Cell Phone）	0.10小時	0.47小時

資料來源：Arbitron(2007)，研究者自行整理。

表4-6具體說明了數位行動廣播之聽衆在其他媒體使用之現況，擁有數位行動設備者或使用者，收聽行爲改變不大；看電視、收聽FM廣播等，依舊是其重要的媒體活動。

五、數位行動廣播節目類型偏好分析

數位行動廣播強調的是選擇性更多，更能符合個別需求。Podcast節目類型明顯說明了這種趨勢，不過依據Arbitron、Bridge Rating、Rajar等調查公司之資料以及BBC之調查結果卻顯示出，最受歡迎之Podcast節目類型和傳統廣播電台之收聽率排行榜節目並無太大不同，因此可說明具有高知名度、一夕間爆紅的Podcast節目多數只是曇花一現，主要之節目類型目前仍爲新聞與音樂類型。

1.Podcast最受歡迎節目類型依序爲科技新聞及評論（28%）、國內外（27%）、地方新聞及公共事務（26%）、音樂（24%）、體育活動（22%）、娛樂新聞（18%）等（Arbitron, 2007）。在英國BBC最受歡迎的Podcast節目依序為The Archers（1,004,928）、Chrie Moyles（545,147）、The Afternoon Play（363,186）等；其中以Radio 1及BBC RadioNews Pod下載人數最多，每月均超過百萬人次（BBC, 2007）。

2.手機及其他行動廣播節目類型偏好：手機及其他行動廣播節目之受喜愛類型和Podcast有極大差異，其中流行音樂（POP）占23%最受歡迎，其他依序為Hard Rock/Metal（22%）、Alternative/Punk（19%）、Electronic/Dance（17%）。根據Bridge Rating（2007）之調查顯示，手機持有者最希望自手機中得知的內容如**表4-7**中所示，依序為文字簡訊（65%），下載音樂（48%），路況報導（35%）。

由節目類型偏好亦可反映Podcast和手機等之聽眾群，在性別及族裔間的差異，以手機及其他行動廣播設備收聽廣播的大多數為男性，其中黑人及其他有色人種比例頗高。

表4-7　手機持有者最希望自手機中得知的內容

下載音樂	48%
AM / FM接收	9%
看電視	8%
新聞體育	32%
上網搜尋	10%
聲音串流	17%
反覆播放音樂	25%
文字簡訊	65%
氣象報導	15%
路況報導	35%

資料來源：Bridge Rating (2007)，研究者自行整理。

六、數位行動廣播對音樂產業的影響

(一)線上音樂產值遽增

起初iPod硬體與iTunes軟體的結合，開啓了數位音樂市場的成功模式，也解決了之前存在於個人電腦與MP3之間的音樂檔案管理問題。2005年6月iTunes4.9的版本問世，使用者可以在蘋果的資料庫裡下載音樂及廣播節目，廣播節目包含了ABC News、Disney及ESPN等逾三千個來源。另外，iTunes Music store（iTMS）與五大唱片公司（EMI、Sony Music、BMG、Universals、Warner）策略聯盟，並且爭取許多知名樂團和歌手簽約加入，自2003年4月開台以來，合法以每首0.99美元付費下載，如今總銷售量超過四十億首歌曲，占全球音樂下載市場的82%。根據英國排行榜公司（Official Charts Company）的資料，2007年最後一週英國網路音樂銷售量達二百九十萬首，英國唱片產業協會（BPI）表示，去年一整年線上下載音樂銷售量達七千七百萬首。

2004年全球付費下載的數位音樂產值約爲三億八千萬美元，2005年大幅攀升到十一億美元，2008年則可達二十億美元。美國研究機構Jupiter Research公司估計，到了2012年，數位音樂產業的產值將達到三十五億美元。而在台灣2005年產值約新台幣七億元，2007年突破十億元，但由於仍不敵盜版，所以前景不明。英國薩塞克斯大學（University of Sussex）媒體與文化研究教授布爾（Michael Bull）研究上百位iPod使用者的消費行爲後指出：iPod正在以三種隱而未顯的策略，改變現有的音樂消費方式。首先，iPod讓消費者擁有更龐大的音樂控制權，由於iPod以硬體作爲儲存技術，一台iPod可以儲存上千、上萬首音樂，能讓消費者隨時隨地都可以找到符合當下心情的音樂，而非像過去儘管帶了一大堆CD，卻因爲沒有一首符合當時心境而乾脆不聽音樂；其次，使用者可以自行編排播放清單，成為自己的音樂編輯，而非依據唱片公司專輯所定下的播放順序；第三，經典的單曲，則能因單曲下載的機制，一再地成為下載的暢銷金曲，而不會因為專輯過時而被淘汰（吳向前、李欣岳，2005）。

(二)線上音樂著作權

在數位音樂市場蓬勃發展之際，線上音樂著作權一直是難以取得共識的嚴重問題。以台灣為例：線上音樂業者Kuro（飛行網）及ezPeer皆因授權問題和唱片業者爭訟不已，2006年6月ezPeer和國際唱片業交流基金會（IFPI）才結束長達四年的訴訟。以經營方式而言，Kuro（飛行網）及ezPeer皆為點對點傳輸（P2P），而KKBox及Yahoo奇摩音樂則為串流音樂，消費者只能在線上收聽，如果想要下載歌曲，也只能放在固定的電腦，或是具備DRM的MP3播放機裡，因為不能複製，所以唱片業者授權較易。目前取得正式授權的ezPeer、KKBox及Yahoo音樂庫數量約為五十萬首。而在法國，國會在6月通過的網路著作權法中要求所有歌曲必須可以在任何設備上播放，希望能打破蘋果電腦的技術壟斷。2006年8月3日正式通過俗稱的iTunes法案，規定蘋果電腦的iTunes及iPod須可與對手軟體相容；不過最後法案修正為：讓政府監督單位依個案決定是否強迫公司開放技術。英國、瑞典、丹麥、波蘭皆有意跟進，這對於蘋果電腦iTunes在歐洲的拓展，可能造成威脅（apple.com/iPod）。

事實上，因為網路廣播可以跨洲服務，換句話說，當挪威聽眾收聽美國某家網路電台音樂時，這家網路電台除了和美國的音樂著作權人代理機構簽約，同時也必須和挪威的音樂著作權人代理機構簽約，才能根據合約價格，向各該機構繳交版權費。不過自2006年起，IFPI和全球三十到四十個國家的音樂著作權人代理機構簽約，今後網路電台在全球播音只需與IFPI簽約即可，但這只是省下了個別簽約的程序，業者必須支付給各國音樂著作權人代理機構的版權費還是要照付。另外，網上音樂下載服務的供應商，仍需個別與各國法定代理機構單獨簽約支付版權費（Router, 2006）。

2007年3月美國著作權協會（The Copyright Royalty Board）宣布一項新的決定，網路電台每年最低需付費五百元，2006年每首歌曲，每次播出均需付費0.0008美元，2007年爲0.0011美元，2008年0.0014美元，2009年爲0.0018美元，2010年爲0.0019美元，校園電台及部分非營利電台暫不付費（若該電台每月網路被收聽時數超過159,140小時即視爲商業電台，則必須付費）。大部分的網路電台業者指出，如此之音樂著作權付費方式，將使網路電台無以爲繼，嚴重威脅他們的生存。

美國知名的網路廣播電台潘朵拉（Pandora）自2008年5月起正式爲網路電台向美國著作權協會提出質疑，潘朵拉的總裁Tim Westergren表示，潘朵拉年收入約二千七百萬美元，其中一千八百萬美元用來支付音樂著作權費用，網路廣播電台應如何生存？現存付費機制將迫使四分之三網路廣播電台面臨倒閉之風險。經過數月來不斷地透過輿論及向美國國會游說的雙重努力下，終於在2008年10月初美國國會通過「2008網路廣播法案」（Webcaster Settlement Act of 2008）。法案中載明網路廣播電台可與著作權所有人進行音樂著作權付費標準之協商，政府部門不進行干預。

在台灣，音樂著作權付費問題亦爭議不斷。2007年2月經濟部智慧財產局特邀集相關業者及著作權仲介團體協商，未來若有任何爭議時，電視台及電台業者可先向法院提交一定之暫付款，即視同已獲授權。

七、對傳統廣播產業的影響

傳統電台並沒有忽視這一股潛在的力量，也積極正面迎戰這股新風潮，許多小型電台更認爲在這場廣播革命中，正釋放著許多機會。目前NBC、ABC、ESPN與美國公共廣播網（NPR），皆已開始提供Podcast節目，供聽衆下載。美國的公共廣播電台NPR及WRBH亦在2005年提供Podcasting的服務，NPR最後甚至還推出純Podcasting的節目服務（alt.NPR）。其他地區如澳洲ABC電台與加拿大CBC電台也開始提供Podcasting服務，且皆有相當顯著的成績（李羑，2007）。

英國的國家廣播公司BBC自2007年下半年將Radio 4的*Melrin Bragg's Show*轉成Podcast，超過十七萬人下載這個節目，包括Radio 5 live之每週體育報導在內超過十二個節目，如今均可在網上下載，利用iPod隨時收聽，不必再受到節目表之限制，也不必守在電腦前。

Daily Podcast (1 or more per day)	Regular Podcast (1-5 per week)	Weekly Podcast (1 per week)	Occasional Podcast (less than 1 per week)
3,305,657	422,309	574,067	24,409

資料來源：www.bbc.co.uk (2008)，研究者自行整理。

另外，根據Bridge Rating公布的調查顯示，全美每週大概有7.06%的網路使用者（約七百萬聽衆）曾經下載並收聽Podcasting。有兩千一百萬人表示每月大概收聽至少四個Podcasting節目。

澳洲廣播公司ABC也將節目分爲七大類，將大約二百個節目轉成Podcast播出，收聽率日益提升。而許多小電台也努力在這波iPod風潮中提高曝光率，希望吸引更多的聽衆。

八、對其他產業的影響

值得觀察的是iPod風潮影響所及已不只是廣播媒體，自2004年秋季開始，美國的杜克大學（Duke University）發給每位入學新生一台iPod，老師可將授課內容製作成聲音檔，供學生下載。史丹佛大學也將他們部分的課程，以Podcast的方式供學生以及任何有興趣的人下載。而在企業界，包括GE及Walt Disney也將其新聞或每季財務報告用Podcast公告，前參議員約翰·愛德華亦利用Podcast和選民搏感情，內容包括他的個人政治觀點，甚至談及他的太太和乳癌奮鬥之過程。連美國總統布希也趕搭Podcast的新風潮，將廣播談話內容提供Podcast收聽。未來Podcast之節目類別將包羅萬象，影響力也會與日俱增，根據預測，到2010年時，全美將會有五千六百萬的iPod聽眾，潛在的經濟效益亦不容輕忽。

另外，iPod亦可和手機結合，即爲在手機中內建iPod播放器，可以和個人電腦（PC）連結，從iTunes下載音樂，手機用戶不用再分別帶手機和iPod兩個設備出門。2005年先在美國市場和摩托羅拉推出iTunes手機（Rokr），2006年和日本軟銀（Softbank）合作推出iPod手機。2007年iPhone的推出則完成了手機上網的理想。

現今，由於能播放音訊檔和影像檔的多媒體播放器陸續問世，如video podcast等。愈來愈豐富的表達方式及傳播途徑，使得Podcast現象所隱含的社會、文化意義更值得重視。

參、數位行動廣播之未來趨勢

新媒體是什麼呢？在二十世紀初，新媒體主要指涉電影、電視、聲音藝術及其他混合形式的藝術（邱誌勇，2007）。但是在數位化進入人類的生活圈後，則有各種輸出輸入設備、影像壓縮格式、大容量儲存載體、影像軟體，電腦的角色日趨複雜化；而它也從高技術密集的科技產業與商業應用中涉入媒體的範圍，從數位電影、電腦動畫、數位電視、多媒體設計、虛擬實境、網路空間與網頁設計、互動裝置到電玩遊戲，各式各樣的媒體都可以看見電腦與數位科技交織衍生，媒體的種種結構也在之中進行改變，而這股趨勢的總和或可稱爲所謂的新媒體（郭家融，2007）。自2001年10月iPod問世之後，至今已有一億台以上的銷售成績。根據Bridge Rating之統計，2007年在美國數位行動廣播的聽衆約有七百萬人，2008年預估可達一千萬人。數字證明，廣播由固定收聽逐漸發展出行動收聽的可能，這一波的數位革命結合了電信（Telecom）、網路（Internet）、媒體（Media）、娛樂（Entertainment）、進入了TIME時代，廣播業者如何將節目內容經由整合、分享和開放，在無疆界的新媒體時代中，尋求新的定位與方向是必須面對的挑戰。

一、數位行動廣播收聽習慣逐漸建立

數位行動廣播收聽人口之逐年增加以及行動廣播接收器（如iPod、iPhone）持續熱賣，是收聽習慣逐漸形成之最佳明證。根據Bridge Rating的資料指出，2007年全美有二百九十四萬Podcast下載者。利用手機收聽的行動廣播聽衆有四百一十四萬。2008年預估Podcast聽衆可達到三百六十八萬人，手機聽衆可迅速增加到八百六十九萬人。收聽人數的增加，說明了兩項事實：一是數位行動廣播已越過初期混沌不明的發展態勢，清楚的建立了收聽群；二是iPhone自2007年上市以來已賣出四百萬支，2008年預估可售出一千萬支；合法授權廠商包括美國AT & T、英國O2、法國ORANGE、德國T-Mobile；2008年7月iPhone 3G之問世，更加速了數位行動媒體之發展。自2008年10月8日起，iPhone的使用者可以透過www.radiotime.com搜尋到超過六萬家電台，包括一般的AM / FM及網路廣播電台，獲得氣象、音樂等資訊，甚至包括了消防、警局、緊急救援等資訊（Corey, 2008）。台灣的中華電信已與蘋果正式簽約，提供iPone 3G之服務，這說明了未來數位行動廣播大有可爲的商機。

二、低收費、速度快、方便性、易得性是數位行動廣播聽眾之主要收聽動機

數位行動廣播聽衆選擇用iPod、MP3或手機收聽廣播節目之動機依序爲：節目內容符合個人需求、易得性、速度快及方便性，其中MP3及手機之使用者則認爲同儕影響也是重要因素。綜合Arbitron和Bridge Rating調查數據可得以下結論：

1.低收費、高品質可以迅速擴展數位行動廣播之聽衆人數。

2.易得性及共享性是未來數位行動廣播之發展趨勢，也就是說聽衆可以方便的自PC、手機、iPod，依個人喜愛獲取節目資訊來源，同時也能迅速的與朋友分享、共用。

3.節目內容的設計及提供必須更符合小衆之需求，並且以低價格爭取更大量的聽衆，以爭取雙贏。

三、數位行動廣播節目喜好有差異性存在

iPod及MP3或手機的擁有者一般來說以二十五至三十四歲居多，Podcast最受歡迎節目類型以科技新聞及新聞評論爲主，在英國的Podcast聽衆尤其明顯的反應了這種趨勢；手機及其他行動廣播節目之受喜愛類型和Podcast有極大差異，手機擁有者大多以下載音樂爲主。根據Arbitron的調查資訊顯示，數位行動廣播下載音樂的方式及時數如下：

免費FM節目	自線上下載	訂閱網路電台	自其他音樂網站
2.15小時	3小時	3.15小時	4.5小時

資料來源：Arbitron(2007)，研究者自行整理。

四、數位行動廣播對傳統廣播威脅仍不明顯，但對音樂產業助益良多

雖然目前數位行動廣播接受度逐漸提高，但是綜合著名之收聽調查機構如Arbitron、Bridge Rating、RAJAR等之調查數據均顯示，聽眾雖然熱衷購買MP3、iPod、iPhone等設備，卻看不出來會放棄收聽傳統廣播的趨勢。上網時間的增加和網路廣播的收聽率則有直接的關連性，在美國網路廣播的收聽率2008年已達到33%：

1.Arbitron的調查指出：64%的FM廣播聽衆仍會持續收聽廣播，但會增加下載節目之頻率。唯一改變的是在家中收聽廣播的時間急遽下降，這和Bridge Rating在2007年做過相類似的調查結論一致。收聽FM廣播的聽衆，一週約聽MP3一小時，下載頻率增加10%。

2.傳統的FM電台，十分積極的把原有的FM廣播節目轉成可供下載的檔案格式，給予聽衆另一種收聽選擇，並開發原本不收聽廣播的聽衆。英國的BBC是所有電台中數位化最積極的電台，目前每週下載Podcasting的聽衆有六十萬人次，每月BBC的Podnews下載人次已超過百萬人次。

3.數位行動廣播播放器的主角MP3、iPod、iPhone，其中以手機收聽之發展潛力最爲驚人。MP3播放器的市場產值，2007年全球約爲一百零五億美元，手機市場高達九百五十七億美元。iPod重新定義了MP3數位音樂，iPhone則是可集電話、拍照、上網於一身的小型電腦，蘋果電腦創辦人Steve Jobs指出：iPod及iPhone不只改變我們聽音樂的方式，也改變了整個音樂產業。iTunes音樂商店中已賣出四十億首歌；美國研究機構Jupiter Research公司估計，到了2012年，數位音樂產業的產值將達到三十五億美元。因此廣播在其中能提供什麼

樣的數位內容以滿足聽衆，更值得探究。

五、易得性及共享性是未來數位行動廣播之發展趨勢

數位新科技逐漸改變了廣播原有的面貌，媒體之間的界線，在新媒體時代是模糊的。數位內容中皆爲數據資訊，因此可適用於不同的載體，聽衆的選擇性更高。從節目內容的選擇到數位行動播放器的選擇代表了無數結合的可能性。以往廣播業者，由節目製作作爲始端，或由目標聽衆作爲頭端的企劃、行銷概念，在新媒體時代均可能會受到衝擊而有全新的思考；而在各種可能的組合中，唯一不變的眞理就是人性化與易得性。正如BBC多媒體平台執行長TROY所言，我們的網路平台、策略平台就是發現、玩樂和分享。發現意即讓使用者方便搜尋，不論在何處或何時，都可以享受BBC提供的服務；玩樂指的是參與，希望聽衆可以不限次數重複觀看、收聽；分享則是希望使用者可以透過主動參與，與其他人有更多的互動，並開放所有的內容，讓使用者創造，讓使用者從聽衆變成一個創造者、製作人，創造出自己的內容（羅之盈，2008）。

Chapter 5 廣播節目企劃

第一節　節目元素分析

廣播節目製作，其基本元素包括音樂（music）及人聲（vocal）。Keith（1987）將節目之元素歸納爲：(1)音樂（music）；(2)新聞（news）；(3)公共事務（public affairs）；(4)體育（sport）；(5)氣象（weather）；(6)廣告（commercial spots）；(7)電台識別（Jingle）；(8)台呼（call letter）；(9)專欄單元（features）；(10)播音者與主持人（announcer & host）。也就是說無論是哪一種類型的廣播節目，都是由上述之節目元素中之一項或多項組合而成。

壹、音樂

音樂在廣播節目製作中是一項重要的元素。音樂在節目中的功能包括：(1)調和節目氣氛：例如在教育文化性節目中，加上適合節目主題之襯底音樂，可調和節目氣氛；(2)橋樂：在銜接不同單元時可以小段橋樂轉換節目之情境和氣氛；(3)主題音樂：在節目之片頭、片尾用固定之音樂當作主題，以培養聽衆之收聽習慣；(4)轉換時間及空間之場景：例如在廣播劇中，由民國30年的上海時空背景轉移到民國50年之台灣，或是由客廳到舞廳，不同的時間、情境、場景之轉換，皆可以不同之音樂來表達；(5)以同一音樂類別爲主軸所設計之電台類型稱爲音樂類性電台，如休閒音樂電台、古典音樂電台等。

由於音樂及歌曲的創作頗豐，因此廣播電台音樂總監在收到一張新專輯後，必須經過檢聽、分類之過程，再存檔於電腦中。針對單一歌曲之檢聽及分類，Keith（1987）提到可依下列原則：

1.節奏（tempo）：依節奏之快慢，標示爲Up Tempo、Medium Tempo、Low Tempo。
2.樂器之豐富性（thickness）：以樂器使用之多寡來分類，並以數字來標示。
3.歌詞（lied）：歌詞之情緒紓發或感受之表達，如失戀、歡愉等。
4.性別（sex）：以主唱者的性別，標示出男、女。

以上述歌曲分類原則來看，若一首歌屬於快節奏，由大樂團伴奏，歌詞氣氛愉悅，由女性演唱，將會被標出U/3/Y/F之字樣儲存於電腦中，供音樂總監在音樂編排時之參考。至於音樂總監之工作，及音樂編排策略、循環率之控制等，將在第六章之音樂類型電台中詳加討論。

貳、新聞

新聞，是除了音樂之外，另外一個重要的節目元素。在1980年之前，FCC對於新聞及公共事務之比重是有明文限制的。取消限制之後，各電台之新聞比重，則依照類型電台之特色而有所增減。其中音樂類型電台之新聞比例最低，當然新聞類型電台之新聞比重最高。

參、公共事務

FCC在1980年初，取消了對公共事務報導之比例限制。但是公共事務報導並沒有自空中消失。地方電台認爲，報導在地新聞及公衆所關心的事爲其職責所在，此觀點在電台經營角度來看也深具意義，尤其是調幅電台及公共服務廣播電台；而相對的，音樂類型電台在節目中運用這項節目元素之比例則不高。在台灣，依據「廣播電視法」第十七條的規定：公共服務節目之播放時間所占每週總時間，廣播電台不得少於45%。

運用公共服務作爲節目的元素，關鍵在於其內容及品質。內容部分講求的是，播出內容是否爲聽衆所關心和必須知道的事。品質部分則強調製作技巧，例如談到某州之一項戒毒計畫，若是能找一位搖滾明星來節目中解說，不僅可增加節目之可聽性，亦可增加傳播效果。

肆、體育

對於許多AM調幅電台而言，體育活動報導是電台生存之重要節目因素。許多新聞或新聞談話類型電台，非常重視體育新聞這項節目元素。甚至於音樂類型電台，也會在晨間交通時段播出重要的體育活動訊息。因此，體育這項元素適用於各種不同的類型電台，經常以重點新聞、現場實況轉播或比賽評論的方式，告知聽衆最新的體育訊息。

伍、氣象

收聽天氣狀況、氣象報告一直以來是聽衆收聽廣播之重要原因。由於電台類型及居住地理區域之不同，採用比重會不相同；音樂類型電台，除了晨間交通時刻外，氣象報告次數並不多，但是仍然維持一小時內播出兩次氣象報告；因爲若是連一次都沒有，聽衆之轉台率立刻明顯升高。例如在美國中西部地區，因爲時常有偶發性的龍捲風，所以中西部的地方電台十分重視天氣預測及氣象分析。總體而言，氣象是節目重要元素之一，不容忽視。

陸、廣告

廣告是商業電台生存的命脈，但也是節目人員認爲最難處理的節目元素。因爲不良的廣告會影響節目的品質，及聽衆的收聽意願，而且不當的廣告編排更會傷害收聽率；所以優質的廣告設計，及技巧的排檔策略是電台節目部重要的課題。在美國許多電台，甚且以無廣告時段作爲促銷節目的手段。某紐約電台節目經理Joe Kranse曾說：「我們曾因一個夏天在AOL節目中不播出廣告而達到收聽之高峰，成爲收聽率第一名。」但是他也說：「若我們一直不播廣告，雖電台可保有大量聽衆，但電台也終將破產。」因此，如何在節目元素中加入廣告，又不致引起聽衆的反感，並且還能穩定收聽率，是所有電台節目部追求的目標。至於一個小時中應播出多少分鐘的廣告，FCC並無強制規定。NAB則建議一小時至多播出十八分鐘。在台灣，依據「廣播電視法」第三十一條之規定：電台播送廣告，不得超過播送總時間15%。當廣告時間決定之後，電台類型及節目時段（晨、午、晚）是決定廣告播出的兩大因素。例如：休閒音樂台及AC電台，通常會將廣告集中在一小時內的某兩個時段，但並非剛好在十五分或三十分播出，其目的在避開收聽率之折損點（聽衆會在廣告時間轉台之機率最大），因爲收聽率調查公司通常是以十五分鐘（Quarter Hour）爲單位。由此可知電台對於廣告時段之安排是非常謹慎的。

廣告是廣播重要的節目元素之一，優良的廣告，無論其廣告文稿、背景音樂、音效設計、甚至播音員之聲音表情，均能表現出該廣告之質感。而廣告整體調性的統一，則更可進一步成爲電台形象建立之功臣。

柒、電台識別

電台識別有三大功能：(1)可以對聽眾正確的傳達電台的風格及形象；(2)可以作為不同單元主題間銜接的潤滑劑；(3)強而有力的Jingle，可以加深聽眾的向心力和忠誠度。

作為重要的節目元素之一，Jingle的製作必須考量：電台的類型、播出的時段及Jingle本身節奏感和時間的長短。若以一休閒音樂電台（EL），上下班交通時段為例，Jingle適合選用輕快的節奏，長度以五秒較為合適。適時提醒聽眾他正在收聽的電台。強烈藉由Jingle突顯電台節目風格，是維持聽眾忠誠度的法寶之一。Jingle的長度，短則二至五秒，最長至二十秒，適用於不同的排播時段及功能。根據美國著名的JINGLES製作公司顧問Mike Joseph說：「二至五秒的Jingle適用於宣傳電台名稱及口號，經常放在廣告前後。五至十秒的Jingle適用於表達節目類型之氣氛，可用於銜接不同氣氛之樂曲間，例如在播出兩首快板歌曲後，放入Jingle，再播兩首較為中慢板沒有歌詞之音樂。超過十秒以上的Jingle在五〇到六〇年代十分風行，但在八〇年代之後，幾乎少有電台製作冗長的Jingle。」

捌、台呼

台呼是電台的名字，是重要的識別標誌。收聽率調查公司通常以台呼作為收聽率調查之識別ID。

製作台呼最重要的是，響亮、簡潔、易於記憶。一個好名字讓聽眾對電台的記憶會既清晰且深刻，再加上好的廣告詞（slogan），更可強化聽眾之印象。如：WTOP就比WXUI易懂易記多了。同理，News98不僅清楚說明了電台的定位，屬於新聞類型電台，也清楚的告知聽衆98.1爲其播出的頻率，是極爲成功的範例。因此構思台呼是電台成功的第一步。

玖、專欄單元

Features原意爲報章上的特寫專欄或連環圖畫等，在廣播中可譯爲有特色的專欄單元。這些小單元，有的是三或五分鐘，最長不超過十五分鐘。它可以使節目內容增加許多變化，同時經過精心設計的小單元，大大提高了節目的賣點，更是置入性行銷的最佳介入方式。例如在搖滾樂電台中之「每日搖滾星」，以三分鐘的單元介紹某一個知名的搖滾明星，大幅增加了節目的可聽性。或是在財經節目中製作「財經小百科」單元，在婦女節目中，加入五分鐘的「皮膚美白」專欄，都可以爲節目提高收聽率及帶來加値之收入。因此在美國，有專門爲各類型節目製作精緻「專欄單元」的製作公司，深受電台歡迎。因爲有價値的、經得起時間考驗的、知識性的內容是可以一再重播的。目前製作公司，其製作的節目單元類別，包括了體育常識、笑話專輯、財經專題、天文資訊等，均廣受聽衆之歡迎。

拾、播音員與主持人

音樂及人聲是廣播之本質，一個好節目如果缺乏一個好的播音員將其呈現出來，那麼這個節目則有如沒有靈魂的軀殼。一個有生命力、有穿透性、有智慧的聲音，是節目製作成功最重要的元素。下節將詳加說明之。

第二節　播音員與主持人

壹、播音員

一、播音員的類別

播音員依工作性質之差異性可分爲五種類別：

1.採訪報導員（reporter）：意即播報員實際走訪事件現場，把得到的資訊忠實的傳達給聽衆。如：以上新聞是由王小明在屏東墾丁採訪報導。王小明應被稱爲reporter。

2.評論員（commentators）：意即針對某一新聞事件，據實報導其前因後果後，加上自己的評論。

3.體育播報員（sportscaster）：意即專門報導體育新聞或做現場轉播之體育記者。

4.播音員（narrators）：意即將他人所撰寫之稿件忠實播報出來之播音人員。

5.新聞主播（anchor）：在電台中具有經驗及資歷之新聞播報員，通常主打黃金時段以爭取收聽率，若爲雙主播，則稱爲Co-Anchor。

二、播音員必備之四大條件

播音員必備之四大條件如下：

(一)認識自己的聲音

每個人的聲音皆有不同的聲音特質。有人天生說話聲音高亢，聲若洪鐘，有人生來聲音尖細；更有人說話輕柔、纖細、惹人憐愛。所以準備當播音員，首先必須清楚認知自己聲音的特質。聲音特質包括：

1.說話音量的大小。

2.音質屬性：粗、細、沙啞、高亢、鼻音重或是氣若游絲。

3.語調特性：說話時的語調是否爲急促、無高低起伏，或是發聲鼻音太重、喉音刺耳、尾音全無等。瞭解了自己的聲音特質及優缺點之後，才能進一步找到方法來糾正既有的壞習慣，再經由不斷地練習，達到理想的境界。

(二)清清楚楚的咬字

字正腔圓是每個播音員自我要求的第一步。字正是指先瞭解每一個字的組成部分，完整的發出這個字之字首、字腹、字尾之正確聲音。例如「好」字，正確之咬字應發出ㄏㄠˇ字聲。特別是ㄠˇ字必須圓滿，不可只發出半音。但是一般不講求發音者，通常只發出ㄏㄠ一聲之聲音，就無法達成字正之效果。嘴型之準確與清晰是字正腔圓之關鍵因素。將每個字音從正確的發聲部位送出，以嘴部肌肉控制，則能輕鬆達到字正腔圓的效果。平日對鏡重複練習句子，做自我觀察矯正，或在雙人練習時，以啞語法對談，只憑嘴形猜句子，都是自我練習的好方法。

(三)糾正刺耳及不悅之發音

一般而言，除了遺傳因素，如天生聲音沙啞、頻率特高等因素，呈現出令人不悅之刺耳聲音之外，由於發音部位之不當，或是說話習慣之不佳所產生的不悅聲音，是可以經由練習改善的。首先找出自己習慣發音之部位（喉腔、胸腔等），再深入剖析平日說話的習慣（拉直嗓門或將聲音卡在喉底等），之後再一一對症下藥，反覆練習正確的說話方法，則可改進刺耳不悅之發音。

(四)美聲練習

擁有優美的聲音，充滿魅力的說話表達方式，是每個播音員的夢想。所以找到適合自己的音域，培養正確的咬字方法，利用聲調及語調的鍛鍊，必能成爲優秀的美聲播音員。

三、播音員之發聲方法

凡是從事和聲音有關的行業，如播音員、節目主持人、歌手等，由於聲帶使用頻繁，所以如何找到正確的使用方法及保養就特別顯得重要。

聲帶由兩條韌帶構成，發聲吸氣時，兩條聲帶向左右分開，讓空氣進入肺臟，聲帶在二、三秒內閉和震動，這就是發聲。而在發高音時，聲帶縮短而拉緊，震動頻率較快。反之，發低音時，聲帶伸長而鬆，震動頻率也比較慢。當然發聲不能只靠聲帶，人的身體中有很多空隙都是共鳴腔，它們有擴大或改變聲音的作用。因此如何找到共鳴腔，是發聲成功的重要關鍵。

(一)丹田發聲法

丹田發聲必須使用腹式呼吸法。其優點是可以消除喉部、頸部的緊張，讓聲音能持久，保持宏亮。建議初學者可以站立方式，雙手平放於橫隔膜下方，長長的吸一口氣，雙手感受到腹部有鼓漲感，然後再以緩慢之速度吐氣，直至腹部緊縮，此爲一回合。如此一日二十回合，兩星期到一個月即可練成。通常在主持節目或戲劇演出時，習慣使用丹田發聲法，可以長時間播音而不致疲累，而且聲音共鳴亦較佳。

(二)口鼻腔發聲法

發聲共鳴往往需要應用數個不同的共鳴區。所以若只用鼻腔發聲，聲音會成爲黏膩的鼻音，所以必須結合口腔、額腔和蝶竇處共鳴。聲音發出時才能達到圓潤的效果。初學者可試著練習MA、MI、MO、ㄚ、ㄠ等字音，則可體會出如何運用口鼻腔來發聲了。

(三)胸腔發聲法

吸一口氣，將其集中在橫隔膜上方之胸肺處，然後默唸至十，吐氣，多次練習以達熟練。以胸腔發聲播音，聲音較陽剛，且平直清亮；可在新聞播報時使用，彰顯播報者自信的語氣，或可與其他發聲法並用，以增加聲音之變化。

(四)咽喉腔發聲法

一般人在說話時，大部分會使用咽喉發聲，這樣的發聲法容易造成喉嚨使用過度，因而產生乾澀，甚至使用不當會長繭。爲避免長期只用喉嚨發聲，初學者可練習HO、HA等字音，體驗鼻腔、喉腔同時共鳴之優點。

(五)頭腔發聲法

人的聲音是可以經由不同的發聲部位產生不同的效果。一般來說，發高音時，較易用到頭腔發聲，而發低音時多用腹腔或胸腔，中音部分則用咽喉腔及口鼻腔產生共鳴。初學者可以試著以歌唱的方式練習頭腔共鳴。

四、播音員之呼吸與換氣技巧

要成爲一位成功的播音工作者，除了要有正確的發聲技巧之外，學會呼吸換氣的技巧也是相當重要的。

(一)換氣

一般人習慣以鼻子來進行換氣，但是播音員卻需要練習以口代鼻來換氣，以避免播音時呼氣聲太大之情況。尤其在新聞播報時，更需體會運用長氣、短氣及以口換氣之重要性。

(二)偷氣

偷氣是指在不被人注意的情況下，已完成了換氣的動作。當唸到一句長句，或在戲劇演出時，最常使用到偷氣之技巧。適當的運用偷氣技巧可以使得我們在唸稿或是演出時，不會被不順暢之呼吸打亂心緒，使得整體情緒表達更完整、更豐富。

(三)停頓

正如文章中有各式的標點符號，如逗點、句點一樣，廣播語言中適當的停頓有它實際的功用。有時是爲了提醒注意，有時是爲了加強語氣，或增加氣氛。更多的時候，停頓可以幫助聽衆對播報內容有更清晰的瞭解。例如在報新聞時，第一句說明新聞來源時「台北消息」，停一秒後再播報新聞內容，就可以產生提示的功效。而在段落中適時的停頓，則可以加強語氣、煽動情緒、增加氣勢。最有名的例子是：第二次世界大戰時，希特勒對群衆之演講。在現場群衆情緒激昂的等待時，希特勒停頓了二十秒，只說了一句話「讓我們出發吧」。所以停頓的運用有三種不同的意義：一是語音的停頓；二是邏輯的停頓；三是心理的停頓。其運用之妙，眞是存乎一心。

五、聲調與語調訓練

(一)聲調

聲調指的是利用聲音高低的音位來辨別字的異同，亦即抑揚頓挫。一篇文章若無抑揚頓挫，則平淡、單調，無法詮釋文章內容所欲傳達的情緒。所以播音工作者對於一篇文稿，首先必須徹底明白其內容涵義，然後正確的以語調來傳達出內容中眞正的情緒。若是無法領悟文稿之原意，則無法正確詮釋其內容。因此播音工作者絕非文稿之傳聲機，而是必須經常要求自我完美，眞正成爲一個詮釋者。

(二)語調

語調包括基本語調和口氣語調，分述如下：

1.基本語調：是以語音的高低、輕重和長短表現一個句子。一般而言，陳述說明語句是升，疑問語句是升，遲疑誇張語句是曲折，肯定感嘆句是降。

2.口氣語調：口氣語調包含了音量、語速和節奏。茲分述如下：

(1)音量：音量的大小，一半來自先天，一半靠後天的訓練。有人生來說話聲音宏亮，有人天生輕聲細語。若是先天不足，只好靠後天的鍛鍊。音量由小變大，最基本的方法則是如前所述，勤練丹田發聲，找對共鳴位置，每天大聲練習，增加肺活量。但是在一篇廣播稿中，音量的大小，可以表現出的是不同的涵義；以「我祝你長命百歲」爲例，將「我」「祝」「你」「長命百歲」分開以不同之音量及輕重音來呈現，則會出現不同的情緒，表達出不同的意涵。

(2)語速：若以同一速度來唸稿，則聽者會覺得單調乏味。正如同在高速公路上開車，以不變的速度行駛二十分鐘後，駕駛人極易陷入注意力不集中、嗜睡狀態。所以播音員說話速度的快慢會影響到聽衆的情緒。因此在不同的時段，針對不同的聽衆及節目播出內容，播音員都必須調整其速度。基本上若是新聞播報，一分鐘約爲二百二十至二百四十字。若是夜間節目則不妨放慢到一百八十至二百字，若是兒童節目則更需利用語速之快慢來抓住兒童之情緒。

(3)節奏：播音員若能掌握文稿之節奏，就能掌控聽衆的心。

我們在說話時，利用聲音的輕、重、快、慢，高、低、長短的變化來表達心中的喜怒哀樂，這就是節奏的呈現。所謂聲音的表情就是由掌握節奏感而來。初學者不妨利用朗誦一篇感性的散文進行自我訓練，去感受聲音之節奏感所帶來的廣播語言之魅力。

稱職的播音員必須熟諳發音方法，具備正確的呼吸及換氣技巧，更必須勤練聲調和語調才能勝任不同類型的播音工作。自我訓練及觀摩模仿均有助於邁向成功之路。

貳、主持人

主持人和播音員不同之處，在於主持人必須掌控整體節目之節奏，以期節目能順暢進行。主持人比播音員更需注重聲音表情。主持人包括：(1)主持人：一般性之廣播、電視節目、大型慶典活動的主持人，皆可稱爲主持人（Host）；(2)DJ（Disc Jockey）：DJ意指在音樂類型電台中一邊播放音樂，一邊以流利的介紹方式介紹歌曲；嫻熟音樂及現場氣氛掌握的主持人，或是在PUB的音樂主持人皆稱爲DJ。

一、影響節目主持人之內在與外在因素

根據傳播學者謝章富（1983）指出，影響節目主持人表現的外在因素包括：(1)電台的政策；(2)節目及觀眾需求；(3)後勤支援能力；(4)政府輔導能力及管理。內在因素包括：(1) 觀念的認知；(2)人格的培養；(3)專業的智能。

二、主持人的角色定位

早期的廣播節目主持人，其角色定位如同讀稿機一般，必須一字一句照著文稿朗讀，談不上所謂個人的特色。自民國46年起，中國廣播公司陸續推出《我們的家庭》、《松柏村》等生活化的節目，主持人嘗試以輕鬆、生活化的主持方式帶動節目氣氛，並以親和力拉近和聽眾之間的距離。於是創造了家喻戶曉的廣播明星。而在類型電台興起之後，主持人必須依節目類型、訴求對象、播出時段，做好角色定位及聲音定位。

(一)節目類型

不同的節目類型所需之主持人亦不相同。例如：新聞類型節目，主持人必須具備豐富的專業知識、邏輯的思辨能力及成熟穩健的聲音。至於綜藝節目主持人，則必須具備靈活之現場應變能力及逗趣搞笑之製造節目效果的能力。

(二)訴求對象

節目依訴求對象的不同，對主持人之要求亦不相同。例如兒童節目徵選的主持人必須是具親和力、聲音甜美、善用豐富的聲音表情與小朋友談心的大姊姊型的主持人。而音樂類型節目則需要具有豐富音樂專業知識之主持人。

(三)播出時段

節目播出時段之不同，主持人亦必須具備不同之聲音表情。晨間時段的主持人必須具備健康開朗的人格特質、聲音充滿活力與朝氣，帶領聽眾開啓一天快樂愉悅的生活。夜間時段的主持人則可將自己定位在心靈的導師或扮演安慰者的角色，沉澱聽眾白天疲憊的心情。

成功的主持人在找到自己的角色定位後，才能清楚知道自己的聲音定位，準確的抓住節目的主軸，帶領節目邁向成功之路。

三、主持人之特質

優秀的主持人通常具備以下之特質：

(一)凡事充滿好奇

對任何事與人都充滿興趣。喜歡追根究柢，樂於在生活中發現問題、解決問題。隨時為節目尋找新的創意。

(二)充滿幻想力

看到一朵花即會聯想到許多與花相關的事物，比如：這是什麼花？它代表友誼、愛情或其他？花能做什麼呢？花可入室提升氣氛、彰顯雅致？花可入菜？花可以提煉香精？簡單如花即可以千變萬化為多樣的節目題材。

(三)敏銳的觀察力

一個好的主持人對於周遭的人、事、物皆應有敏銳的觀察力，小處著眼、觀察入微。細微到對於社會底層小人物的生活觀察，大到對於社會事件、生態環境等之觀察，皆有助於豐富自己的人生閱歷。

(四)勇於接受挑戰

遇到難題絕不退縮，處理問題永遠保持專注與執著，充滿接受艱苦挑戰之勇氣與毅力。

(五)展現強烈企圖心

成功的主持人應在充分的自我充實下，表現出捨我其誰的強烈企圖心，而認真與自信是讓企圖心充分展現之動能。

(六)主持人應具備眞心、愛心和耐心

節目主持人應該也是社會觀察者與參與者。充滿愛心的關懷，參與至社會之最深層，人性之善良、社會之責任感才能產生，也才願意眞心回饋社會。

四、類型電台之專業主持人

自五○年代類型電台興起後，大致說來，主持人可分爲新聞談話類型主持人及音樂類型主持人。

(一)新聞談話類型主持人

新聞談話類型電台之訴求對象是以白領階級爲主，年齡層爲三十至五十五歲之中年人。一般而言，這類型之主持人必須要能勝任新聞播報、新聞評論、訪談及主持現場call-in或座談會等工作。

1.新聞播報：字正腔圓是新聞播報之基礎，音域勿設定太高，以免使聽衆產生刺耳之感覺。速度不宜太快，一分鐘以二百二十至二百四十字爲宜。斷句精準，勿加入個人主觀情緒。儘量保持新聞之原意，讓聽衆清楚的接收到訊息。現代電台流行以說新聞來取代報新聞，兩者各有特色，可依時段不同來做安排，但基本原則相同。

2.新聞評論：新聞評論可由撰稿人親自播出，或由播音員照稿播出。播音時應忠實傳達原著者之本意。注意抑揚頓挫，可以較自信及權威的語調來詮釋。

3.訪談及主持現場call-in節目或座談會：皆與訪談技巧有關，所具備的基本條件就是有豐富的常識、臨場反應機智及熟習地方事務。

Larry King是美國知名度最高的資深主持人，出生於1933年11

月的紐約市布魯克林。是一位自蘇聯移民的猶太人。自1957年在邁阿密WAHR及WKAT電台擔任播音員以來，縱橫美國廣播、電視界五十年。現年七十五歲的Larry King仍是美國炙手可熱的脫口秀主持人。1983年他在俄亥俄州立大學新聞系的演講中提及新聞節目訪談之訣竅，茲整理如下：

1.凡事充滿好奇：Larry King是一個天生對事充滿好奇的人，他說：「我們也許能教學生如何成爲好的報導員，讓他們以最迅速的方式取得一切資料，包括了事件的人物、內容、地點、時間和原因，完全符合五W公式。但是這些都只能教給學生們一些原則和技巧。而好奇心和對於事件判斷的角度，這是與生俱來，無法傳授的。」Larry King在談論這一點的時候，舉了兩個親身的實例，他說：比方說某地發生大火，可能是有人故意縱火，一般新聞記者要知道的是火勢是從什麼時候開始的？是怎麼發生的？而我感到興趣的是，有人縱火？他爲什麼要縱火？這後面一定有個故事。還有，有一次我搭飛機自西雅圖起飛，起飛後十分鐘，駕駛員播報天氣資料和飛行時間，但我馬上想到的是他怎麼知道準確的抵達時間和風向資料？結果飛行員告訴我說電腦可以把風的結構、方向、正確的計算出來。這才讓我瞭解原來這一切是拜電腦之賜。諸如此類，說明我是一個天生有敏銳的感受力和好奇心的人。所以要做一個傑出的訪問者的先決條件是必須先對事物好奇而有發掘的興趣。

2.揚棄主觀：Larry King在訪問時，最少用到的字就是「我」、「我以爲」、「我想」等這些多餘的字眼。他用一隻耳朵全神貫注的聆聽答案，一方面決定怎麼繼續，一方面思索什麼是問題的核心。在訪問的過程中，最怕的是主持人導向的訪問，如果主持人已經用主觀去限制了問題的答案，整個訪問就會顯得主客不分，對答間毫無預期之高潮可言了。

3.問題簡短切題：Larry King說，如果一個問題需要用三個句子來發問，這就是一個壞題目；如果說還要主持人去解釋它，那這絕對是一個必須放棄的問題。而有些適用於所有時間、空間的問題，例如：爲什麼我們必須執行這個政策？你爲什麼要這麼做？這些就很能開啓話題，讓受訪者繼續下去。

4.不要讓受訪者用「是」或「不是」來答覆問題：訪問者提出問題時必須留下思想的空間給受訪者。他說：「Talk Show不是主持人秀，我們不是做節目給聽衆聽，我們是一根導管，把聽衆想知道的事，透過我們，由受訪者口中得到答案。」確實，如果任何問題都可以用「是」與「不是」來回答，顯然主持人已經把個人的主觀放入了問題中，不僅失去了客觀，也失去了得知眞相的機會。

5.永遠不要假設受訪者的答案：一個好的問題是，主持人永遠不知道答案，他必須在受訪者的回答中去思索問題的核心、去思考下一個問題。有些時候，受訪者需要訪問者的導引，如果訪問員事先將題目完全擬好，可能產生的情況是，不再全神貫注於受訪者的回答，只求迅速問完自己的問題。在這中間會遺漏許多影響這個答案的其他因素，或者可能造成受訪者無法針對重點做淋漓盡致的發揮，而忙碌於思索訪問員連續不斷的其他問題。

6.強迫受訪者集中精神思考：不要輕易放過受訪者的任何一句話，強迫他們仔細去思考問題的答案，而後給聽衆一個滿意的而令人拍案叫絕的答覆。在這方面，法蘭克．辛那屈是其中的佼佼者。他幽默的談吐、逗人的小動作、適度的喜怒哀樂情緒表達，都有助於烘托訪問的氣氛。

7.巧妙的控制時間：主持人必須掌握節目主題。有些人說話如江河直瀉，一發不可收拾，這時可以適時的截斷受訪者的話，或以笑聲來打斷他的話，由主持人繼續接問下去。

除此之外，認眞且敬業的主持人必須在事前做好各項準備工作。

1.充分瞭解受訪者的背景：在設定訪問議題之後，就必須約訪適合的受訪者，瞭解受訪者的背景成爲主要的課題。主持人可由各項背景資料，如受訪者之學經歷、著作當中，知悉受訪者與受訪議題之關聯性，且有助於設計出具深度的訪談題綱。

2.培養訪談氣氛：並不是每一位來賓皆與主持人十分熟悉，那麼進錄音間之前輕鬆寒暄變成重要的暖場動作，可以化解彼此的生疏，亦可由短暫的交談中讓主持人可以瞭解來賓之語意表達方式，化解彼此的陌生及尷尬，有利於節目之順暢進行。

3.避免涉入受訪者之私人領域：廣播是社會公器，一切觸及個人隱私的問題皆不宜提問。

(二)音樂類型電台之專業主持人

音樂類型電台的主持人，強調的是對音樂之專業素養。因此，如何掌握音樂的律動、營造音樂節目之氣氛是主要的課題。在台灣，音樂類型電台可粗略區分爲：流行音樂及古典音樂。例如：台北愛樂電台以播出古典音樂爲主，其主持人皆具備古典音樂素養。而流行音樂電台之主持人則多以歌手或知名度高之藝人爲主持人，各自有其風格呈現，電台則大多未加嚴格限制其表現方式。在美國的音樂類型電台多依曲風、年代或收聽地點分類，類別繁多，僅以排行榜前三名之類型加以介紹。

1.當代成人音樂（Adult Contemporary）：以十八至三十四歲之聽衆為其訴求對象，電台依時段及市場需求決定主持人扮演的角色。在大城市中，除尖峰時間外，均以音樂播出為主，主持人較難有發揮機會。而在小城市裡，為連結更親密之社會關係，主持人個人魅力較有發揮的空間。整體而言，親切、自然是必備的條件。WKNE電台之節目經理Mike Tremby曾說：「Adult Contemporary類型電台是一種需要讓聽衆覺得和電台有一種一對一（one to one）關係之節目型態，友善的聲音、親切的態度是主持人的基本要求。」
2.排行榜（Top 40）或現代流行音樂CHR（Contemporary Hit）：電台主持人風格，完全是以DJ之主持方式帶動節目氣氛，DJ除了要呈現出歌曲本身之活潑和生動外，並應保持高度的幽默與熱情。
3.古典音樂（Classical）主持風格：古典音樂類型電台主持人通常具有專業及文化素養，有良好的外語能力。

綜上所述，無論是哪一種類型節目之主持人，必須具有豐富的常識，深邃的內涵，時時自我充實，並且充滿風趣與幽默感；更需培養臨場之機智反應，以順利完成工作使命。

第三節　節目企劃和設計

壹、節目企劃前之準備工作

當我們在著手企劃新的廣播節目之前，必須對現有之廣播市場狀況有所瞭解，並進行整體之評估。

一、電台定位

電台定位意即建立一種清晰的識別或認同。學者伊士曼（Eastman, 1993）認爲：使閱聽大衆相信電台或電視公司有別於其競爭者即是定位。媒介與傳播辭典（*Webster's New World Dictionary of Media and Communication*）將定位解釋爲：經由廣告、公共關係或其他技巧等對產品或服務所塑造出的獨特認同、形象或概念（Weiner, 1990: 362）。以廣播產業爲例，電台定位可由節目編排、節目目標聽衆、台呼及相關公共關係活動來呈現。如新聞台、流行音樂台的目標聽衆群不同，節目表亦不會相同，則電台定位亦不相同。

深入瞭解準備提案的電台是屬於何種類型電台，是音樂類型？或新聞台？或公共服務類型？此爲企劃前之首要課題。假設準備企劃一個兒童節目，卻向新聞類型電台提案，就是十分不恰當的選擇。

二、聽眾分析的運用

現代廣播目標聽衆的設定已由以往「散彈打鳥」的方式發展到精確的根據市場調查設定節目的聽衆群，意即節目是針對某一特定的聽衆群，如上班族、開車族等而設計，依人口統計學（年齡、性別、教育、職業、收入、居住地區等）勾勒出目標聽衆的大致面貌，進而瞭解他們的收聽行爲特性，包括收聽習慣、收聽時間、收聽地點、收聽動機、收聽偏好等，如此才能針對他們的需求及喜好設計出他們喜歡的節目。

三、競爭力評估

節目的成功與否除了上述之確立電台定位、瞭解目標聽衆之外，瞭解同時段友台播出之節目，以及自我之優勢、劣勢分析，亦十分重要。在節目設計初始，即應將收聽涵蓋區域內各電台之節目表蒐集完全，詳列出同時段之節目，仔細分析。以知己知彼達到百戰百勝之效果。並在評估友台實力之同時，完成自我評估。市場學中之SWOT分析，亦適用於自我競爭力之評估。完成自我評估後，我們才能依此撰寫出具創意且具體可行之節目企劃。目前在台灣地區提供相關資料的包括AGB Nielsen媒體研究公司、廣電基金會、潤利艾克曼調查公司、聯廣等相關收聽（視）率調查機構。

貳、節目企劃與創意

節目企劃簡單地說就是節目構想（idea）的實踐。所有的廣播節目都是從天馬行空的創意出發之後，經過無數次的腦力激盪，審愼的評估策劃設計後，落實於文字的節目企劃書，最後完成具象的廣播節目或電視節目。

Idea通常可以稱之爲概念、構想或點子，常有人說某人點子多，某人是點子王，表示他能跳脫刻板的思考方式，敢於提出和別人不一樣的想法，再加上他的想法成爲事實的成功率高。點子多的人通常有以下特質：(1)好奇：對於任何事都充滿興趣，願意追根究柢，並且能以不同的角度看待問題；(2)好說：勇於表達自己的想法，樂於傾聽別人的意見；(3)好表現：努力尋找機會將自己的創意及能力表現出來。

一、影響創意產生的因素

(一)思考的方式

坊間有許多關於訓練思考的書籍，如奧斯朋的《應用想像力》、Robert W. Olson的《創造與人生》、A. F. Harrion & R. M. Bramson的《善用你的思考風格》等，都十分有參考價值，而對廣播人而言，我們可以參考的是：

1.水平思考法：強調聯想、類比，如看到花，不僅看到色彩、功能，也看到花和女人或愛情等的關聯性。於是當設計一個與花有關的節目時，無限的創意和構想可在瞬間迸發。

2.垂直思考：因爲……所以……，由果找因，由因求果。

(二)經驗的累積

James Webb Young《創意產生的技巧》一書中提到，有時靈光一閃的點子，其實是將經驗中不同創意之元素，轉換成新的模式呈現出來，所以創意的產生通常可解釋爲：

1.經驗的方程式。

2.邏輯的訓練。

3.舊元素組合成新創意。

4.腦力消化的過程。

二、創意的產生方式

尋找創意的方法很多，但在日常生活中尋找創意、尋找各種新組合的可能性，以及嘗試改變人與物之制式思維是較簡單易行的方式。

(一)從生活中尋找創意

嘗試把兩個不相干的事物組合在一起。

1.如Sony之社長盛田昭夫在街上看到小孩子手提著錄音機在跳舞，於是有了Walkman之構思；果汁汽水就是果汁滯銷後，果汁加上汽水的組合，讓果汁的香味加上汽水會冒泡的口感創造出新的飲料產品，果然一炮而紅。

2.《綜藝一百》把綜藝加上戲劇，締造了當年電視節目之高收視率，《綜藝萬花筒》把詞彙解說以戲劇方式呈現，都是成功創意實現的例子。

(二)尋找各種新組合的可能性

創意人永遠保持在找尋有什麼想法是可以由不可能變成可能。如：雜誌可以變成書嗎？日本人就已有了雜誌書，讓每本雜誌有主題，不因時效性而被淘汰。不喝香檳也可以享受同樣的開瓶聲響之樂趣嗎？香檳汽水於焉產生。

(三)嘗試改變用途

意爲用不同的眼光看待一件相同的事。

1.改變人的用途：如培養籃球國手成爲體育記者。

2.改變物的用途：如酒糟搖身一變成爲敷面面膜的原料。

三、培養創意的方法

(一)記下片刻的靈感

記下片刻的靈感，即使是不完整的，靈感稍縱即逝，若不立即記下也許轉身即忘；例如美國Sear公司在每一層樓樓梯及電梯口、廁所門口都放有紙筆架，鼓勵員工隨時隨地記下，收存自己的想法。

(二)自我訓練

1.培養觀察力：規定自己每次觀察一個人或一件事，都用不同的角度去解釋，然後記錄下來。例如：每天搭公車時，或觀察妙齡少女之舉手投足或記下某位老人之說話神態。

2.尋求新鮮、嘗試改變：廣播電視節目特別需要源源不斷地創新想法，同樣設計一個兒童節目，即可能因爲單元之小變化、音樂音效之配搭不同，而呈現完全不同的感受。

3.練習假設問題、尋求解決方法：試著列出所有的可能性，重新排列組合，並模擬可能的解決方法。

4.讓幻想力起飛：跳脫所有刻板的思考模式，讓天馬行空的意念自由飛翔。

5.不放過生活中任何一個細節：如看報時不放過各類新聞甚至分類廣告，則可仔細看出社會的脈動。

6.漸距推遠法：例如，我想賣豆漿→何不供應早餐（咖啡、綠茶）→外出人士講求快速，於是早餐巴士的構想應運而生。

7.腦力激盪：多接觸人、多討論、多提出不同角度的意見。

四、構想的實踐

創意可以天馬行空，但是節目設計卻是環環相扣的專業工程。

1.首先必須確定目標是什麼？爲了達成目標有多少問題要解決？

2.每一個節目目標都需要有可行之創意，蒐集各種可能的創意點子。

3.評估：

(1)哪一個idea最合適（請相信合適比最好更重要），可避免執行時的困難。

(2)是否高估了idea實踐的可能性。

(3)哪一個idea看起來是最能發揮節目特性，容易達到節目效果。

4.設計工作架構：

(1)如何將訴求表達出來：傳統的廣播節目因爲沒有畫面，只有聲音的呈現，所以表達的形式更爲重要。如何將文字、音樂、音效等廣播元素以各種表達形式（訪問、戲劇、說書、朗誦）呈現出來，是節目成功的重要步驟。

(2)可掌握的資源有多少：在做節目之前必須盡全力掌握資源，確實找到所需之各種資料。

5.時機的選擇：任何節目推出之時機，都必須掌握時代的脈動與需求。例如：當人們關心多元文化的發展時，適時推出客語節目、原住民文化探索等節目，則恰如其時。而選秀節目在英國、中國大陸及台灣的成功更證明網路對節目及新偶像的產生具有關鍵性的影響。

第四節　企劃書之撰寫

廣播節目之產製流程爲：構想→企劃→提案→審核→錄製→播出→回饋。在創意產生，經由動腦會議討論後，則必須將原始創意，歸納整理，撰寫成格式化的企劃書，向特定電台提出。

某些電台會提供空白企劃書供提案人索取。大部分則無規格式表格提供，但無論有無固定格式，皆不脫下列範疇，茲分述如下：

壹、節目名稱

節目名稱之好壞就如同人是否有個好名字一樣，是節目成功的第一步。為節目命名之重要原則是：簡單、易懂、有創意、琅琅上口，能帶動風潮。在此原則之下，有幾種方式可供參考：

1.強化播出電台頻道。如飛碟電台在早、中、晚三個黃金時段，即以飛碟早餐、飛碟午餐、飛碟晚餐來命名，使聽衆容易記憶節目播出之電台頻道，培養收聽習慣。

2.突顯主持人個人魅力：如于美人放電、陶色新聞等之命名，即是以主持人之個人知名度來打響節目，爭取聽衆之向心力。

3.突顯節目內容特色：使聽衆一聽節目名稱即能得知節目內容之走向，如與健康有約、東洋音樂風、娛樂新聞等。

4.以精靈古怪之名稱吸引聽衆之好奇心，如XY有約、摩登原始人等。

貳、節目類別

說明節目是屬於哪一種類型？是屬於兒童、綜藝、新聞、婦女、音樂、公共服務、廣播劇等。

參、節目長度

現階段之廣播節目大致可分為：廣告：十秒、二十秒、三十秒；小單元：三分鐘、五分鐘。正規之節目通常都是三十分鐘或六十分鐘或一百二十分鐘，以便於整體電台節目之排檔播出。

肆、播出頻道及播出時間

在廣播電台林立，市場競爭激烈的情況下，好的企劃案必須找到適合的頻道及時段播出，才能發揮其效果。例如一個兒童節目的企劃案就不可能在商業流行音樂電台播出。一個新聞節目企劃案也不適合向一個古典音樂電台提出。因此在提案之前，必須先對電台之節目屬性、特色有清楚的認知，對於時段之特性作仔細之分析，再選定適合的播出頻道及播出時間。

伍、目標聽衆

撰寫企劃案之前我們就必須先根據市調鎖定目標收聽群。因此在目標聽衆之描述中，應清楚說明節目是針對哪一個年齡層所設計，其教育程度、職業分布、收入狀況、性別如何，而這群被鎖定的聽衆，他們的生活型態以及喜好需求爲何。藉此說明節目爲何能符合市場需要，終能成功的利基。

陸、節目宗旨

說明節目企劃之構想、目的及其預期成效爲何。

柒、節目內容

說明節目之主要內容構想爲何？若企劃內容是以一季爲單位，則列出節目十三集之大綱。若是廣播劇，則列出分集大綱。若只是單集節目，最好列出節目流程表，以便企劃審核小組能夠一目瞭然。

捌、市場潛力分析

若提案給非商業電台此項可免。若提案給商業電台則在企劃案中應說明：(1)友台同時段播出之節目爲何？(2)節目之優勢爲何？(3)預期之廣告效益爲何？尤其是內製外包節目，更需說服廣告承包公司認可企劃案之可行性。

玖、預算

預算中應列出：製作人、主持人費用，以及節目助理費用、耗材、錄音間使用費用。預算之多寡和電台可提供之資源有關，可事先洽詢各電台。

拾、製作小組名單

說明製作人、主持人簡歷。

第五節　節目製作原則及架構

廣播節目產製，包括：構想、企劃與製作。當一個好的創意誕生後，必須有完整的企劃及嚴謹的製作過程，否則不可能有優質的節目產生。

壹、節目架構簡介

基本上完整廣播節目的架構，是由片頭、主持人開場白、單元內容、片尾所組成。茲分述如下：

一、片頭

片頭之主要功能爲告知，告知聽衆自這一刻起某個節目正式開始。所以節目名稱、主持人姓名、節目宗旨或節目內容之簡要說明，均可成爲片頭製作之主題。

1.主題音樂：邀請音樂製作人特別爲某節目設計片頭曲。但是製作成本極高，四十至六十秒鐘之片頭，約爲六至十萬元。
2.選取適當之音樂做背景，並介紹主持人、製作人及節目名稱。這是廣泛被採用之方式，製作成本低，但須注意音樂著作權之問題。在製作技術上應注意要選取有頭有尾之某一小節音樂，不要從中任意斷接。
3.在片頭中即闡述節目主旨，如早期鄭怡之綺麗世界、或現今教育電台之諸多節目等皆由主持人以簡短二十秒，說明本節目之主旨，並請專人譜曲，以加深聽衆之印象，並建立收聽之習慣，不過製作成本亦較高。
4.即興性片頭：由主持人每天設計一段旁白，或是採用無厘頭、搞笑方式介紹當天的節目，無特定音樂，也無特定之製作手法。

不論是使用哪一種形式之片頭都應注意：

1.音樂選用之適切性。如夜間不宜選用ROCK、新聞節目不宜選用有歌詞演唱之歌曲。
2.長度應適中。長短約在三十秒至五十秒之間，勿太長。
3.片頭是節目予人之第一印象，應簡潔、具吸引力、易懂易記，使聽衆一聽即難忘。

二、開場白

在節目之開場白中，通常主持人會先簡介本集之內容，或先以一小段和當天主題有關之歌曲甚或小笑話作爲開場引言。

三、節目單元內容

一篇好文章必須脈絡分明，有經有緯、有血有肉才能感動人心。廣播節目亦如是。如何將廣播節目資料由深入淺，鋪陳有序，嚴肅和輕鬆的內容相互交錯，使節目聽來淺顯易懂卻又感人至深，在在考驗著製作人和主持人的智慧。試舉《資源回收》節目之流程爲例（如**表5-1**）。

在此例中，運用了包括：訪問、相聲、CALL-IN等表達形式，以避免主持人一人獨白之枯燥無趣。並適時加入二至三段，各一分半鐘之橋樂，以舒緩節目氣氛，使節目增加可聽性。

整體而言，單元內容宜緊湊，避免毫無主題的瞎掰。表達方式

表5-1　節目流程表

項目	內容	時間
片頭		約1分
主持人	資源回收重要性說明	約3分
串場音樂	輕快樂曲	約1分30秒
訪問	民衆忽視資源回收，如電池所帶來的後果	約4分
趣味相聲	反諷中國人之自私心態所造成的環境污染	約4分
串場音樂	輕快樂曲	約1分30秒
主持人	正確之觀念導引	約2分
CALL-IN	你的社區怎麼做資源回收工作	約3分
專家訪談	正確回收之好處	約3分
CALL-IN	家庭資源回收	約3分
專家訪談	還大地一個寂靜	約2分
片尾	主持人祝福語及預報明日節目內容	約2分

宜多變化，利用廣播中之各項元素，使節目不致生澀。主持人在做串連時，也應考慮一氣呵成，勿拖泥帶水，使節目貧乏無味。

四、片尾

片尾代表本節目已接近尾聲，亦爲一種對聽衆的告別。製作與主持人會選擇有特色的主題音樂，以培養聽衆之收聽習慣。同時在片尾音樂中說祝福的話，並預告明日的節目內容，提醒聽衆明日內容精彩，請繼續收聽。此外，片尾音樂可保留長一些，以便電腦自動播出系統可以順利在廣告或整點新聞前，做淡出（fade out）之指令。

貳、節目製作流程

節目製作流程可分爲錄音前、錄音中、錄音後三階段：

一、錄音前

錄音前之準備工作做得越仔細、越完整，錄音的時間就越能掌控，錄音的過程也就越順利。

(一)謹愼並多次評估企劃主題是否適合廣播

有些題材，如介紹國劇臉譜，即使內容再豐富，但因缺乏畫面輔助，此類題材並不適合用廣播媒體呈現。錄音前再度對所蒐集的資料作最後的評估，免除錄音後才發現理想和眞實有所差距而導致事倍功半之後果。

(二)蒐集資料（分文字資料及有聲資料）

蒐集資料是在錄音前最重要的工作。凡是與主題相關的文字資料，如報紙、雜誌、書籍、論文中相關聯的文章，均需蒐集完整。

所有的有聲資料，包括相關人物之訪問錄音、歌曲、音效，甚至戲劇對話等，需先加以整理、蒐集，以備節目製作之用。整理完成文字及有聲資料之後，則進入資料編撰的步驟。

(三)資料編撰

1.將文字資料依其內容，架構出節目主軸；主軸清晰後，再將合用之文字內容依順序加入，使整體節目成爲言之有物、有血有肉的好作品。資料編輯運用之妙有如在菜市場中購買各類食材，如何將這些食材做最好之選擇並搭配出一桌佳餚，則是大廚功力之表現。廣播節目亦然，有了好的主題，準備了許多珍貴的資料，但是，適當的剪輯、適時之分段、合理的敘述，則是存乎一心的。

2.假設一小時之節目，若採取單一節目主持人以主述方式進行，難免單調乏味，故應設計不同之表達形式以顯示節目之多樣化。例如討論家暴問題，可由主持人在開場白中先對家暴問題作一陳述後，加入三分鐘的廣播劇呈現家暴場景，再訪問專家探討如何面對及防止家暴，並接受聽衆CALL-IN敘述家暴經驗，社福人員提供協助防止家暴之諮詢服務等。每段內容以兩分鐘至五分鐘爲限，則可避免節目枯燥無味。因此，如何善用廣播中不同之表達形式，巧妙的剪輯文字及有聲資料內容，應是節目成功的不二法門。

3.文字資料在轉換成廣播語言時必須口語化，避免用生澀的字，使聽衆收聽時清晰易懂。

4.有聲資料應將適用之部分，事先剪輯存檔備用，如此則可大幅縮短編輯時間。勿忘每一段依順序存入電腦，並留備份，以防不愼移除。

5.若有現場訪談，需先預約受訪者之到訪時間：

(1)若非緊急之議題，至少一星期前先打電話邀約受訪人，並告知討論主題。

(2)採訪前兩天，再次確認時間，並初步討論訪問大綱。

(3)主持人應充分瞭解受訪人背景資料，爲訪談定調。

(4)每一受訪者，依專長、領域之不同以電腦建檔，便於日後有相關議題時，有檔案資料庫可供主持人查詢，篩選最佳的受訪者。

二、錄音中

1.若有工程人員協助錄音，須與工程人員緊密配合。除事先工程人員及主持人均需有一份節目進行表以外，遇特殊狀況，雙方必須以手勢溝通，同時應給予工程人員充分反應之時間。

2.錄音前禮貌提醒受訪人發音室須知，如：不可碰桌椅、隨意翻紙張等，以免節目中出現不必要之干擾雜音。

3.主持人應掌控全場氣氛及整個流程順利進行。若遇到木訥型之受訪者，則除積極引導外，也可利用對議題之歸納及補充作適度補白。

4.時間之控制：注意廣告排檔時間，適時調整與受訪者之對話。若爲六十分鐘之節目，在五十七分時則應塡補音樂；三十分鐘之節目在二十七分時塡補音樂，以便電腦能即時自動淡出，廣告能順利進檔。

三、錄音後

1.若爲錄音播出之節目，必須再次重聽。檢查成品帶是否有剪接之瑕疵或銜接有不順暢之處，再存檔或上傳至節目中心。

2.若爲現場節目，應保留有價值之訪談，留下備份，日後可重新剪輯使用。

3.勿忘電謝或以卡片向受訪人致謝。建立良好之人際關係，累積個人之人脈。

作品完成後有一種誕生的喜悅，這是從事廣播工作者最具有成就感的時刻，而節目播出後所得到之迴響，更是廣播工作者得到最直接的回饋。

第六節　數位時代廣播節目企劃

數位廣播在節目之產製流程上與類比廣播最大的差別在於，一次生產、多次使用、多元加工、多頻傳輸、多工服務；除了聲音之外，也可以提供圖文、數據及影像服務，因此前置作業必須更加精細（陳清河，2006）。數位時代的來臨改變了傳統廣播的節目製作、儲存方式，亦改變了節目與閱聽人之間的互動關係。

整體而言，數位時代的來臨，打破了地域觀念，無大小功率之分，數位之前一律平等，聽衆可選擇的頻道增多，因此廣播市場可無限擴張。再者，收聽的型態由推力（push）變爲吸力（pull），聽衆扮演了主動的角色，代表節目選擇的控制權由製播者移轉到聽衆手中，這點在iPod等行動接收設備盛行後尤其顯著。另外，電台與聽衆之間可經由網路、手機等產生立即的互動。這對於初始節目企劃與製作概念均帶來不同的思考。爲了應付大量出版的需求，媒體經營者應思考採用「一次生產、多次使用」的中央廚房概念來生產內容，然後利用不同的載體調整口味，變換呈現方式（曾國峰，2003）。

傳統的廣播節目爲提高節目之可聽性，大多設計多個單元，或以不同型式來表現某個主題；但進入數位廣播時代，則強調利用不同的節目元素創造無限的組合，如介紹國語歌曲，或以曲風，或以年代、歌者區分，製作成一系列專題，以便於分類、存檔；或以介紹氣功爲例，則可分十五分鐘爲一單元，以十個單元完成氣功主題，方便聽衆點選收聽。

壹、數位時代節目企劃

數位時代之廣播，除了提供與傳統電台節目同步播出之即時播音（Live）外，更可以將節目存放於網站讓聽衆可隨時點選收聽（Audio On Demand）。所以在節目企劃初始即須考慮配合這些需要，並瞭解其中與傳統廣播的差異。

一、節目元素

傳統廣播節目之元素包括人聲、音樂、音效等，數位時代廣播節目之元素則增加了文字、靜態圖片以及影像。

二、錄音方式的改變

傳統廣播節目是以類比系統錄製節目，剪輯、配音、後製手續皆頗繁複；數位錄音軟體種類繁多、學習容易，且可以CD或光碟拷貝，十分簡便；目前較普遍的剪輯軟體有Cool-Edit、ProTools、Vegas等。

三、節目儲存方式的改變

以往節目是以類比方式存取節目資料，如盤帶、卡帶等利用磁性原理讀取的素材，容易因年久氧化消磁或日照、濕度等影響而損毀，現在則可分類存檔，儲存在電腦中。

四、控制編輯方式的改變

以往節目播出後皆以錄音帶存放在電台資料庫，無需再另做編輯的工作，但在未來節目播出後有些可全部保存數日供聽衆點選或下載，但有些則必須再另外編輯，如新聞節目剔除即時的新聞氣象，留下該事件之評論以供聽衆點選。

五、配合不同的播出載體

數位時代之廣播接收設備種類繁多，如iPod、MP3、Cell Phone、DAB、車用接收機等；因此在進行企劃過程中，必須作周延的考慮，將節目之素材作適當的分類，使聽衆進入資料庫時，可以依個人的喜好，下載存檔至不同的播出載體。

貳、數位時代之節目產製流程

因應數位時代之來臨，台灣各電台均積極採取硬體及軟體之更新，並建立節目及音樂資料庫。以台北愛樂電台爲例，即已定位爲資料庫電台，全面數位化。依其在電台網站中所顯示之節目產製流程可知（如**圖5-1**），無論是音樂家生平軼事、樂曲術語、樂派等節目文字資料或音樂之有聲資料，均已經由數位儲存，製作人及主持人皆可在電腦上完成節目編輯工作。節目錄音完成後，則可上傳至播出中心，由電腦自動依播出流程排序播出。聽衆可以收音機、網路同步收聽，或隨選播音等方式收聽節目。亦可點選分類中之細項進行線上查詢。例如在愛樂101中，分爲「樂派類」、「宗教音樂類」、「演奏術語類」、「國樂類」、「名曲類」、「唱片與發明類」、「作曲家類」、「管弦樂團與指揮類」等大項；只要點選作品名稱鏈結，就能查到收錄曲目的版本資料（www.e-classical.com.tw）。

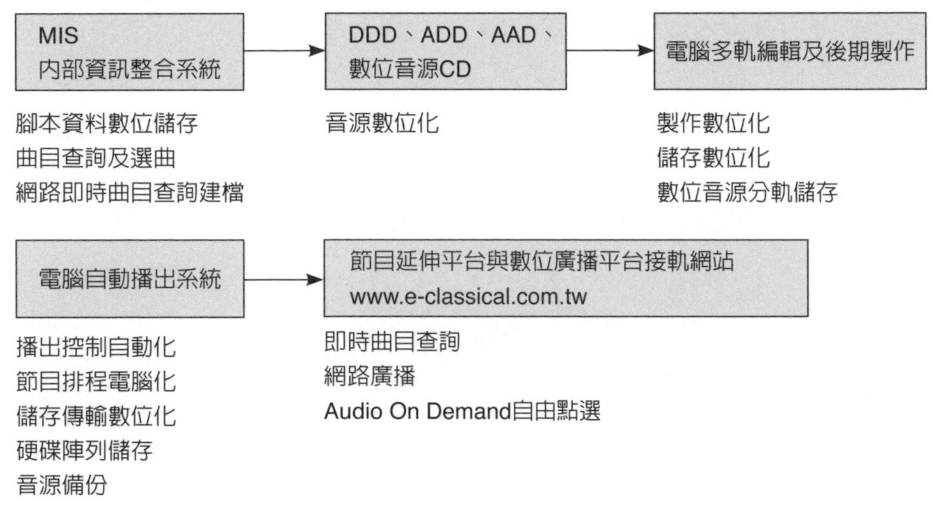

圖5-1　台北愛樂電台自動化製播流程

資料來源：www.e-classical.com.tw. (2008)

自**圖5-1**台北愛樂電台之節目產製流程可發現以下特色：

1.聽眾在收聽過程中，可利用資料庫即時點選查詢節目（作曲家）之深度資料、收錄曲目之版本資料。

2.付費收聽機制：BBC在2007年度報告中，預測未來節目內容將用隨選點播的方式，傳送到付費聽眾的手提式設備，如電腦、手機及數位電視中。台北愛樂電台亦採行付費收聽機制分爲終身會員、年費會員，加入會員後即可瀏覽資料庫之內容，並適用各項優惠訂購活動。

3.加值服務：所列出的每一首作曲家重要作品，都可以連結到愛樂電台龐大的CD資料庫，可以看到收錄這些作品的衆多版本，選擇最適合的版本購買收藏。

綜合上述數位時代節目企劃概念及台北愛樂電台之個案實例，

並參考陳清河教授之數位廣播模組化節目產製流程，本書作者繪出數位時代節目產製流程示意圖（如**圖5-2**）作爲參考。

數位化時代來臨後，各廣播電台皆積極調整節目策略並滿足聽眾需求，如提供線上收聽或將節目置放於網站上，供網友下載至iPod中，可讓聽眾隨時隨地編輯、重複收聽某個自己喜愛的節目。

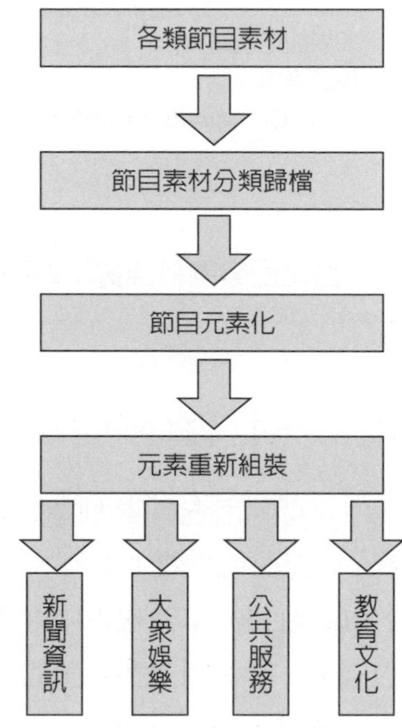

圖5-2　數位時代節目產製流程示意圖

Chapter 6 廣播電台之類型與經營

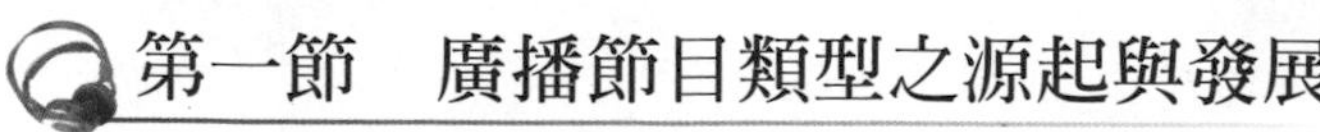

第一節　廣播節目類型之源起與發展

壹、美國早期廣播節目類型之發展

早期美國廣播電台皆爲全功能電台（all things to all people）或稱綜合性電台，強調的是提供大衆全方位之訊息；電台節目類別繁多，包括喜劇、肥皀劇、益智競賽、音樂等。自從五〇年代電視興起之後，經過激烈的競爭，聯播網（Network Radio）走入了黑暗期，反而地方台（Local Radio）生存空間加大，1960年11月25日最後一個肥皀劇在廣播中消失後，廣播人開始認清了一件事實，聽衆不喜歡聽到在電視上可以看到的類似節目，於是廣播工作者放棄了以各種不同類型節目排出之砌磚（block）式節目編排法，並縮小其目標聽衆群，走向了分衆時代。此時FCC開放了許多低功率的電台，使得中型和大型市場的競爭益趨激烈，以1954年爲例，即開放了三千一百家電台。另外一項因素則是來自於流行音樂市場的新潮流，五〇年代中期，搖滾樂盛行，年輕人大量購買唱片，廣播業者迅速意識到流行音樂和收聽率之間的關聯性，於是排行榜（TOP 40）電台應運而生。總之，電台數目的增加、攜帶型收音機之問世、流行音樂市場的新風潮、廣告商以個別商品爭取某一族群認同之分衆理念，促使了類型電台的蓬勃發展，廣播經營理念也隨之改變。到了五〇年代後期，休閒音樂、TOP 40、鄉村歌曲等類型電台在市場已卓然成形。

貳、類型電台之源起與發展

一、何謂電台定位？

定位（Position）是1950年代中期興起的一種產品行銷策略。根據《大眾媒介辭典》（*NTC's Mass Media Dictionary*）的界定（Ellmore, 1991: 447），定位包含以下幾種涵義：

1.廣告主、廣播電台、電視公司、報紙或其他組織機構，嘗試說服大眾其產品或服務的獨特及略勝一籌。

2.廣告代理人及節目編排人員，嘗試爲廣告或節目選擇適當的位置或時段，以觸及最多訴求閱聽人，發揮最大效益（黃葳威，2002）。

二、決定電台定位之因素

(一)市場規模

以人口數之多寡或地理及地域特性，決定電台定位。在人口數眾多的大型市場規模下，可容許之電台類別較多，如紐約、芝加哥等大城，另外在美國中西部，因地域特性，鄉村歌曲類型即廣受歡迎。在台灣情況亦類似，桃竹苗地區，客籍人口多，則客家電台之經營相對成功率也較高。

(二)受眾結構

一般而言收聽範圍內之受眾結構會影響到電台類型之選擇，受眾結構指的是依人口統計學變項，如年齡、職業、教育程度、平均收入等，對聽眾加以分析，以瞭解其組成結構。依照Arbitron在2007年之研究報告中指出，喜歡古典搖滾的聽眾以已婚（58%）、家中至少有一個小孩（51%）、白領階級（47.3）、年薪收入在五萬到七萬五千美元（58.3%）、教育程度在高中及大專以上者（占72.2%）爲多。所以我們可以清楚勾勒出，喜歡古典搖滾的聽衆形貌，進而依此設計節目。

(三)社會趨勢

電台定位必須掌握社會的潮流與趨勢。現今社會多元發展，所以在分衆中再求爭取更小規模之聽衆群，節目類型亦因此而更細分之，已成流行趨勢；例如原有之鄉村歌曲類型電台，再細分爲新鄉村歌曲類型電台（New Country）或古典鄉村歌曲類型電台（Classic Country）。

(四)競爭策略

在審視地區內其他類型電台之定位及經營策略後，再依自身之優勢、業務之潛力，訂定出清晰之電台定位，如台北愛樂電台即因定位明確而獲得經營的成功。

三、類型電台在美國之發展

1930年代美國紐約的WQXR電台全天播出古典音樂，開始了現代類型電台的雛形。1955年美國第一家的CHR（Contemporary Hit Radio）音樂類型電台KOWH-AM是以播出TOP 40音樂爲主。之後，各種類型電台在市場中紛紛崛起。1959年Gordon McLendon在舊金山的KABL-AM推出了全天以播出優美音樂爲主的Easy Listening（EL）電台。1960年洛杉磯的KABC電台全天只播出談話性節目，開啓了ALL-TALK之先鋒。1964年芝加哥的WNWS以全天只播出新聞節目贏得高收聽率。1962年洛杉磯的KFBW電台提供聽衆一天二十四小時的懷舊歌曲（Vintage），後來1965年加州的KWIZ正式以老歌爲訴求發展了Oldies類型電台。1966年紐約的WOR-FM推出了AOR（Album-Oriented Rock）類型電台。1987年紐約的WFAN電台轉型爲體育台（All Sport）全天播出體育新聞與各項運動比賽實況，以男性爲目標聽衆，收視率極佳，目前全美有五百二十七家體育台。隨著時代的不斷變遷、類型電台的流行趨勢消長也因而有不同的演變。根據Arbitron調查公司2008年的調查中，將電台細分爲二十二種類型：包括AC、Alternative、CHR、Rhythmic CHR、Classical、Country、New AC/Smooth Jazz、News/Talk/Information、All Sport、Oldies、Spanish、Urban等。類型細分化更爲顯著，以AC（Adult Contemporary format）爲例，就細分爲六種類型，包括了AC、Hot AC、Soft AC、Modem AC、Urban AC、Rhythmic AC；共有一千六百一十八家AC電台。鄉村歌曲類型電台有二千零八十四家。西班牙語電台含Mexican Regional、Spanish Tropical、Spanish Variety等七種類型；在2006年至2007年間，西班牙裔收聽人數快速成長，2008年在全美有八百七十二家西班牙語電台。類型電台在美國之發展趨勢可由Arbitron調查公司自1991年起之數據資料，得窺全貌（如表6-1）。

由上述資料顯示，在美國爲爭取小衆中之小衆，電台類型愈來愈加細分化，而在數位時代來臨後，這種趨勢更爲顯著。有以年代作爲區隔標準，有以曲風、歌者、甚至收聽地點作爲區隔標準。網路廣播中的音樂類型電台尤其彰顯了這種趨勢發展。

四、類型電台在台灣之發展

(一)台灣類型電台發展概述

民國77年，中廣音樂網以全天播出休閒音樂爲主，不設主持人，以二十五至四十五歲之成年人爲訴求對象，播出後，無論是收聽率及廣告營收均達到預期理想；於是中廣開始積極規劃既有之調幅網路，於民國78年將原有之綜合網改爲中廣服務網，以服務中老年聽衆爲宗旨，民國80年又將中廣第二調頻網規劃爲中廣閩南台，

表6-1　類型電台在美國之發展趨勢（1991～2008）

類型	1991	2001	2005	2008
AC（Soft、Hot、Urban、Rhy、Mod）等	2,359（19.3%）	1,545（12%）	1,556（11.3%）	1,618（11.2%）
Adult Standards（EL、MOR、Nostlga、Variety）	1,145（8.59%）	1,290（9.8%）	1,196（8.8%）	1,153（7.9%）
Alternative（AAA、NWROCK）	未統計	429（3.2%）	454（3.3%）	469（3.2%）
CHR（POP & Rhythmic）	905（6.79%）	551（4.2%）	569（4.1%）	563（3.9%）
Classical	413（3.1%）	276（2%）	291（2.1%）	563（3.9%）
Country（New、Classic）	2,577（3.245%）	2,218（16.8%）	2,066（14.9%）	2,084（14.4%）
New AC/Smooth Jazz	342（2.57%）	148（1.2%）	141（1%）	147（1%）
News/Talk/Sport	775（5.8%）	1,838（13.9%）	2,179（15.7%）	2,746（19%）
Oldies	934（7%）	1,006（7.6%）	1,060（7.7%）	787（5.5%）
Religious	1,336（10.01%）	1,803（13.6%）	2,014（14.6%）	2,215（15.3%）
Rock（Classic、Rock、Modern）	742（5.56%）	812（6.1%）	869（6.3%）	837（5.8%）
Spanish	300（2.25%）	600（4.5%）	750（5.4%）	872（6%）
Urban	235（1.76%）	321（2.4%）	352（2.5%）	174（1.2%）

資料來源：www.arbitron.com，作者自行整理。

現改成寶島網，以播出閩南語歌曲為主，民國81年開放廣告業務，由於聽眾區隔明確，除廣告業績直線成長之外，在全省各地也迅速累積了原本不愛聽播出國語為主的電台或以收聽閩南語調幅廣播為主的聽眾；警廣亦將原有之調幅網結合調頻104.9播出同一套節目，定名為長青網，台北電台現則改為客語電台。頻道開放後，為因應立即之競爭，類型電台之趨勢更趨明確，雖然改變聽眾之收聽習慣誠非易事，但是在強有力之促銷，濃厚之地方色彩，迅速、多樣之社區服務，音樂類型策略明確之情況下，新電台終獲聽眾肯定，亦得到了生存空間。

自民國82年12月9日新頻道公布後，審視國內各大功率、中功率、小功率電台在訴求聽衆群的安排，依電台節目取向來看可分爲：

1.綜合電台：節目內容以一般大衆爲訴求，節目內容類型包括新聞、路況、音樂、綜藝、教育文化、戲劇等，包羅萬象。
2.專業電台：有特定服務對象或偏重特定內容。如漁業電台、農業資訊電台、勞工資訊電台。
3.方言電台：方言電台訴求對象以一般大衆爲主。閩南語網以藍領階級爲訴求。
4.交通電台：訴求對象以一般駕駛人爲主。
5.生活資訊電台：訴求對象以十五至四十歲或二十歲至六十歲不等。
6.新聞與談話電台：訴求對象以白領階級爲主。
7.教育電台：訴求對象包括各級學校學生、社會人士。
8.宗教電台：訴求對象爲各年齡層關心信仰人士。
9.社區資訊電台：訴求對象爲各年齡層之社區民衆。
10.弱勢族群電台：訴求對象不定，以弱勢族群爲主。
11.休閒音樂電台：訴求對象之年齡層介於二十五至四十五歲。
12.古典爵士電台：訴求對象爲都會上班族。
13.流行音樂電台：訴求對象爲年齡介於十五至四十五歲人士，如IRadio、Kiss、Hit Fm。
14.公益服務電台：訴求對象爲二十五歲以上人士。
15.外語新聞電台：訴求對象爲年齡介於十八至二十五歲青年及使用英語者。
16.校園資訊電台：訴求對象爲年齡介於十八至二十五歲青年學生（改寫自黃葳威，2002）。

(二)台灣類型電台舉例

民國77年中廣音樂網全天播出休閒音樂，定位爲休閒音樂網；開啓了台灣類型電台先鋒。在此之前，台灣之類型電台如中廣新聞網、警廣交通網、教育廣播電台均具有類型電台之實，但國人習慣以「專業電台」稱之。電台類型約略分類如下：

■中廣新聞網

全天播出以新聞及新聞性節目爲主，是一典型的News/Talk電台，該網於民國62年8月1日在台北以1071千赫開播，63年8月3日，台中以1242千赫聯播，69年元旦高雄以909千赫聯播，高雄新聞專業電台亦於民國69年成立。民國72年爲抑制中共調頻廣播的滲入，於是新聞局責成中廣以現有備份調頻器材，在台北、台中及高雄架設10千瓦電台三座，並在72年正式發音，形成新聞專業網路。北部頻率107.9兆赫、中部103.9兆赫、南部107.9兆赫，並且爲服務東部地區聽衆，先後成立花蓮新聞調頻專業電台、台東新聞專業電台、宜蘭新聞專業電台，構成環島新聞網路。之後，中廣新聞網再次移到調幅播出，收聽率並未下降；現在，中廣新聞網全天以播出新聞爲主，並採用滾輪式新聞播報方式，以減低其重複性，尤其遇到重大新聞事件，如「921大地震」、「2006世足賽」等特殊事件時，均能作快速而機動性之報導，深受聽衆好評。

■警廣交通專業電台

警察廣播電台自民國59年夏天即開始著手籌劃創設交通專業電台，在60年2月18日開始試播十天，成效良好，於是在3月1日起正式開播。

交通專業電台的成立，有其主觀及客觀的因素存在：

1.維護交通秩序：經濟發展的迅速，交通建設與交通流量與日俱增，當時許多都市的交通擁擠，秩序混亂，車禍頻仍，警察廣播電台被認定爲可利用廣播媒體達成另一種型態的警察維護交通秩序的責任。

2.國外成功的實例：在紐約、芝加哥、舊金山等大都市中，在上下班的尖峰時間裡，有些地方電台專門播報道路交通狀況，使駕駛人瞭解當時的路況，不致陷入交通阻塞，虛耗時間，深受駕駛人的喜愛。

3.建立電台特色：廣播電台在面對競爭壓力之下，急欲建立電台特色，樹立節目風格，提高收聽率；於是以駕駛人爲服務對象的交通專業電台，是面對競爭的最佳選擇。

■台灣農業專業電台

民國64年8月3日，台灣另一個專業電台誕生了，它的服務對象是農民。至於爲什麼要成立農業專業電台，當時中廣公司總經理黎世芬先生在開播詞中提到「……今天開播的中廣公司台灣農業專業電台，就要像交通要道的橋樑，經過這座橋樑，把政府的農業增產措施，農業試驗改良成果以及新技術、新方法、新觀念傳播給農友，再把農友的疑難問題，反應給主管部門，作積極性的建議……」。在這樣的經營理念之下，在開播的第一年中，每天播音四小時，爲配合農民的收聽習慣，節目分爲兩次播出，第一次播音時間是早晨五時至六時，第二次播音時間爲下午三時至六時，以國語及閩南語播出，節目內容則以農業新知、蔬果栽培、農產品行情以及對農友的服務爲主。一年後自民國65年7月1日起，節目時間由每天播出四小時增加到七小時。

■台灣區漁業廣播電台

台灣地處亞熱帶，四面環海，海洋資源豐富，爲提供海上作業漁民迅速而正確獲知漁業氣象，以保障其生命財產的安全，民國72年1月15日，台灣區漁業廣播電台正式成立，台址設於高雄，於民國73年1月7日正式發音，台灣海峽、巴士海峽、東海、南海、菲律賓東方海域都可以收聽到，漁業廣播電台將二十四小時全天候播音，以漁業專業節目爲主，由於漁民多半只懂閩南語，故該台節目多以閩南語播出。

■教育廣播電台

教育廣播電台於民國49年3月29日成立開播，是我國第一座，亦是唯一的公營教育專業電台，專業使命便是推廣空中教育，教育廣播電台以調頻廣播網專播空中教學及音樂節目，調幅廣播地方分台改爲社區電台，與地方結合，播社區性節目及學校課程節目，至於透過中廣公司第三調幅網播出之節目則專用於社會教化宣傳，期能潛移默化，提高國民素質。

五、結論

綜觀類型電台的趨勢發展，可得以下結論：

(一)電台數目的增加

在美國八○年代後期（以1978年爲例），全美共有一千九百九十四家調頻電台。截至2008年3月份爲止，全美商業調頻台約有一萬四千四百二十九家。台灣目前共有一百七十家電台，包括公營七家；民營一百六十三家。電台數目的增加，即意謂著各類型電台之間的競爭更趨激烈，必須更確立目標聽衆，並有具競爭力的電台經營策略。

(二)廣播工程技術的進步

衛星及網路廣播的蓬勃發展、MP3及iPod的普及、行動電話及個人電腦的盛行，類型電台正面臨數位時代更多的考驗。

(三)生活作息的改變

近年來，人口結構的改變、工作時間的增加、休閒習慣及家庭收入的改變等，皆對廣播收聽習慣有相當的影響，其中廣告商和節目經營者注意的焦點在於生活作息的改變，廣告商迫切需要知道每一年齡層聽衆的喜好。根據紐約地方廣播副總裁Dennis Mcguire指出：節目人員必須注意不同年齡層面的需求，廣告商也早有此認知。譬如，航空公司以安全爲訴求的廣告，就不會將廣告指定發行至CHR電台，因爲廣告主要訴求的是三十五至五十四歲的中年聽衆。八○年代，廣播業者對於這一點可能認知不足，但九○年代之後市場已有清楚的認知。

(四)音樂類型之細分化

在現有的類型電台中爲了找出更大致勝的契機，幾乎連每一個縫隙都不放過，於是在原有之音樂類型中衍生出不同的新類型，以爭取更多聽衆，即爲採取分衆中的分衆策略，這一點在網路電台興起後更加顯著。如鄉村類型電台，衍生出之新類型包括New Country及Classic Country。New Country鄉村歌曲類型電台，播出的歌曲較年輕化，吸引的聽衆群亦較年輕，McVay Media的副總經理Charlie Cook說：「雖然鄉村歌曲的市場很大，但是對同一地區而言，也容不下兩座以上的同類型電台，故必須加以區隔。區隔的方法有二：一是歌曲再區分，另一則是標明聽衆群。」現在美國如達拉斯、匹茲堡等城市，節目經營者爲鄉村歌曲找到了更多年輕聽衆，擴大了收聽群，這種新類型電台，稱爲新鄉村類型（New Country）或是青年鄉村型（Young Country）或叛逆鄉村型（Rebel Country）。

另外，如Golden Oldies衍生於Oldies。根據CBS研究中心的說法，Golden Oldies被市場採納的主因是嬰兒潮出生的孩子都已長大，他們喜歡收聽伴隨他們成長的歌曲。現今在美國Golden Oldies電台訴求的對象是三十五至五十四歲的聽衆群，歌曲的年代介於1950至1970年代的歌曲，競爭的對手是以播出懷舊歌曲爲主的AC電台（某些城市的AC Format音樂選擇以懷舊歌曲爲主要Format）。

在商業經營理念下，無論從市場需求或聽衆需求等各個層面來看，美國較偏重於市場導向，以刺激收聽率及提高廣告效益爲第一要務，教育廣播及公益性廣播（NPR & APR）則完全以服務小衆和社會爲主。而在台灣電台經營者也日益瞭解分衆市場的需求，努力尋求明確的電台定位，以鞏固收聽率。

第二節　音樂類型電台

壹、美國音樂類型電台的發展

1960年當最後一個廣播日間肥皂劇自頻道中消失之後，分衆的節目設計理念正式主宰了美國的廣播，類型電台的概念亦正式成型。根據2008年Arbitron的調查報告，將目前美國電台類型分爲二十二類，其中仍然以音樂類型電台占大部分，共十九類；非音樂類型電台三類。以下則就每一類型電台之訴求對象、播出音樂類型、新聞及公共事務播出比重、在市場中之競爭對象等，試圖勾勒出美國類型電台之完整面貌。

一、當代成人節目

當代成人節目（Adult Contemporary; AC Format）又可細分爲Hot AC、Urban AC及Soft AC。

1.訴求對象：標準之AC Format以二十五至五十四歲之聽衆爲

其訴求對象。典型的AC Format電台聽衆對於節目風格、選曲、新聞及一般事務之關心程度較高。Hot AC的聽衆以二十五至五十四歲的女性上班族爲主，她們喜歡網路漫遊。Urban AC則以黑人女性爲主，收聽忠誠度高。

2.音樂類型：AC Format採取數種不同的音樂選擇策略。但是均以非搖滾樂曲爲主，基本上，播出的是一些曾經流行過的歌曲，也有以不同年代歌曲爲編排策略，如六○、七○年代排行榜歌曲爲主的AC電台。

3.新聞比重：依市場大小而定，較小的市場完全以地方新聞爲重，中型電台及大城市中之電台則提供綜合性之新聞及資訊。

4.公共事務：1980年代初期，當FCC取消對公共事務之限制後，在許多音樂類型電台中，公共事務的播出比重即急速減少，即使有，也只是針對某一特別引人注意之話題。

二、當代熱門音樂電台

當代熱門音樂電台（Contemporary Hit Radio; CHR）可細分爲Pop CHR及Rhythmic CHR兩類。

當代熱門音樂電台，源起於1955年內布拉斯加州奧馬哈的KOWH-AM電台，Todd Storz是Radiogroup Station的負責人，有一晚在酒吧中，正爲他收入日益減少的電台業務煩惱時，他注意到酒吧內的點唱機一遍又一遍地播放著相同的歌曲，快打烊前，女侍又丟進一枚硬幣，點播了同一首歌曲；這個舉動給了Todd Storz TOP 40的靈感，以連續不斷播出搖滾樂，贏得了高收聽率。五○年代後期CHR在全美是最受歡迎的節目型態，也是獲利率最高的音樂類型電台。

1.訴求對象：八〇年代CHR之主要訴求對象是青少年，現今十二至四十四歲之年齡層均被列爲收聽群。但是Pop CHR主要收聽群仍集中在十二至二十四歲（占59.4%）。至於Rhythmic CHR則瓜分了Easy Listening的聽衆，在十八至三十四歲的年齡層中廣受歡迎。

2.音樂類型：完全播出最暢銷之熱門歌曲，不斷重複前三十至四十名之榜歌，北卡羅萊納州G-105-FM電台節目經理Mike Edward指稱「在我們的電台歌曲就是產品，主要的任務就是不斷的保持歌曲一首接著一首的播出」，爲避免過高的重複性，CHR類型電台都聘有音樂總監來控制循環率。

3.新聞比重：除了駕駛尖峰時間如晨間時段外，新聞之播出比重甚低。

4.公共事務：週日之晨間時段，是一般CHR電台播出公共事務及宗教節目之時段，因爲沒有青少年在週日會如此早起，可見CHR電台對公共事務之播出並不熱衷。

三、搖滾樂電台

搖滾樂電台（Album-Oriented Rock; AOR）。1966年紐約的WOR-FM初期嘗試使用AOR Format，播出各種形式之搖滾歌曲。在七〇年代廣受歡迎，但目前已逐漸式微。取而代之的是由AOR再細分出來的Active Rock，它活躍於中西部及美東海岸。另外Classic Rock亦爲由AOR細分出來的新類型。

1.訴求對象：以二十五到四十四歲之成年男性爲主。Active Rock訴求年齡層稍低，以十八至四十四歲男性爲主。Classic Rock以二十五至五十四歲爲訴求對象，但以三十五至四十四歲所占比例最重。

2.音樂類型：音樂之相容性是AOR電台最主要的任務，除了最流行、熱門的搖滾樂外，也融合不同年代的歌曲，新舊歌曲比例約爲新曲占65%，舊曲占30%。
3.新聞比重：在AOR類型電台中，新聞扮演次要角色，只在晨間交通尖峰時段，才加些新聞報導。
4.公共事務：比例甚低，部分電台甚至全無公共事務播出。

四、古典音樂台

1910年代歌劇巨星卡羅素在紐約之演出，經由電子媒體之播出，開啓了古典音樂台先鋒，1920年代許多歌曲與交響樂之演出在電台現場播出，1930年紐約的WQXR-AM，是第一個古典音樂類型電台，之後又增加以FM頻道，播出古典音樂，雖然只有在大都會區及高水準、高階層之社區才能存在古典音樂類型電台，但是其獲利率並不低，公共廣播電台即以古典音樂類型爲其重要考量。

1.訴求聽衆：以四十五至六十五歲高收入、教育程度高之族群爲主，五十五至六十五歲以上占62.4%。
2.音樂類型：不同於其他類型電台，古典音樂類型電台播出的音樂長度不拘，節奏感要求較低，即使是商業性電台雖仍然使用SWEEP和SPOT之方式安排，但這種制度可行性及適用性並不高。
3.新聞比重：在許多古典音樂電台中，新聞占極大的比重，尤其是晨間階段，不過電台本身並不設新聞部，在較大之市場中也只不過僱用少數新聞專職人員而已。
4.公共事務：在古典音樂類型電台中，公共事務占著極大比重，特別是和經濟、政治、醫藥保健有關之話題，受到聽衆相當的歡迎。

五、鄉村歌曲電台

1920年Nashville的WSM電台首先播出以鄉村歌曲爲主的節目，三〇、四〇年代，鄉村歌曲類型電台如雨後春筍般在全美興起，特別是西部及南部地區之電台。

1.訴求對象：根據Organization of Country Radio總裁Dr. John Parkhal之說法，十八至五十四歲之聽衆是鄉村歌曲之主要聽衆群，他們的社會階層非常廣泛，包括農夫、卡車司機、學生、女侍、醫生、老嬉皮、新雅痞等。2008年再次成爲收聽排行榜第一名的音樂類型電台。

2.音樂類型：自傳統西部鄉村歌曲到現代之鄉村歌曲都有，基本上可分爲鄉村、新鄉村、古典鄉村三類。全美目前共有二千零八十四家鄉村歌曲電台。

3.新聞比重：鄉村音樂類型電台提供大量的地方性新聞、氣象、運動消息、地方事務。

六、懷舊歌曲（或稱金曲頻道）電台

六〇年代才開始興起之類型電台，1965年加州的KWIZ-AM開始全天候播出老歌爲主的節目，本來都是在調幅電台中播出，八〇年代後才陸續移到調頻播出。

1.訴求對象：根據NAB（National Association of Broadcasters）的聽衆研究報告指出，懷舊歌曲類型電台的聽衆自視爲音樂專家，並且期待保有一些過去的回憶，聽衆群的年齡在四十歲以上。2007年Arbitron報告中指出：四十五至六十四歲的聽衆占60%。

2.音樂類型：通常以年代爲區分，如七〇、八〇年代等。

3.新聞比重：新聞在懷舊歌曲類型電台中很受到注意，由於聽衆族群年齡較大也較爲成熟，對於國際事務相當關心，所以除了在晨間時段提供大量新聞外，其他時段亦提供一些深度報導之新聞。

4.公共事務：收聽懷舊歌曲類型電台的聽衆基本上十分關心地方性事務，尤其是和他們日常生活有關的議題。

5.競爭對手：AC和EL是它的最大競爭對象。

七、城市當代音樂電台

城市當代音樂（Urban Contemporary; UC）又可細分爲Urban Adult Contemporary及Urban Contemporary。在大都會區中，導源於Disco音樂的UC類型電台，頗受年輕人的喜愛。

1.訴求聽衆：青少年爲主，吸引各種不同的種族，如黑人、西班牙人、墨西哥人，其中十八至三十五歲之黑人占77.5%，是主要收聽群。

2.音樂類型：舞曲、快節奏之黑人音樂爲主，融合各種不同之藍調、流行搖滾、靈魂，但都以可以跳舞爲主。

3.新聞比重：依市場之需求而定，有些電台新聞比重甚高，依賴聯播網之提供。

4.公共事務：十分注重地方性議題，因其收聽族群融合各種種族，所以議題之範圍也注意其種族差異之需求。

八、西班牙語流行歌曲電台

西班牙語流行歌曲（Spanish Contemporary），這是2002年以來最受歡迎的音樂類型電台。主要是以十八至四十四歲、能說西班牙語的聽衆群爲主要訴求對象。

九、現代基督音樂電台

現代基督音樂（Contemporary Christian），這是近年成長極為快速的音樂類型電台，訴求對象為二十五至五十四歲之女性。

十、墨西哥地區電台

此類型電台在洛杉磯、芝加哥等大城，擁有高收聽率，其訴求對象以西班牙族裔為主。

綜上所述，音樂類型電台，隨著人口結構、資訊取得便利性、廣播科技之快速發展，在過去二十年中有很大的改變。八〇年代廣受歡迎的休閒音樂Easy Listening（EL）、Middle of Road（MOR）、Variety及Nostiga，已歸併至American Standard類別中，而有些類型細分為二、三類。根據2007年Arbitron的調查報告，音樂類型電台的聽眾素描（**表6-2**）依年齡、性別、教育程度、職業、年收入、黨派等細項分別陳述。

貳、台灣音樂類型電台的發展

台灣早期之廣播電台皆為綜合性電台，播出節目類別無所不包。最早全天候播出國語流行歌曲的是中廣流行網，可說是第一個音樂類型電台。時至今日，中廣流行網仍是收聽率排行榜的常勝軍。以提供流行歌曲、娛樂與資訊的節目內容為主。

一、中廣流行網

中廣流行網全天二十四小時以豐富多樣、輕鬆活潑的節目內容，提供青年朋友最新、最流行的音樂與生活資訊，多年來已在聽

表6-2　音樂類型電台聽衆素描

類型	年齡	性別	教育程度	職業	年收入	黨派
Country	25-44(35.1%) 55-64(14.9%)	男(46.8%) 女(53.2)	高中及大專 (88%)	白領(41%) 藍領(32%)	5-7.5萬 (48.9%)	共和(34.4%) 民主(26.2%)
Adult Contemporary	35-44(22%) 45-54(25%)	男(35%) 女(65%)	高中及大專 (93%)	白領(51%) 藍領(22%)	5 -7.5萬以上 (58.5%)	共和(29.8%) 民主(29.6%)
Pop CHR	12-34(82%)	男(37%) 女(62%)	高中及大專 (69.9%)	白領(48%) 藍領(30%)	2.5-7.5萬 (57%)	共和(27.4%) 民主(27.9%)
Classic Rock	35-54(58%)	男(71%) 女(29%)	高中及大專 (92%)	白領(46%) 藍領(34.6%)	5-7.5萬以上 (59%)	共和(31.5%) 民主(25.5%)
Rhythmic CHR	18-24(29.4%) 12-17(26.7%)	男(49%) 女(51%)	高中及大專 (86%)	白領(44%) 藍領(33%)	2.5-5萬以上 (77%)	共和(19.8%) 民主(33.8%)
Urban Contemporary	18-34(48%) 12-17(19.8%)	男(46.5%) 女(53.5%)	高中及大專 (72.8%)	白領(42%) 藍領(32%)	2.5萬以下-5萬 (63.9%)	共和(14.6%) 民主(43.1%)
Oldies	45-64(60%)	男(49.2%) 女(50.8%)	高中及大專 (85%)	白領(46%) 藍領(26%)	2.5-7.5萬以上 (84.8%)	共和(29.6%) 民主(29%)
Hot AC	25-44(52%)	男(38%) 女(61%)	高中及大專 (85%)	白領(54%) 藍領(25%)	5萬以上 (63%)	共和(39.8%) 民主(26%)
Alternative	18-24(25.8%) 25-44(49.3%)	男(65.6%) 女(34.4%)	大專以上 (65.7%)	白領(50%) 藍領(33%)	5萬以上 (63.8%)	共和(28%) 民主(25%)
Active Rock	25-44(52.3%)	男(76%) 女(24%)	大專以上 (56.5%)	白領(43.8%) 藍領(38.4%)	2.5-7.5萬以上 (58%)	共和(28.7%) 民主(23.3%)
Contemporary Christian	35-54(49.5%)	男(37%) 女(63%)	大專以上 (73%)	白領(53%) 藍領(22%)	5萬以上 (60%)	共和(44%) 民主(21%)
Classical	55-65(62.4%)	男(45%) 女(54%)	大專以上 (88.7%)	白領(50%) 藍領(13%)	5萬以上 (64%)	共和(44%) 民主(32%)

資料來源：www.arbitron.com，作者自行整理。

衆及廣告市場中建立相當知名度，同時在國內多項廣播收聽率調查中，都有極佳的表現（中廣網站資料）。

二、中廣音樂網

中廣音樂網開播於民國77年，是台灣第一個休閒音樂類型頻道（Easy Listening Format），最初，音樂網藉由自動化電腦播出系統全天排播樂曲，不設主持人，提供聽衆最精緻、輕鬆、優美的音樂；自民國89年3月份起，逐步增加各類有音樂素養的主持人，營造出流行、風潮、都會、年輕、變化、前衛等收聽情境。所以它不僅是一般聽衆休閒娛樂的好夥伴，更是營造生活氣氛的最佳選擇。音樂網的收聽群以二十至四十五歲的年輕人、都會成熟型聽衆為主。提供聽衆最佳的服務品質，音樂網二十四小時依作息納入多樣的音樂類別，創造無壓力自由空間。中廣音樂網現在結合網路科技，聽衆可透過網路線上收聽。此外，聽衆更可透過網站，查詢出在音樂網所播放的音樂曲目，以及節目內容相關訊息（中廣網站資料）。

三、台北之音

台北之音廣播電台成立於民國84年3月1日，是台灣廣播界的第一家中功率民營電台。秉持著創新與提供聽衆最佳的收聽情境，民國91年5月從綜合商業電台轉型成為經典音樂台。台北之音FM107.7以「流行經典音樂資訊電台」為節目宗旨，全天候二十四小時將國內外音樂黃金階段中的經典好歌，編排在每天的節目中，藉由音樂喚起塵封的記憶。台北之音將同一個頻率分成兩種類型頻道經營與規劃。平日台與週末台因應而生。週末音樂台邀請多位優秀音樂人擔任主持，依照每位主持人的特色量身規劃節目內容，打造輕鬆休閒卻豐富的週末節目內容「只想聽音樂」是Hit Fm聯播網唯一、而且最重要的創台精神，將音樂輕鬆的融入生活，成為聽衆生活的一部分（台北之音網站資料）。

四、台北愛樂電台

台北愛樂電台在民國83年取得中功率廣播電台（第二梯次頻

率開放）籌設許可。於民國84年11月9日正式開播。電台定位爲古典音樂類型電台，同時也定位爲資料庫電台（www.e-classical.com.tw）。民國94年開始，台北愛樂電台希望利用廣播和網路的整合創造收聽平台，與聽衆、愛樂人士互動，並且建立個人的古典音樂資料庫。同時進行網站改版、發行電子報、推動會員制、整合MIS資料庫。民國94年6月1日正式推出會員制服務聽衆。

曲目查詢系統則是希望透過愛樂電台累積多年的資料庫，以及網站的各項查詢功能，能幫助聽衆更輕鬆的建立屬於自己的古典音樂資料庫（www.e-classical.com）。

參、音樂類型電台的音樂編排策略

現在廣播電台的節目型態，除了News/Talk之類型電台外，其他大多數的類型電台均以音樂爲導向，所以音樂之選擇在整體節目策略中占了十分重要的地位，根據傳播學者O'donnell（1989）、Lull（1985）等人的說法，音樂之選擇亦如同節目類型選擇一樣，必須考慮其人口統計學上之變項，以及生活作息、經濟、社會及市場需求層面之特質，經此多層面的考慮之後，再經由節目經理、音樂總監、企宣顧問共同會商，所產生的決策，才能適應競爭激烈的廣播市場。

根據各研究機構多項研究結果顯示，希望在廣播節目中聽到好聽的音樂及歌曲，是一般民衆收聽廣播的主要動機之一，因此無論是電台頻道經營者或節目製作、主持人，對於歌曲或音樂的篩選及編排播出，的確必須花費更多的心力，以提高節目的可聽性。

一、歌曲選播原則

綜觀美國之類型電台發展，在音樂類型決策完成後，音樂總監則依下列原則來決定歌曲之播出。

(一)檢視歌詞內容

1987年開始FCC即公開指出：凡是淫穢、萎靡、鼓吹吸大麻或嗑藥內容之歌曲，希望電台展開自律，不要公開播放（Broadcasting 20. April, 1987）。

(二)是否與節目播出類型相吻合

這對於節目人員來說是十分難以界定的問題，到底某一首歌該屬於什麼類別？於是僱用有專業音樂素養的音樂總監作適當的歸類，變得極為重要，因為據調查顯示，聽眾對於所收聽電台播出歌曲之類別，如鄉村歌曲類型電台播出之歌曲是否全屬於鄉村歌曲，即其「純度」，十分關心。

(三)是否具有上榜潛力

一般節目人員對於流行歌曲趨勢均相當敏感，因此幾個重要之參考資料來源，如Billboard、Cashbox、R & R、Gavin Report，以及唱片行銷售榜、聽眾音樂調查結果，都是音樂總監及節目人員必讀之音樂資訊。音樂總監在接到一張新唱片，必須經過檢聽→分類→存檔的過程。除檢聽是依上述之原則外，分類標準因各台而異，但一般而言是依照演奏，歌曲、節奏之快慢，歌曲類別來區分，另外一般電台也將音樂依節目用或廣告背景音樂用而分開，並以電腦來編輯，以節省人力、財力及減低重複性。

二、音樂編排策略

音樂編排策略，基本上在電台節目類型（Format）決定之後，電台之音樂總監及節目人員必須依四個步驟來進行音樂之編排。

(一)音樂之分級

專業而詳盡的音樂分級是類型電台音樂編排之主要工作，以美國AC Format電台爲例，他們將所有的歌曲依六級來分級：

1.強力放送（power）：根據排行榜，以音樂暢銷資料來擬訂，排出九至十一首。

2.流行曲：非爲榜歌，但是新專輯中之歌曲列出十五至二十首。

3.非爲流行曲，但爲過去三年中之暢銷曲：列出一百首。

4.過去三年至十年之榜歌：列出一百五十首。

5.過去三年至十年之暢銷曲：列出一百五十首。

6.擁有十年以上歌齡之老歌：列出二百五十至三百首。

將歌曲經規劃之後，存入電腦檔案，每星期由音樂總監作適當之調整與更換。

(二)循環率之控制

將歌曲、音樂分級，最主要的目的是控制歌曲之重複性，以美國AC Format爲例，節目人員將在音樂總監之監督協助下，每星期收到一張由電腦印出之播歌表（play list），比如說榜歌一小時播出三首，依音樂分級所列出第一級之十一首歌，依序播出，換言之，每四小時才會重複一次。這和CHR Format（即以播出流行熱門歌曲爲主之電台）每一小時又四十五分即重複一次榜歌有顯著之差異。通常第二級歌曲每小時播出兩首，音樂總監會按歌曲節奏之快慢再細分爲兩類，每八小時才會重複一次，遵循這樣的循環控制理論，第三級歌曲，每一天半（即三十六小時）才聽到一次，第四級歌曲兩天半才聽到一次，第五級歌曲每三天聽到一次，第六級歌曲，每十天至十五天才聽到一次。循環率的控制可以使聽衆呈正面流動，降低重複率之結果能維持聽衆之新鮮感，即使聽衆提高其頻道忠誠度。

(三)歌曲編排

歌曲編排是音樂類型電台之艱鉅任務，如何在深諳友台之編排策略後，將每小時節目加入廣告、新聞、小專欄等作適當的編排，誠非易事，在美國及英國，均採用「時鐘編排法」（clock）來克服此一問題。WHER電台爲一休閒音樂電台，其上、下班開車時段音樂安排如圖6-1。

時鐘編排法的主要功能在於使得節目和歌曲或音樂能有緊密完整的配合，除音樂之外，在歌曲之編排上，美國的電台非常注重整個節目流程給人的感覺是否流暢且一氣呵成，因此，對於每一首

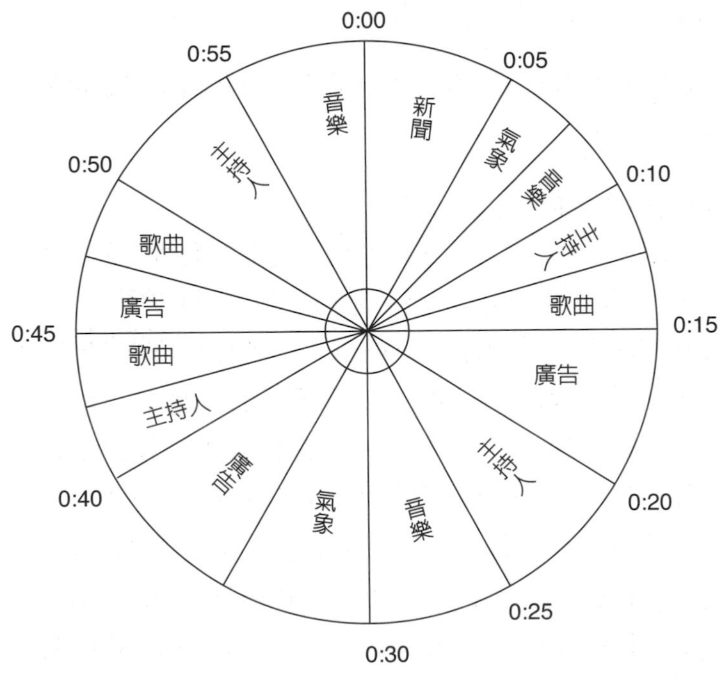

圖6-1　WHER－FM之節目編排（每小時為單位）

資料來源：*Radio Programming*, p.79.作者重新繪製。

歌曲的節奏、旋律、曲風，都謹慎選擇、銜接，以求建立節目的風格，彰顯頻道的特色。例如以播出休閒音樂爲主的EL類型電台，均採取兩首音樂，一首歌曲的編排法，而在歌曲的選擇上也局限在低沉的男聲或優美之女聲或和聲曲目；在播出鄉村歌曲爲主的電台中，以節奏快慢及旋律作爲編排之依據；而在TOP 40的電台中則完全播出榜歌，DJ以快速的說話方式，配合歌曲的旋律，使得人聲和音樂融爲一體，呈現無懈可擊的演出。

在競爭激烈的廣播市場中，除了節目內容之選擇外，音樂歌曲之編排亦爲展現電台風格之利器，頻道經營者必須用心規劃，配合電台定位，創造電台特色，作全方位之出擊。

三、音樂導播

電台音樂導播早在1920年代即已存在。早期的音樂導播工作內容只是將唱片歸檔、整理資料卡片、繕打節目單或訂購缺貨的唱片，並無節目音樂選播之決策權。之後音樂類型電台興起，唱片宣傳人員必須將新專輯介紹給每位主持人，其中發生了不少弊端，於是電台聘用專人整理音樂資料，與節目導播討論音樂內容，協助主持人排歌，建立電台風格，地位日益重要。好的音樂導播要能夠瞭解什麼是適合電台風格的音樂，什麼歌曲又深具潛力會成爲暢銷曲。

一般來說，音樂導播的工作內容如下：

1.處理新收到的唱片，並確定有足夠的備份。

2.每週更換曲目，將電台決定不再播放的歌曲刪除。

3.透過電話和親自拜訪的方式和唱片公司宣傳人員聯繫。

4.閱讀專業雜誌吸取專業音樂資訊以跟上流行歌曲的潮流。

5.進行市場調查以瞭解聽眾的喜好，通常是以試聽會或外播電話（call-out）的方式進行。

6.反覆試聽新發行之專輯，從中選擇適合的歌曲，在每週的音樂會議中進行討論。

7.整理音樂資料庫中的音樂及藝人資料。

Donna L. Halper在《廣播音樂節目導播》（*Radio Music Directing*）書中提到一個好的音樂導播必須使其電台保持競爭力。Donna的具體建議如下：

1.瞭解所有類型的音樂而不只是自己喜歡或電台播放的音樂類型：好的音樂導播不能只專精於某一類別音樂，懂得愈多，對電台及聽眾愈能作有價值的貢獻。

2.瞭解唱片暢銷的複雜過程：對唱片所知愈多就愈不會被一些砸下大量金錢卻毫無潛力的唱片所誤導，並且不因和唱片宣傳人員之私人情誼而被影響。

3.勇於作新嘗試：在播出歌曲受限的暢銷曲電台，或許被要求只播暢銷曲。但好的音樂導播應勇於嘗試播出風格新穎的歌曲，如同當年U2也是被一些非常保守的電台所造就出來的。

4.審慎選曲：有些歌曲歌詞具爭議性，如涉及毒品、性等話題，充滿淫穢。雖然有些唱片公司自動地在CD封面加貼「兒童不宜」或「宜有家長陪同」字眼的標籤，但是好的音樂導播仍必須十分小心，在唱片建檔前，仔細聆聽，預先篩選，清楚作註記。

5.學習使用音樂電腦軟體：現今幾乎所有電台均採取電腦自動化播出系統。這些音樂電腦軟體能追蹤曲目，自動排序，增加效率。

總而言之，好的音樂導播必須有足夠的音樂素養及品味，能夠配合電台政策，瞭解聽眾需求，並且品格高尚，不涉及任何打歌費、人情壓力等干擾，完全在公正的立場，向聽眾推薦新歌及好歌。

第三節　新聞類型電台

壹、美國的新聞類型電台

美國早期的廣播電台節目型態皆爲綜合性全方位服務的電台。五〇年代電話普及後有許多音樂類型電台在節目中開闢了雙向的和聽眾互動的單元，頗受歡迎。1960年位於洛杉磯的KABC電台嘗試轉型爲談話性電台，立即得到不錯的收聽率，於是新聞類型電台開始受到電台經營者的重視；根據Arbitron（2008）的調查報告資料指出：全美目前約有二千七百四十六家新聞類型電台。一般而言，新聞類型電台依其新聞及談話性節目的比重可分爲三類：全新聞（All News）、新聞／談話（News/Talk）、全談話（All Talk），近年甚受歡迎的全體育電台（All-Sports），暫歸類爲新聞類型電台。另據Arbitron的廣播電台類型趨勢調查報告中，新增的個人談話類型（Talk Personality）亦暫歸類爲新聞類型電台。

一、全新聞電台

1960年麥克林登（Gordon Mclendon）是第一個將XETRA'S由原有的音樂類型電台轉型爲以播報新聞爲主的新聞類型電台而得到成功的先驅。1964年麥克林登把新聞類型電台的概念帶到芝加哥的WNWS電台，同樣獲得了成功，這對於其他的電台起了相當大的示範作用。1965年美國西屋集團將紐約的WINS改爲「全新聞」電台。之後，西屋更進一步將費城的KYW以及洛杉磯的KFWB也全都改成新聞類型電台。哥倫比亞廣播公司CBS也將紐約的WCBS、舊金山的KCBS改成新聞類型電台，從此新聞類型電台成爲美國廣播市場中的重要節目類型之一。但是由於經營新聞類型電台的成本高於音樂類型電台兩倍以上，所以較適合於人口衆多的中大型城市。

(一)全新聞電台節目元素分析

全新聞電台所有的節目安排就只有新聞。故其新聞性節目之組成與安排格外重要。一般說來，新聞性節目之元素包含：

1.Times & Traffic（報時、路況）：報時及路況對於「全新聞」電台的聽衆非常重要，尤其在上下班時間，通常每十五分鐘即有一次最新的路況報導，若遇即時重要的路況，更會以立即插播來處理。

2.Network & Local News（聯播新聞、地方新聞）：聯播新聞指的是由聯播網新聞中心所提供的國際及全國之重要新聞，通常經由衛星傳送。地方新聞指的是發生在當地的新聞，由地方電台新聞記者負責。

3.Weather（天氣）：氣象報導也是「全新聞」電台的重要節目元素之一，包含國際及國內旅遊及地方性氣象報導，如臨海城市的潮汎資訊、登山或龍捲風等各類氣象資訊。

4.Headline（焦點新聞）：爲大多數聽衆所關心的，具新聞價值及時效性的新聞。

5.Sports（體育）：各類體育活動及運動比賽的最新消息。

6.Business & Stock Market（商業、股票市場）：商業動態、股匯市資訊的報導。

7.Feature（專欄或特寫）：針對聽衆之興趣所製作的專欄或特寫。在美國有專門的製作公司提供，地方電台可自製亦可向製作公司簽約購買。在整體節目架構設計中，它具有調和節目氣氛之功能，通常一則長度約為一分半到三分鐘，內容大約可分成五大類：

(1)Cultural Segment（文化活動）：如一週藝文報導、大型表演、學術活動宣導等，均包括在內。

(2)Science & Medical（科學和醫學）：科學和醫學的資訊很受重視，特別是和個人健康有關的，或最新的醫學和科學資訊。

(3)Business Commentary（商業評論）：例如對於股匯市或經濟動態之評論。

(4)Religious Feature（宗教）：和宗教有關之訊息或專欄。

(5)Educational Feature（教育）：如英語、客家語教學等。

(二)全新聞電台節目編排策略

時鐘編排法意即電台以「小時」為單位，規劃出節目架構圖形，全天二十四小時按照同一循環方式播出節目。時鐘編排法是類型電台節目編排之基本法則。旋轉門式新聞播出更是新聞類型電台之重要節目編排策略。所謂旋轉門式新聞即指新聞一節接一節循環接續播出，如同旋轉門持續轉動進出般的規劃方式。其優點包括：

1.人性化的設計：滾輪式新聞可不需等候，隨時進、隨時聽，提供聽眾最大便利性。

2.擺脫整點框架：不必受整點、半點播新聞的框架限制，如遇重要新聞隨時可插播，可維持廣播新聞零時差的優勢（許文宜，2001）。

二、談話性電台節目編排策略

1960年位於洛杉磯的KABC電台是全美第一個談話性電台（All-Talk）。以一小時的節目爲例，新聞約有十分鐘，包括國際、國內、地方頭條、氣象等；其他皆爲談話性節目。一般而言，談話性節目可分成：單人直述式（straight talk）、訪問式（interview）及圓桌座談式（round-table program）三種型態。議題選定、主持人以及聽眾參與是節目成功的重要關鍵。

(一)單人直述式談話節目

單人直述式節目的特色，就是節目進行的大部分時間只有主持人的個人陳述，不邀請任何來賓，無論是新聞評論、時事漫談均爲主持人個人觀點的陳述；因此節目成功與否全憑個人魅力，所以個人知名度和表達技巧是成功的必要條件。

(二)訪問式談話節目

跳脫單人直述式談話節目完全是個人觀點陳述的框架，訪問式談話節目主持人通常會針對不同的議題，邀訪專家學者或相關人士共同參與以增加節目的可聽性。甚至娛樂性節目也經常採取這種型式，如歌星專訪等。主題設定、邀訪對象、主持人的訪談技巧，皆爲成功的要素。

1. 主題設定：美國的談話性電台皆以地方性議題爲主軸，其實也就是大家關心的話題。尤其透過對話訪談的形式，愈有爭議性、衝突性的話題，愈容易在對談中，讓聽眾瞭解問題的癥結所在。無論是嚴肅性主題或輕鬆話題，無論是事件或人，考量原則皆爲是否具有新聞價值。
2. 邀訪對象：當選定主題之後，邀訪對象的原則包括在與主題相關的關鍵問題上，是否具有發言的權威性？在事件中是否具有代表性？若是邀訪對象爲主題事件的直接關係人或是有特殊關係者，甚至是整個主題事件中大家所關切的人物，大致就提高了成功率。而通常爲顧及節目效果，邀請口才便給、表達能力佳者也是重要的考慮因素。

3.主持人訪談技巧：機智反應快、掌握節目的節奏、敏銳幽默、知識豐富是談話性節目主持人的必要條件。本書第五章中已詳述，故不再贅述。

(三)圓桌座談式節目

當受訪對象超過兩人以上，則稱之爲座談式節目。形式較複雜，如座談人數及交叉討論的控制等，均考驗著主持人的功力。以下三點原則可提供參考：

1.座談人數最多不超過四人，否則易陷於每個人發言時間難以掌控或一輪下來話題已無法聚焦的窘境。

2.座談式節目必會面對交叉討論的需求，主持人應避免重複提問相類似題目，注意隨時整理歸納來賓論點，並引申出新論點，以使討論各方撞擊出更多創見。

3.聽眾參與：圓桌座談式節目起初在美國由於聽眾的高度參與而盛極一時，有許多是透過一定程序，例如報名參加或是有獎徵答，甚至以付費方式來到現場參與節目。不過，國內目前聽眾參與的主流模式是所謂的call-in節目，也就是節目通常分成兩階段，第一階段主持人與來賓對談或是與多位來賓座談，第二階段再開放讓聽眾打電話進來與主持人、來賓交換意見。但是要注意的是設計明確的遊戲規則，若聽眾離題太遠或涉及難以證實的指控、人身攻擊、情緒性發言則應立即制止；另外，限定發言時間，切實執行平等發言權之原則；當聽眾意見表達冗長欠缺條理時，適時打斷，由主持人予以簡短整理，均爲call-in節目進行時，主持人一再需要說明並執行的「遊戲規則」。如限定三十秒發言時間，時間到立即切掉。

目前在美國新聞談話型電台的數目比全新聞電台及全談話性電台的總和還多，約有一千五百家。同時由於喜愛體育的聽衆人數急速增加，所以全體育電台約有五百六十家皆得以生存，尤其在大都會區，其目標聽衆80%爲男性。

貳、台灣的新聞類型電台

中廣新聞網（AM 657）及News98（FM98.1），一爲全國性的聯播網，一爲大台北區中功率的地方台，都是典型的新聞類型電台。

一、中廣新聞網

(一)中廣新聞網的轉型發展階段

中廣新聞網於民國62年5月正式成立（廖遠泰、吳疏潭，1998），爲國內歷史最悠久、最具影響力的新聞專業廣播頻道，節目架構以新聞爲主，新聞話題性節目爲輔，以快速不斷更新的優勢資源，突顯與其他新聞媒體之區隔。它也是每當重大突發事件發生，國人習慣優先選擇收聽的電台。尤其在921大地震期間更是唯一連一分鐘都不跳電的電台。中廣新聞網歷經六個重要轉型發展階段：

1.第一階段：整點新聞搭配錄音節目。
2.第二階段：整點新聞搭配區塊式現場節目。
3.第三階段：引進滾輪式新聞架構，接近全新聞類型電台運作模式。

4.第四階段：在全新聞類型電台架構下，加入現場或錄音節目，成為新聞／談話類型電台。

5.第五階段：在新聞／談話類型架構下，以新聞為主，節目為副，以時鐘編排法規劃全天新聞時段。

6.第六階段：將週一至週五的大型節目挪到週末時段，落實平日的滾輪式新聞運作，成為更專業成熟的新聞／談話類型電台。

(二)中廣新聞網的節目編排策略

中廣新聞網的節目架構自民國89年開始，除午夜及週末之外，幾乎是百分之百的滾輪式運作。一名主播負責一個小時的新聞，每逢六分、十六分、三十六分、四十六分播報路況及氣象；八分、十八分、二十八分、三十八分、四十八分、五十八分播報財經簡訊；八分及四十八分的財經簡訊同時進行連線分析；至於十五、四十五分則一律播體育實況結果。滾輪式新聞運作除了固定時間必定播出的路況、氣象、財經、體育等服務性資訊之外，一天當中有四個時段進行「新聞話題」單元，也就是針對新聞焦點議題或事件與當事人、官員、學者專家或是資深媒體工作者進行十分鐘的連線訪談。另外，新聞播報的末端也安排播出記者針對新聞性強、聽眾所關注的問題所製作大約三分鐘的專題報導，藉此兼顧新聞的深度、廣度及可聽性。由於連線訪談及專題報導的時間很短，因此不至於妨礙即時新聞在新聞網播出的流暢度。中廣新聞網採取「焦點新聞」的概念和策略，每天根據所發生的新聞，由編導主管商訂出「焦點新聞」，這類新聞將在每節新聞當中被當作頭條新聞，密集而且不斷更新播出。新聞網大量的新聞時段，一直以來都有重複的問題，與其不重要的新聞被迫重複播出多次導致聽眾厭煩，不如將分量夠、新聞張力強、聽衆高度關切的新聞，以持續更新的手法密集完整播出。當然，隨著時間進展，或是事件告一段落時，播出密度也會隨之遞減（許文宜，2001）。

根據廣電基金民國91年廣播收聽行爲大調查，新聞網收聽率達7.4%，居全國法定聯播網第三名，大幅領先其他新聞電台。更是前十大受歡迎電台中唯一進榜的調幅電台，成爲全國收聽率最高的新聞電台；由於中廣新聞網擁有全省九個分台同步聯播，因此覆蓋率最廣；在收聽族群方面，AC尼爾森2003年廣播行爲大調查中顯示，其收聽群衆以成年男性、中壯族群爲主要收聽群（中廣新聞網網站，2006）。

(三)數位化時代的中廣新聞網

網路廣播及DAB數位廣播開啓了廣播的新契機，以中廣新聞網來說，網路廣播提供了國內、外聽衆新的收聽選擇，根據中廣新聞部提供的訊息指出，亞洲盃錦標棒球賽時，透過網路廣播收聽即時賽況，同時湧進了九萬多人次進行線上收聽；而在2006年德國的世足賽，中廣也締造了高收聽率，這也顯示了網路廣播逐漸受到聽衆的注意與喜愛。中廣新聞網的優勢如下：

第一，軟、硬體設備建構完善。中廣新聞網與崧揚科技聯手研發之「NOTES廣播新聞電腦作業系統」，歷經多年測試，已經漸趨穩定，加上電腦化的完成，大幅提升了新聞處理時效與播出品質。同時提供給每一位編播人員最佳的操作界面與平台，使他們可以迅速的將新聞傳送至資料庫系統中，輔助新聞編播，爲使製播流程更加順暢、效益高，資料可以一次鍵入，多次利用，並可以把新聞資料提供給業者，以做新聞資料搜尋功能，增加加值服務價值。此完備的系統也成爲滾輪式新聞運作最有力的基礎設施。民國94年起，爲了增加新聞的吸引力，中廣新聞網記者群均配有照相手機，未來在新聞產製上，除了文字、聲音外，也會增加新聞照片，以因應新聞圖文整合時代的來臨，因此待資料庫完成上線後，將來不論與網站、手機、甚至是未來的DAB數位廣播之合作，都可以再提供及時的新聞內容與圖片，增加附加價值。

第二，資料庫內容完備，便於檢索利用。自使用「NOTES廣播新聞電腦作業系統」後，新聞的文字及聲音檔案得以保存於資料庫中，完善的資料庫建置，便於檢索利用，雖然各頻道特性及作業內容不同，但每到整點時，系統就會在各頻道中自動播出新聞網「重點新聞內容」，不但可豐富其他頻道內容，也由於在每節重點新聞中，都會告知聽眾欲知詳情可鎖定中廣新聞網，因此，無形中強化了品牌印象，並可將即時、快速的新聞訊息給外部合作對象。

第三，積極尋找策略合作夥伴。中廣公司在民國87年推出網路線上廣播，並與中華電信合作，由中華電信提供頻寬而中廣新聞網提供內容，藉此增加聽眾、提升收聽率。透過跨媒體策略聯盟與各大入口網站、手機業者合作，提供新聞內容，藉此建立中廣新聞網「品牌知名度」；目前中廣新聞網與網路及手機業者合作的模式如**表6-3**所述。

中廣新聞網雖為調幅網，但因其為歷史悠久之全國性新聞聯播網，所以長久以來一直維持其不墜之聲譽及收聽率。

二、News98新聞網

News98新聞網於民國88年9月8日正式開始在大台北區播音。一天二十四小時每十五分鐘報一次新聞，從它的節目表來看整個節目編排策略較類似談話性電台。

由高知名度之媒體人，分時段評論時事及民生相關議題。News98新聞網和中廣新聞網之節目異同簡述如**表6-4**。

表6-3　中廣新聞網跨平台呈現

屬性	合作對象	資訊類型
入口網站	雅虎奇摩	24小時各節新聞圖文
	PChome Online	各節新聞文字
	蕃薯藤	各節新聞文字
	HiNet	各節新聞文字
	MSN	各節新聞文字
	新浪網	各節新聞文字
內容網站	中時電子報	各節新聞文字
	Loxa教育網站	各節文字新聞擇要選用
	台灣原住民族資訊資源網	原住民相關新聞
	HiNet廣播	線上同步播出
	大衆時代網	即時新聞跑馬／部分內文轉載
手機	中華電信	24小時各節新聞圖文
		emome 24小時整點簡訊
		語音加値生活宅急便，0700-2400整點新聞
	台灣大哥大	850新聞台24小時語音新聞
	和信電訊	i-mode手機 ，24小時文字新聞
	威寶電信	24小時語音新聞
	亞太行動寬頻	24小時語音新聞
	英資達OKWAP	24小時文字整點新聞提要
手機市話IVR	0945-168-999中廣新聞一點通（聲易資訊）	24小時整點語音新聞提要、奇聞及新聞謎等活動特區
互動電視	中嘉網路科技	24小時新聞提要及時段新聞
網路通訊	Skype	即時新聞／奇聞軼事

資料來源：中廣新聞網網站。

第四節　公共服務類型電台

公共廣播電台、校園廣播電台、社區廣播電台、宗教廣播電台和少數族裔廣播電台，同屬非商業廣播電台體系。電台宗旨爲不以

表6-4 News98新聞網和中廣新聞網之節目異同

電台名稱	中廣新聞網	News98新聞網
頻率	AM657（台北、基隆、桃園）	FM98.1
編排策略	時鐘滾輪式新聞＋整點新聞	整點新聞＋每15分鐘播報最新新聞
電台特色	·唯一專門報導新聞的「全新聞」新聞專業電台 ·唯一採取時鐘滾輪架構，聽新聞不用等，隨時進、隨時聽 ·定時定點播出財經、路況及體育賽況，輕鬆掌握即時資訊 ·高度類型化設計，匯聚與它台迥然不同特質的聽衆	全國唯一新聞談話類型調頻台，唯一以新聞為主體的廣播電台一天24小時，每隔15分鐘播報最新發生的新聞
播出頻率	每半點與整點時播新聞（離峰時間20p.m.-06a.m.為整點新聞）	除整點新聞外，每15分鐘播報最新新聞（週一至週五凌晨1點後為重播）
節目內容	新聞、財經、路況、體育、氣象播報	新聞播報、政治評論節目
主持群（平日為例）	新聞播報員、胡忠信、劉潔英、鄭微芯、趙守博等	尹乃菁、阮慕驊、張大春、劉駿耀、趙自強、王文華、賴世雄、楊照、陳鳳馨等
收聽方式	除了傳統收音機收聽外，另有線上收聽的服務，並結合入口網站、手機、市話，都可收聽或看中廣新聞	收音機、線上收聽、Podcast

營利爲目的，並以製作高品質節目爲最高理想。

壹、美國的公共廣播電台

1967年卡內基委員會耗資五十萬美元，花費了一年的時間，進行一項有關於教育電視的研究報告。報告中指出：美國需要比現存的更有效率、更能照顧全民福祉的電視制度，這個系統必須財務條件良好，有完善的領導作業。根據這項報告，當時的卡內基委員會主席Dr. James R. Killian Jr.建議成立一個全國性、非營利、非官方的組織，授權給它們接受並分配政府及私人所提供的資金，去拓展與改善公共電視節目。1967年11月詹森總統正式簽署了公共廣播法案，國會亦通過「公共廣播法案」（The Public Broadcasting Act of 1967），並且賦予了法律效力。根據法令，公共廣播公司由一個十五人組成的董事會負責管理，其中任何一個黨派的董事都不能超過八人，初期由政府補助九百萬美元。詹森總統特別強調這個組織將會得到部分的政府支持，但是必須由政府審慎的督促政策之執行。CPB（Corporation for Public Broadcasting）在1968年正式成立。

1970年2月6日CPB和擁有公共廣播執照的電台共同成立國家公共廣播公司（National Public Radio; NPR），他本身有節目製作中心負責節目的製作，同時也擁有自己的衛星線路分送節目。NPR自1970年開始在美國的公共廣播發展史當中就一直居於領導地位，它不僅製作分送節目，另外對整個公共廣播也負有促銷、改進、人員訓練、市場分析及工程技術管理的任務，目前其總部設在華盛頓。現有八百家以上的會員電台。

美國公共廣播網（American Public Radio; APR）成立於1982年，是由五家以製作節目見長的電台聯合組成的，目前擁有三百一十八家會員電台。APR的節目來源非常廣泛，包括了獨立製作人、外國廣播機構製作的節目、本身的會員電台以及五個國內主要的製作中心：WNYC-AM-FM New York、WGBH-FM Boston、WGUC-FM Cincinnati、Minnesota Public Radio、KUSC-FM Los Angeles。它們的節目也是由衛星線路分送，原本由一個十四人組成的委員會負責管理。1994年為加強其整體節目之國際觀，將名稱改為PRI（Public Radio International）。1996年它推出第一個全球新聞報導及二十四小時之古典音樂網，每週提供四百小時之節目。目前有七百三十四個加盟台經由廣播或網路播出它們的節目，包括XM及SIRIUS兩家衛星廣播電台皆播出其節目。PRI每週有三千萬聽眾。

美國公共媒體公司（American Public Media; APM）是近年來才加入公共廣播體系的新電台。1967年它原本是位於明尼蘇達州的一家古典音樂電台，後來轉型爲明尼蘇達公共廣播電台，2004年正式成立了製作中心，在美國中西部、加州及佛羅里達州有四十家公共廣播電台，全美有七百六十八家公共廣播電台播出它們的節目，每週有一千五百萬聽眾。

這三個廣播網雖然都是非商業性的公共廣播網，但是多年來的努力，卻在美國人的心目中，建立了相當的權威性，尤其在新聞性節目以及兒童節目方面，有許多聽眾認爲，公共廣播電台的新聞兼具了新聞的廣度和深度，滿足了大眾知的權利，有些人甚至把公共廣播電台所報導的新聞當成是他們唯一的新聞來源。

在眾多節目當中，美國公共廣播網最受人矚目的兩個節目是All Things Consider以及 Morning Edition，這兩個節目都是屬於新聞節目。All Things Consider節目自週一到週五每天播出九十分鐘，爲一新聞雜誌型節目。Morning Edition爲一新聞節目，1987年1月18日正式開播，二十一年來每週七天，播出長達三小時的新聞節目。目前它是全美收聽率最高的晨間節目。

一、公共廣播節目類型分析

根據Arbitron調查公司在2005年針對八百零八家公共廣播電台進行之調查結果顯示：由於公共廣播訴求聽眾不同於商業電台，所以節目類型亦呈現差異。以下包括古典音樂台在內的六種類型最受歡迎：

1.另類（Alternative）：節目內容以非主流節目爲主，包括：地方藝人、龐克音樂、舞蹈音樂、重金屬音樂等；有三十四家公共廣播電台播出此類型節目。
2.古典音樂台（Classical）：公共廣播電台中幾乎有四分之一（二百二十九家）以播出古典音樂爲主，節目內容以交響樂、詩歌、歌劇爲主。
3.教育電台（Educational）：教育電台指的是校園電台，有六十家校園電台播出公共廣播電台所提供的節目，內容包括新聞、公共事務、音樂。
4.新成人現代／爵士（New AC/Smooth Jazz）：包括新成人現代和新爵士等類型。
5.新聞／談話／資訊（News/Talk/Information）：新聞／談話／資訊類型電台亦爲公共廣播電台之主流，約有二百二十五家電台播出此類型節目。節目內容以新聞、公共服務、call-in爲主。
6.綜合性（Variety）：綜合性電台（一百九十家）播出不只是單一類型的節目，或許是多種類型的組合。

另根據2007年Arbitron針對公共廣播電台所作的調查，筆者發現其節目類型區分方式有些顯著的改變，茲分述如下：(1)古典音樂台（Classical Music）；(2)新聞古典樂台（News/Classical）；(3)爵士樂（Jazz）；(4)爵士新聞音樂台（News-Jazz Music）；(5)精選台（AAA/Eclectic），這是針對較年輕的族群所設計的，播出流行歌曲但不是榜歌；(6)新聞／談話（News/Talk）；(7)新聞／音樂（News/Music）；(8)綜合型音樂台（Variety Music）。其中收聽率最高的仍是新聞／談話電台。

表6-5 公共廣播電台聽衆素描

類型	性別	年齡	教育程度	年收入
Adult Album Alternative(AAA/ Eclectic)	男(57%) 女(43%)	25-44(44%) 45-54(27%)	大專以上(51%)	7.5萬以上(46%)
Classical Music	男(46%) 女(54%)	45-64(37%) 65以上(46.2%)	大專以上(63%)	7.5萬以上(38%)
Jazz	男(59%) 女(41%)	45-64(46%) 65以上(26%)	大專以上(79%)	7.5萬以上(38%)
News-Jazz	男(54%) 女(46%)	45-64(50%) 65以上(22%)	大專以上(57%)	7.5萬以上(41%)
News/Talk/ Information	男(52%) 女(48%)	55以上(39.5%) 35-44 (18.7%)	大專以上(92%)	7.5萬以上(52.6%)
News/Music	男(53%) 女(47%)	45-64(49%) 65以上(18%)	大專以上(53%)	7.5萬以上(37%)
Variety	男(57%) 女(43%)	45-64(43%) 25-44(33%)	專科以上(72%)	2.5-5萬(28%) 7.5萬以上(33%)
News/Classical	男(49%) 女(50%)	45-64(43.6%) 65以上(33.6%)	大專以上(90%)	7.5萬以上(41.9%)

資料來源：Arbitron: Public Radio Today (2007)，作者自行整理。

二、公共廣播電台聽眾素描

根據2007年Arbitron針對公共廣播電台所作的調查顯示，在美國每週有二千六百萬聽衆收聽公共廣播電台的節目，作者整理Arbitron調查公司2007年之年度報告歸納出**表6-5**以供參考。

由**表6-5**可知，收聽公共廣播電台節目的聽衆，整體而言，在性別上差異並不大，但若加上年齡的變數，則男性多集中在五十至五十四歲，女性則集中在五十五至六十四歲。教育程度則明顯偏高，無論是哪一種類型，大專以上程度者均高於50%。收入亦偏高，尤其在新聞台及另類頻道，年收入達七萬五千美元以上者，有47.2%。而在報告中顯示出，平日的收聽高峰時間爲早上七時到九時，週末則爲上午八時到下午一時，每週收聽時數十八至三十四歲爲二小時三十分鐘，二十五至五十四歲約二小時三十分鐘，三十五至六十四歲約二小時四十五分鐘，差異性並不大。收聽地點則與收聽時段有明顯關聯，上午六時到十時（52.4%）及下午七時到晚上十時（69.5%）相較下，在家中收聽比例明顯較高，在車上收聽則以下午三時到七時較多（47.4%），工作場所收聽則以上午十時到下午三時較多（30%）。

另外，收聽公共廣播電台節目的聽衆對股票、金融商品投資意願很高，這使得信用卡公司、銀行及投資公司，對節目贊助之意願增高，亦同時挹注公共廣播電台節目製作經費。

三、網路時代的公共廣播電台

各國原有的公共廣播電台原本收視率就不及商業廣播電台高。但近年來由於網路和廣播的結合，使得公共廣播電台擴大了收聽範圍，收聽人數也明顯的增多。如：美國的公共廣播電台NPR，全天二十四小時線上播音，每週有超過一千三百萬聽衆收聽NPR的節目，它所提供的節目類型包括：

1.藝術及文化。
2.經濟。
3.人物。
4.健康和科學。
5.新書。
6.音樂。
7.政治及社會。

在這七大類之下，每一類又細分爲五、六個頻道。如健康和科學項下又細分有：環境、太空、健康、孩童健康、全球健康共五類。每類項下又分出幾個主題。節目類型較傳統廣播電台時代增加許多，並且創造了許多的加值服務。如CD的線上販賣即為一例。這在以前的公共廣播電台是不可能出現的。2005年NPR加入了Podcast的行列，在網路上有超過三十個節目可供下載，每週超過五百萬人次經由iTunes和Yahoo的Podcast節目單下載NPR的節目。另外NPR網上的新節目All Songs Considered提供的開放麥克風音樂「Open Mic Music」，讓新秀藝人有機會上傳他們的作品，並讓所有播客票選前十名，對於培養新秀藝人有非常大的幫助。其他如澳洲國家廣播電台、德國國家廣播電台、荷蘭國家廣播電台，均提供優質的線上收聽服務。

貳、美國的校園廣播電台

1909年美國加州聖荷西市，工程及無線電學院的哈洛博士（Charles D. Herrold）設立KQW電台，自1911年起常態播出新聞及音樂節目。1912年聖約瑟夫學院設立3XJ電台，紐約市立學院設立2XN電台。此外為了發揮廣播媒介功能，1919年威斯康辛大學設立9XM電台進行教育廣播實驗，1920年紐約大學也以廣播傳送教育課程。1925年以前，包含校園廣播電台在內的非商業電台共有一百二十八家（Sterling, 1990；黃政傑等，1993）。1945年聯邦傳播委員會（FCC）保留88-92MHz專供非商業廣播電台使用，1948年FCC規劃Ds級低功率電台，播音功率為10瓦以下，發射範圍在二至三哩以內。由於設立資本低廉，吸引許多學校申請，校園廣播電台數量穩定成長，1966年統計共有三十二家調幅及二百六十九家調頻非商業電台，其中一百家設立於公立大學內，一百一十家設立於私立大學之內（Keith, 1990）。

五〇至六〇年代間校園電台數量雖然明顯增加，但是服務範圍與節目品質方面卻不盡理想，福特基金會研究發現，多數電台面臨人力不足，設備簡陋的困境，所能提供的節目服務有限。有鑑於此，FCC收回Ds級低功率電台執照，要求校園電台增加功率到100瓦以上，以便提供更好的服務，這項政策使得組織健全，經費來源充足的電台得以升級，卻也讓資源較差的電台面臨停播的命運（關尙仁、侯志欽，1999）。爲了促進合作，美國大專院校電台間組成校際廣播系統（Intercollegiate Broadcasting System; IBS），根據FCC在2007年9月公布的統計資料，目前全美有二千八百七十三家教育電台。

一、美國的校園網路廣播電台

1994年12月3日Kansas大學的校園廣播電台，開始了全天二十四小時的網路播音，這是校園電台首次上網。由學生管理的廣播電台，由於發展線上收聽，擴大了收聽範圍。節目類型大致以音樂類型及談話性節目爲主。在美加地區有二百七十二家以上之校園網路電台，可由www.cmj.com網站進入連結到線上收聽的校園廣播電台。

二、台灣的校園網路廣播電台

世新廣播電台是我國最早由學校附設供學生實習研究的廣播電台，也是目前唯一同時擁有調頻與調幅之校園廣播電台。民國82年廣播電視法修正時，將學校實習電台納入管理範圍。

爲因應國內廣播事業發展需求，民國82年2月起，政府以八個梯次開放一百六十九個廣播頻道供各界申設電台，其中88～92兆赫頻段做小功率電台之用。

民國84年教育部發函告知各大專院校，正式受理學校實習廣播電台之申請。學校實習廣播電台分爲使用假天線及眞天線兩類，申請時以學校爲單位，由學校報請教育部核准後，向交通部提出架設申請許可，並依廣電法相關規定辦理。設置眞天線之學校實習廣播電台服務區域以校園周圍一公里爲限，合法向外播音，惟播音範圍區域外之電場強度不得超過每公尺500微伏，或每公尺54微伏分貝。並確定學校實習廣播電台爲非營利電台，不得播送廣告，節目製播則適用政府對廣播節目管理之相關法令。民國86年3月6日交通部公布「學術試驗無線電台管理辦法」，第2條中所稱學術試驗無線電台專指以研究無線電學術及技術創新爲目的，專攻試驗、實習而設置的無線電台。民國86年4月1日交通部與教育部會銜發布「學校實習廣播無線電台設置使用管理辦法」。學校實習廣播電台只專供大專院校廣播、新聞、大衆傳播、傳播科技等相關科、系、所之教學與實習需要而設置之無線電台（關尙仁、侯志欽，1999）。

民國97年10月14日國家通訊傳播委員會修正發布學校實習無線廣播電台設置使用管理辦法，發布第6、9、13、21條條文；並增訂第28-1條條文。

增修條文中對於學校實習無線廣播電台之使用與管理辦法作了更明確的規範，第21條中明確規定電台之頻率、電功率、發射方式及呼號，非經核准，不得任意使用或變更。另外，電台發射副載波信息應檢具申請書向主管機關提出申請，經核准後換發電台執照，始得使用。爲因應電信及資訊發展之需求，必要時得調整使用頻率或要求更新設備，學校不得拒絕或請求補償。

目前台灣的校園廣播電台分述如下：

(一)世新大學

世新廣播電台於民國47年9月1日調幅廣播AM729正式對外播音，民國90年3月26日調頻廣播FM88.1正式對外播音，民國92年5月14日開始線上播音（http://shrs.shu.edu.tw）。

(二)國立台灣藝術大學

國立台灣藝術大學（原稱國立台灣藝術專科學校）於民國59年申請設立廣播電台，使用頻率爲調幅550千赫，之後國立台灣藝術大學經過重新申請設立「台藝之聲」實習電台，已獲配給頻率FM 88.3，民國87年配備全新數位系統正式播音。民國92年開始線上播音（http://vota.ntua.edu.tw）。

(三)政治大學

政治大學「政治之聲」在民國77年因發射機遭雷擊而停播。重新申請後使用調幅1,540千赫，發射功率爲500瓦，民國81年起復播，但因適用「專用電信設置條列」，僅能使用假天線。民國87年獲配給頻率FM88.7，發射功率爲250瓦，正式對外播音。目前亦提供線上播音服務（www.vnccu.nccu.edu.tw）。

(四)淡江大學

淡江大學於民國81年亦設立學術試驗實習廣播電台，使用頻率爲調頻107.9兆赫，民國82年11月正式播音。淡江大傳系於民國80年即致力爭取校園實習無線電台之設立，依「專用電信設置規劃」向交通部提出申請，成立使用假天線之「淡江之聲學術試驗實習無線電台」，終於在同年9月獲交通部撥配頻道FM107.9，至此「淡江之聲」的籌備工作正式進入了緊鑼密鼓的階段，無論在硬體設備或軟體資源上，都增添了可觀的數量。並於民國82年11月8日淡江大學校慶當天正式開播。民國86年開始規劃轉型爲社區廣播電台成立所需之軟硬體設備，並於民國88年申請眞天線之設置及更改頻道爲FM88.7，正式成爲專業全能的社區電台。民國93年開始線上播音（http://votk.tku.edu.tw）。

(五)輔仁大學

輔大之聲實習廣播電台於民國90年1月1日正式開播，頻率為FM88.5全天二十四小時播音（http://radio.fju.edu.tw）。

(六)銘傳大學

銘傳大學（原稱銘傳管理學院）民國80年12月申請設置學術試驗實習廣播電台，民國81年1月獲准籌設，使用頻率為調頻105.3兆赫，於民國83年3月27日正式播音，根據該系資料現有發射功率為500瓦。民國88年4月，完成轉型正式開播。民國90年9月起，更換電腦自動播音Dalet系統，銘傳之聲電台開始二十四小時播音。此外，銘傳之聲於民國91年10月改為FM88.3，網路廣播於民國91年11月正式誕生，提供Live與On Demand兩種收聽方式（www.cm.mcu.edu.tw）。

(七)中國文化大學

中國文化大學「華岡之聲」於民國86年開始籌備，民國87年11月25日試播，民國88年3月1日正式開播，使用頻率為FM88.5，發射功率為10瓦。民國93年開始線上播音（http://jou.pccu.edu.tw/fm885）。

(八)交通大學

交通大學於民國79年申設學術試驗電台，核准使用頻率為107.9兆赫，發射機頻率為50瓦，民國84年底開播由廣播社經營。並亦設置網站，但似乎自民國91年起即未再更新（http://www.cc.nctu.edu.tw）。

(九)大同工學院

大同工學院於民國60年申設學術實驗廣播電台供電機系學生實習之用，使用頻率為107.9兆赫，目前停播（莊克仁，1994）。

(十)國防大學政戰學院

復興崗廣播電台於民國54年1月6日開播，民國77年獲得正式電台執照，使用頻率為AM1278，發射功率為10kw。民國85年1月1日改為學術試驗實習廣播電台，成為適用新法之後第一個「學校實習廣播電台」，仍使用原頻率播出節目。由於網站無法連結故無法在線上收聽。

(十一)長榮大學

長榮之聲民國89年6月申請核准使用頻率FM88.3，民國90年12月27日正式播音，民國92年1月開始線上播音（www.cju.edu.tw/starradio）。

上述已申設開播的校園實習電台共有十一所，網站均已架設完成。節目內容是將原有電台之節目提供線上即時收聽或隨選播音，並未為網路電台特別設計節目。而包含中山大學在內的西灣放送網soundnet、台灣大學的nedio星際電台、國立清華大學之清華電台、義守大學之義守之聲、雲林科大、南科大等則為網路原生電台。

經檢視目前的校園網路電台節目播出狀況及網站內容後，作者提出以下之建議（陸中明，2005）。

第一，校園網路電台仍有極大的發展空間。

校園電台基本上是以提供學生實習為目的，但在網路時代，由於收聽範圍不再受限制，能見度亦擴大，因此提供了學生創新實驗之絕佳管道與機會。

第二，電台節目編排策略須明確。

各類型節目皆應依目標聽眾之生活作息、收聽習慣及時段特質訂定排檔策略。如整點新聞播報、音樂節目、社區與公共服務、語言教學節目、現場節目等，均須考量市場需求訂定排檔策略。現場播出可以訓練學生的臨場機智反應、節目氣氛掌控，同時對學生在聲音和語調方面之訓練有極大的助益。因此可考慮加強現場節目，使學生早日熟悉業界之現場節目運作模式。

第三，創作者發表空間。

創新與研究本爲校園電台之成立宗旨，因此校園電台應成爲培養新生代廣播及音樂創作人才之最佳實驗場所，若能有計畫的增加一些如音樂創作發表園地之類的節目，將有助於培養新人。國外之校園電台原本即爲地區性之電台，因此不吝於開闢時段給名不見經傳但有才藝的創作人，尤其是音樂創作者。Steven McClung（2003）即指出，校園網路電台對於培養新藝人，可以做出很大的貢獻。這樣的概念值得台灣的校園網路電台效法。

第四，網頁設計之豐富及多樣化可增加點擊率。

強化網站網頁設計，可增加點擊率。芝加哥電台在更新首頁爲影音動畫後，點擊率立刻上升兩倍，即爲一例。

第五，隨選播音服務是未來趨勢。

網路電台收聽之方式可分爲兩種：(1)線上收聽（on line listening）意爲上網後只要點選即可收聽到電台及時播出之節目；(2)隨選播音電台將節目存檔後放在網上供聽衆隨時點選收聽。目前台灣的十二家校園網路電台中，有三家（NEDIO星際電台、義守之聲、清華電台）只提供隨選播音服務。政大之聲、世新電台、銘傳之聲同時提供聽衆線上收聽及隨選播音之服務，其他的六家校園網路電台只提供線上播音。隨選播音是網路廣播和傳統廣播競爭時的有效利器之一。在美國及加拿大的校園電台，如：KRNT、KJUK等，均將節目大量存檔以供點選。因此，台灣的校園廣播電台似可朝此方向努力，以增加聽衆之選擇，並藉此提高電台節目及主持人之知名度。

參、宗教及族裔電台

一、宗教電台

宗教電台（Religious）的發展開始於1920年代位於密蘇里的KFOU電台、芝加哥的WMBI、加州的KPBC電台，它們都是宗教組織的附屬台。部分電台播出宗教節目是爲了財政的考量，許多音樂導向的宗教電台，從賣時段的方式得到收入；有些是靠聽衆捐款，宗教電台的節目規劃設計可分爲兩種形式：一爲音樂導向，如搖滾成人現代音樂、鄉村等；但是加上基督搖滾、南方聖詩等名稱，目的在區隔出和商業電台播出音樂之不同，他們非常重視歌曲及歌詞中是否含有宗教的價值觀、基督的精神。WFME-FM的節目經理Art Thompson說：「歌曲傳達的訊息對宗教電台是非常重要的，我們的聽衆以家庭居多，歌詞訊息比歌者或團體的知名度更重要。」宗教電台大都在調幅播出，另一些則以宗教節目爲主，音樂詩歌只是扮演節目銜接時的橋樑角色，雖然大多的電台爲宗教族群如基督教所擁有，但是以目前在全美收聽率最高的波士頓電台爲例，其播出之節目不僅包括基督教，也包括猶太教、回教等其他宗教節目。

二、族裔電台

族裔電台（Ethnic）包括黑人電台、西班牙語電台、亞洲電台等皆屬族裔電台。早期的黑人電台，目標聽衆是針對非籍黑人；節目類型爲綜合性包括藍調歌曲、爵士、黑人靈歌等。到了五〇年代末期，黑人的購買力引起了電台經營者的注意。六〇年代黑人電台有了重要的改變，主要因爲許多黑人歌者成名後，他們的歌聲吸引了白人聽衆，成爲廣播市場中的主流音樂。許多TOP 40電

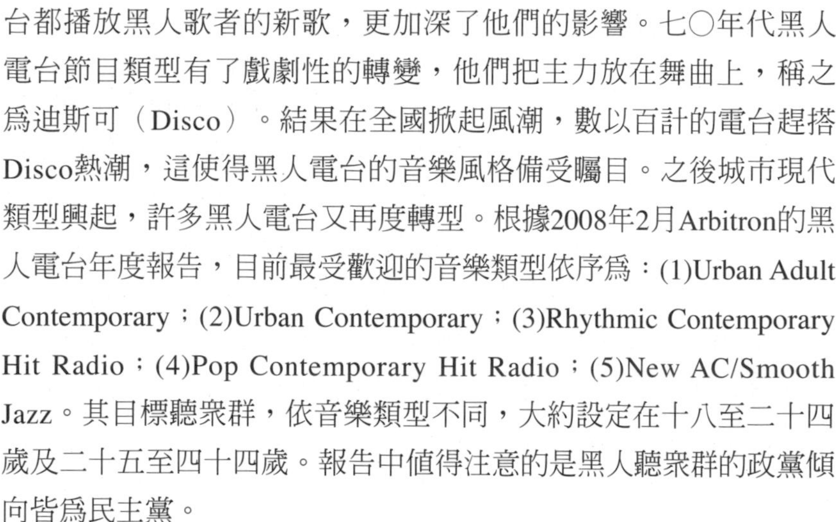

台都播放黑人歌者的新歌，更加深了他們的影響。七〇年代黑人電台節目類型有了戲劇性的轉變，他們把主力放在舞曲上，稱之爲迪斯可（Disco）。結果在全國掀起風潮，數以百計的電台趕搭Disco熱潮，這使得黑人電台的音樂風格備受矚目。之後城市現代類型興起，許多黑人電台又再度轉型。根據2008年2月Arbitron的黑人電台年度報告，目前最受歡迎的音樂類型依序爲：(1)Urban Adult Contemporary；(2)Urban Contemporary；(3)Rhythmic Contemporary Hit Radio；(4)Pop Contemporary Hit Radio；(5)New AC/Smooth Jazz。其目標聽衆群，依音樂類型不同，大約設定在十八至二十四歲及二十五至四十四歲。報告中值得注意的是黑人聽衆群的政黨傾向皆爲民主黨。

1947年德州KCOR-AM開辦了第一個西班牙語電台，五〇年代，在美國西南部許多大城紛紛設立西班牙語電台，因爲當時在西南部西裔人口頗多，六〇、七〇年代廣告商發現了在西裔人口中龐大的消費潛力，而且在一般市場中，拉丁歌曲亦廣受歡迎。在西班牙語類型電台中新聞和歌曲同等重要。根據2007年Arbitron調查報告中顯示，目前全美有八百零八家西班牙語類型電台，其中包括墨西哥語（Mexican Regional）、西班牙語流行現代音樂、西班牙語成人熱門音樂（Spanish Adult Hits）、西班牙語新聞談話（Spanish News/Talk）、西班牙語綜合台（Spanish Variety）、西班牙語宗教台（Spanish Religious）、北墨西哥語電台（Tajano）。太平洋沿岸、洛磯山脈區、中南部，收聽率都頗高。除了西班牙語電台，華語、日語等少數民族電台亦受到重視；在舊金山、紐約等大城，華語、日語、法語等節目收聽率都頗高。另外，在印地安保護區內亦有印地安語電台，如KNDN提供印地安語之新聞、公共事務報導等節目。

三、宗教及族裔電台在台灣的發展

早期在台灣只重視國語，因此除了少數民營調幅頻道以閩南語播音外，大部分皆配合政府推行國語政策以國語播音。直到民國77年在客家權益促進會的發起與主導下，積極爲台灣的第二大族群爭取客語頻道。民國85年寶島客家電台終於獲准取得FM93.7頻道，登記財團法人成爲大台北地區唯一以服務客家族群爲宗旨的公共電台。節目內容以新聞、談話性節目爲主，亦有社區文化性節目。中國廣播公司客家頻道爲調幅AM747，範圍涵蓋北台灣、西部台灣、東部花蓮地區，其中新竹、苗栗的收聽人口最多也最集中。節目內容包括戲曲、娛樂、法律服務、新聞評論等。至於原住民廣播，最初由內政部負責規劃，後來由新聞局接手。民國86年行政院原住民委員會成立後，則轉由原委會辦理。目前委託製播的節目每週時數有九小時，在十一家廣播電台播出。另外，在全省有十二個縣市，共二十三家廣播電台，二十七個頻道提供原住民母語節目的播出。

早期宗教性節目均以買時段之方式在各電台播出，現今因爲網路之發達，許多宗教性電台選擇由網路在線上發聲。

第五節　國際廣播

壹、國際傳播

一、國際傳播的定義

一般認爲，傳播就是信息的流動過程（胡正榮，1997，頁62）。而國際傳播，顧名思義就是國與國之間的訊息傳遞，凡是跨越國界、語言、種族、思想與文化間的訊息傳播都可視作國際傳播的一種行爲。另外，美國傳播學者Robert S. Fortner（1993）在*International Communication*一書中亦指出，國際傳播通訊就是指任何超越國界的傳播通訊，也就是跨越國界或跨國的傳播通訊（龐文眞，1996）。另外我們亦可將之定義爲：「跨越兩個或以上之國家社會體系的訊息交流」，而此訊息交流則指「透過個人、團體、政府或科技而轉移的資訊及數據」。至於研究國際傳播的國際傳播學就是研究國與國之間、文化與文化之間的訊息交流（彭懷恩，1999）。

二、國際傳播的目的

西元1947年，美國新聞自由委員會，出版《民族溝通》（*Peoples Speaking to Peoples*）一書，說明戰爭之根源，係由於政府控制新聞媒介，製造誤解，而世界和平之維護，則有賴民族間之自由溝通。在當時第二次世界大戰才剛結束不久的時空環境裡，國際傳播的絕大部分任務仍舊是在傳遞各個國家的政治與外交訊息，溝通與瞭解的成分微乎其微（李瞻，1992）。

國際傳播的發展與國際政治、外交有關，而目前國際傳播的首要任務仍舊是政治（劉繼南、周積華等，2002）。世界各國都將政治宣傳工作列爲國際傳播的首要位置。李萬來（1993）在《電視傳播與政治》一書中更直言指出：電視廣播與國際政治之間的關係不外乎外交象徵與示意作用；傳布自由訊息，突顯共黨政權暴政以及傳遞國際戰爭中國家實力形象的目的。另外，學者李少南（1994）認爲一般可從人文主義、功利主義與政治經濟學角度看國際傳播的目的。在人文主義的角度下，國際傳播關注的焦點是「如何消除人民間之誤解」以及「如何促進不同文化背景的人互助互愛」；而從功利主義的角度來看，國際傳播的目的就是要說服對方，維護本國利益；至於從政治經濟學的角度看來，國際傳播就是要幫助本國加強國際地位的資源，亦即如何獲取及維護這些資源。實際的問題反應就是在控制與反控制，自由資訊與平衡資訊的爭論（李少南，1994）。

三、國際傳播的形式與範疇

根據莫蘭納（Mowlana, 1986）的說法，國際傳播至少分爲八種層面，包括：

1.印刷媒介：如報刊、雜誌等。
2.廣播媒介：如電台、電視及衛星等。
3.影音媒介：如電影、錄影帶、錄音帶的交流等。
4.衛星通訊：如電腦訊息等。
5.個人事務及商業往來：如郵件、電報、電話等。
6.個人進行之人際交流：如跨國旅遊、留學和移民等。
7.教育及文化之交流：如國際會議和體育賽事等。
8.外交及政治交流：如政治協商及軍事會議等（彭懷恩，1999）。

貳、國際廣播

國際廣播亦即跨越國境，在國與國之間的一種空中電波傳送行爲。學者劉繼南等爲國際廣播所下的定義是：「國際廣播就是對外廣播，是一種專門以外國聽衆爲對象的廣播。」但亦有人採取較狹窄的定義，認爲國際廣播是指那些具有多種企圖並超越國界的廣播而言。國際廣播在第一次世界大戰、第二次世界大戰與戰後的冷戰時期，確實發揮了國家政策宣揚效果。在戰亂時期，政府利用對外廣播作爲作戰工具之一；而在平時，也將廣播視爲政府政策宣導與文化宣傳的工具。因此，國際廣播的價值被視爲一種宣傳工具（Stephen Barnard, 2000）。雖然在1927年時，國際間成立了國際廣播聯盟（International Broadcasting Union），彼此協議避免相互干擾，停止敵對攻擊或宣傳，但是各個國家爲了反制他國的敵意宣傳，均紛紛成立電台，而部分國家更爲了鞏固殖民地，加強發展國際廣播（李瞻，1992）。

一、國際廣播之特色

1.電波可超越國界，免於檢查。
2.不受時空限制，可隨時收聽。
3.國際廣播利用各種語言，直接傳達給目標聽衆，可克服語言上的困難。
4.經濟、方便、迅速、範圍廣、滲透力強。

回顧國際廣播發展的歷史中，我們不難發現，凡是有重要戰事或地區性衝突時，交戰國與衝突雙方，都會充分利用國際廣播這項工具，大幅增加對目標國的廣播，以爭取輿論支持和對目標區人民進行宣傳。若以國際廣播電台的成立性質劃分，包括以下幾種類型：

1.由各國政府開辦、提供資金或直接控制的國際廣播電台。如美國之音、英國BBC國際台、中國國際廣播電台、德國之聲、法國國際廣播電台等。目的在宣傳本國政策、樹立國家形象與增進國際間的相互瞭解。
2.以營利爲目的的商業性國際廣播電台。如歐洲的盧森堡廣播電台、非洲的「非洲第一」廣播電台等。
3.旨在傳教的宗教性國際廣播電台，如梵蒂岡廣播電台。
4.刻意越過國界對鄰國人民播音的國內廣播電台，此類電台在中東與巴爾幹地區皆有。

5.反政府組織在境外設置，刻意向該國進行廣播之秘密電台（劉繼南、周積華等，2002，頁3）。這類地下電台（Clandestine Radio）有明顯的政治目的，經常與電波目標國的政府對立，他們經常是敵對政府或政治勢力所支持成立的（李少南，1994）。

二、國際廣播的發展歷程

在1920年代無線電廣播問世不久，短波頻率便被用作遠距離廣播。最初使用短波作遠距離廣播的是殖民帝國，目的在於加強帝國與殖民地之間的聯繫。首先是荷蘭（1927年），之後是法國（1931年），接著是英國廣播公司（1932年）、義大利（1935年），第二次世界大戰爆發之前的時期，對殖民地廣播可說是國際廣播擴張的主要動力。

在休戰時期以常態性的國際廣播作爲外交宣傳手段，則是1929年由列寧及希特勒開始的。在俄國革命後，列寧及托洛斯基積極利用國際廣播，向鄰近國家宣傳無產階級革命思想。第二次世界大戰期間，兩個交戰陣營都極力擴張國際廣播，「美國之音」即是在此時設立，目的是爲對抗德國納粹和日本軍閥的國際宣傳。我國的「中央廣播電台」亦在1928年成立，於對日抗戰期間隨著政府四處播遷，雖然遭到敵人大舉轟炸，卻始終不曾中斷播音，被日軍稱爲「炸不死的重慶之蛙」。第二次世界大戰結束，開啓冷戰時代，東、西兩大集團的對立形勢，國際廣播仍然不脫交戰的攻防型態，「美國之音」正是對付國際共黨組織宣傳的主要利器。1990年代前後，更將參與東歐國家推翻共黨政權統治認爲是國際廣播的一項成就。愛沙尼亞外交部長梅里曾經建議，把1991年的諾貝爾和平獎頒給「自由歐洲電台」和「自由電台」。他讚揚兩座電台爲東歐國家的民主作出了卓越貢獻，是數百萬東歐人民渴望自由、民主的泉源。1991年8月下旬，蘇聯發生政變，當時的蘇聯總統戈巴契夫被軟禁在克里米亞別墅，也是依賴收聽國際廣播得知外界的消息。他在事後的記者會中，特別感謝英國廣播公司、美國之音和歐洲電台，使他在被軟禁期間得以知道政變的發展。駐阿富汗美軍爲讓當地民衆收聽美國軍事行動相關新聞，配發二十萬台收音機，由於當地電池不易購得，收音機並配置手搖發電設備。在駐伊美軍尚未交出治理權給伊拉克新政府前，所有在境內欲設置廣播電台申請者，一律須經過駐伊美軍司令部核准。美國之音亦在2003年成立Radio Aap Ki Dunyaa電台，以播出維吾爾語（Urdu）爲主，在巴基斯坦、印度孟加拉均設有辦事處，以提高在中亞地區的影響力。

二十世紀末，全球化時代來臨，國際間的互動形式有了重大改變，影響所及，國際廣播亦從冷戰意識型態的窠臼中走了出來，逐漸由赤裸裸的政治宣示，轉爲強調文化價值觀的資訊傳播。美國哈佛大學教授杭廷頓（Samuel P. Huntington）在《文明衝突與世界秩序的重建》一書中分析，冷戰時代的衝突是意識型態的衝突，例如共產主義和資本主義間的對峙；但是在後冷戰時代，卻呈現出不同族群間的文化衝突。

參、國際廣播電台

一、美國之音

美國之音（VOA）成立於西元1942年2月，總部設於美國華盛頓。1960年起草的VOA憲章（VOA Charter）中對VOA 成立目標與服務宗旨有清楚定位。憲章中指出，美國之音直接對世界人民廣播，符合美國的長遠利益。美國之音的廣播應遵循以下原則：

1.美國之音應提供值得聽衆信任的權威性訊息來源，因此，新聞報導必須保持全面性、準確性與客觀性。
2.美國之音代表整個美國。因此，美國之音在介紹美國的制度和思想時，應做到內容廣泛、全面性的報導。
3.對美國的各項政策，美國之音應確切明瞭的介紹，並說明人民對這些政策的意見和評論。VOA憲章在1976年7月12日由傑拉爾德·福特總統簽署通過成爲法律（Public Law 94-350）。美國之音以四十四種語言，每週向世界各地廣播一千三百多個小時的新聞與節目。

美國的國際傳播事務是由廣播理事會（Broadcasting Board of Governors; BBG）統籌管理，這是由前美國總統柯林頓在1994年簽署的國際廣播法（International Broadcasting Act）通過後成立的機構（如**圖6-1**）。BBG必須對美國的四個非軍事性國際傳播機構負起監督與指導之責。這四個國際傳播組織分別爲：(1)美國國際廣播局（International Broadcasting Bureau; IBB），轄下有VOA及Radio / TV Marti；(2)RFE/RL（自由歐洲電台／自由電台）；(3)RFA（自由亞洲電台）；(4)MBN廣播網，轄下有Radio Sawa（爲一阿拉伯語全天播出的電台）和Alhurra（阿拉伯語爲自由人），爲一非商業性的衛星電視台）。BBG必須確保這些國際傳播機構的專業性與報導的公正性，同時有權利決定廣播語言的增減等，理事會每年也必須向總統和國會提出年度報告。BBG九位理事成員，由總統任命，國務卿是當然的理事（director），其餘尙有八名理事，由民主黨與共和黨各參與一半，但多半都是由和廣播電視較有淵源者擔任（www.bbg.org）。

美國之音成立於第二次世界大戰期間，當時中國爲主戰場之一，VOA十分重視中文廣播的播出成效。目前中文部則分爲普通

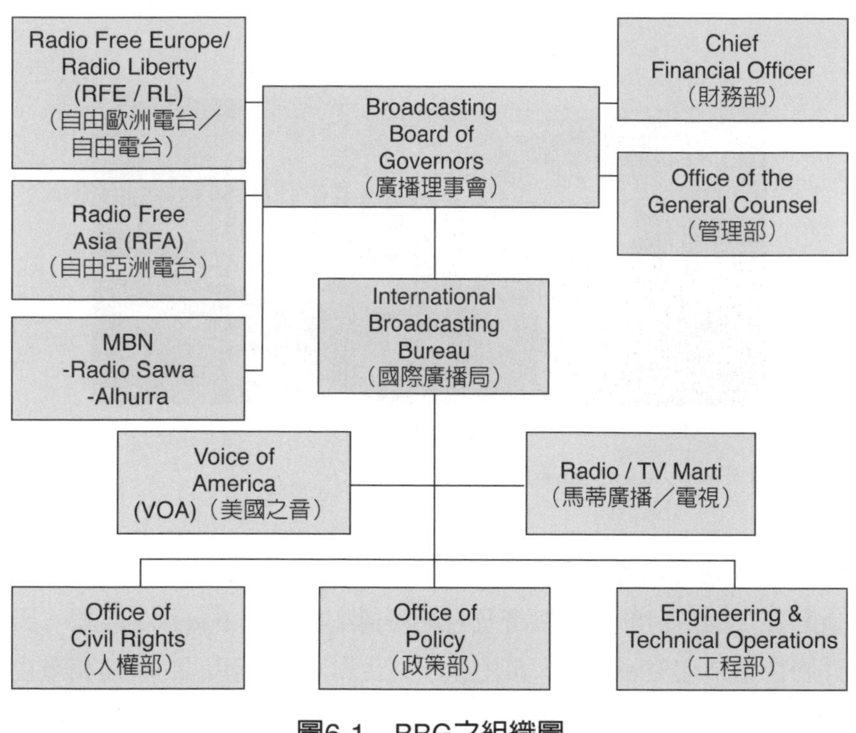

圖6-1　BBG之組織圖

資料來源：www.bbg.gov.

話和粵語組以及節目推廣組。根據美國之音資料顯示：美國之音目前包括英語在內共以四十四種語言向全球播音，節目除了新聞之外，尚包括專題特寫、音樂與評論性節目，全球聽衆超過一億人（美國之音網路資料，2008）。英語廣播部分幾乎是以全新聞方式處理（all news format），全天候二十四小時對中東、北非、拉丁美洲、東亞、南亞、大洋洲等全球各地播出。

根據送到美國國會的2009年預算書，由政府資助，以廣東話、西藏語和葡萄牙語進行的廣播和電視節目，經費將被削減。包括透過美國之音以及自由亞洲電台的國際廣播經費，預期將較2008年增

美國之音

資料來源：www.voafanti.com.

加4.6%，成為六億九千九百五十萬美元。IBB指出，新的宣傳計畫重點在加強各台的網路播音及行動廣播如MP3及iPod等之收聽。另外將持續增加美國之音、自由亞洲電台對北韓與伊朗的廣播和電視節目。目前，美國之音每天對北韓廣播三個半小時，自由亞洲電台則為四小時。美國正帶頭集結國際社會力量，全力結束北韓核武計畫和伊朗十分敏感的核子作業。美國政府將加強設在邁阿密的馬蒂廣播電視台的發射與節目製作能力，馬蒂廣播電視台直接對古巴廣播，播出時間從每週六天增加為每週七天。由此可見在國際宣傳的工具中媒體所扮演的角色。

二、英國國家廣播公司

英國國家廣播公司（BCC）於1932年底開辦國際廣播，1991年開辦國際衛星電視，之後又在1995年依性質不同分為二十四小時衛星新聞台（BBC World）與娛樂台（BBC Prime），與國際廣播部分三者同屬為BBCWorld Service。至於海外節目部分是由外交部負責撥款，與執照費無關。除廣播電視節目外，BBC亦透過網際網路提供豐富新聞訊息。但根據相關法律規定，BBC不得從事任何商業性質節目或廣告（徐耀魁，2000，頁56-62）。

BBC的國際服務部分包括了廣播、電視、網路與其他性質服務等。

(一)國際廣播

BBC是在1932年12月創立，1938年開播外語節目。目前透過英語和其他三十二種外語對全球各地發音。每週播出時數在八百七十個小時以上，根據最新的調查顯示，BBC全球聽衆超過一億六千三百萬人（BCC2007年度報告），其中有四千萬人都是英語節目聽衆。國際廣播的主要經費係來自於英國外交部，由外交部決定播出語言和節目時數、長度；節目內容部分則是由BBC自己決定。

國際廣播的節目內容包括新聞、時事分析、政治評論、體育、戲劇及其他娛樂等。英語節目更是二十四小時不間斷播音，並且在熱門時段增加對非洲、東亞、南亞、歐洲與加勒比海地區播音。目前在世界各地有將近二千多家電台轉播BBC的英語節目，其中美國公營電台就占了六十多家。BBC2007年度報告指出，在World Service部分，他們也透過其他管道播出，例如在全球一百五十個主要城市，透過FM頻道轉播BBC節目。但是爲有效經營國際廣播，自2007年起，BBC將停播包括希臘語、捷克語等十種語言，並增加阿拉伯語電視節目，同時加強隨選點播服務。2008年BBC結束了自1932年開始的對歐洲的短波播音。

(二)國際電視

BBC World 1991年成立時的名稱是BBC World Service Television，對亞洲、中東地區播音。之後播出範圍擴大至日本、非洲和歐洲地區，節目包羅萬象，有新聞、商業訊息、專題報導等，二十四小時播出。截至2006年3月份爲止，BBC World的電視節目已經進入到了全球二百個國家或地區的二億七千八百萬家庭當中。

在BBC的國際電視體系裡，1987年成立的BBC TV內容以BBC國內的娛樂性節目爲主，1995年開始改爲專門提供二十四小時娛樂性節目的BBC PRIME頻道。主要提供歐洲與其他國際觀衆可以透過BBC PRIME收看到BBC最精良的節目，包括戲劇、紀錄片、教學、音樂與兒童節目等。BBC PRIME廣泛的透過有線電視與衛星系統對歐洲、中東地區與非洲播出，觀衆必須付費購買收視卡收看（www.bbc.co.uk）。

(三)BBC World Service Trust

1999年在BBC World Service架構下成立了的BBC World Service Trust，主要是希望透過媒體的影響力，帶給一些開發中國家新的觀念與，以協助其進步與發展。因此The BBC World Service Trust爲世界上一些較爲貧窮的國家，協助他們設置地方性或全國性媒體，提供技術訓練、發展衛生與教育等。這個體系透過二十種語言的廣播與擴大網站服務，讓傳播對象能清楚瞭解自己的權益。提供服務的內容包括新聞、教學、衛生教育節目以及在索馬利亞提供新聞訓練課程等。例如，The BBC World Service Trust就舉辦了許多的多媒體宣導活動希望杜絕砂眼對人類造成的危害，尤其是對落後地區（陳惠芬，2003）。

三、德國之聲

德國之聲（Deutsche Welle; DW）是德國對外國際傳播機構，包括廣播、電視與網路服務。德國之聲總部位在德國波昂，其成立使命爲提供國外的閱聽衆一個理解德國政治、經濟、文化等層面的德國生活面貌，同時在重要議題上對海外人士提供一個說明德國態度與立場的管道。這是在1997年的「德國之聲法案」（Deutsche Welle Law）中對德國國際廣播節目使命所下的定義。

根據這項法案，DW是由廣播理事會（Broadcasting Board），代表公眾對理事長（director general）提出在節目上相關的監督與意見。該理事會共有十七名成員，由社會各界推舉選出，另外還有行政管理理事會（Administrative Board），成員有七位，包括理事長一名（六年一任，由廣播理事會選舉產生，負責電台獨立運作），經費來自於政府稅收（DW網站資料）。

目前德國之聲的國際傳播包含：

1.德國之聲廣播部（DW-RADIO）：成立於1953年。DW-RADIO共有三十種語言，其中德語和英語全天二十四小時播出；中文廣播節目全天播出二小時，內容以時事、德語教學、德國文化介紹為主，播出時間為晨間一次，夜間二次。自2005年起亦可透過衛星（AsiaSat 2）接收裝置，收聽數位廣播節目。
2.德國之聲電視部（DW-TV）：1992年成立，DW-TV包括德語、英語、西語以及其他語言製作的節目；國際電視透過衛星以德語、英語與西班牙語三種語言播出全球的新聞資訊性節目。從1993年7月1日開始，更擴增播出時間為每天十六小時。
3.德國公共電視台（GERMAN-TV）：這是2002年由DW、ARD以及ZDF聯合成立的電視台，德語播音，每日二十四小時透過付費方式在美國境內播出，費用每月十五美元，以服務美國境內德國僑民和對德國事務有興趣之外國人士。
4.DW-WORLD.DE：2001年DW-WORLD.DE加入網際網路的

德國之聲（DW）總部

服務。新設置的三十一種語言多媒體網際網路節目頻道，較廣播多提供了日文的網上閱覽服務。網頁上可以聽取廣播與收看部分電視節目。

四、日本放送協會

NHK是日本放送協會（Nippon Hoso Kyokai）的簡稱，其前身是東京廣播電台。

1935年NHK開始對海外播出短波廣播節目，提供包括日語、英語等二十二種語言廣播。每天向全球播出六十五個小時的節目。節目內容廣泛，包括新聞、政治、經濟、文化、科學、藝術與音樂等，主要目的是呈現出日本的多元面貌。

1996年起NHK將從事國際廣播業務的單位統稱爲NHK World，包括國際短波廣播（NHK World Radio Japan）、NHK不鎖碼國際電視（NHK World TV），它使用PAS-8、PAS-9和PAS-10三顆衛星全天候二十四小時向全世界播放。全世界約有一百七十個國家地區只要裝設衛星接收器和調節器就可以免費收看NHK World TV的節目，節目內容以新聞、資訊爲主，25%的節目可以英語收看。NHK鎖碼電視（NHK World Premium）節目必須和當地有線電視業者與衛星供應商簽約後才能收看。而對於居住在北美和歐洲的民眾則是透過當地的有線電視TV JAPAN這個頻道收看NHK的節目。NHK在1995年開始投入對北美和歐洲地區的國際電視播送系統，在北美是透過日本廣播電視網集團JNG（Japan Network Group, INC）播出TV JAPAN的節目；歐洲方面則是透過JSTV（Japan Satellite TV Europe Limited）播出節目。對北美每天播出近七個小時的節目，歐洲則是七個半小時左右。此頻道爲一全天候頻道，使用該頻道的衛星或有線電視台必須和NHK簽約；節目類型包括戲劇、兒童節目、體育節目及綜藝節目等，以促進國際間的互動與瞭解。

NHK短波廣播的目標如下：

1.以正確、公平及迅速的態度對全球播出日本國內與國際重大

日本NHK

資料來源：www.foxtango.org.

新聞。迅速確實的報導出日本民眾的生活型態、文化、政治、社會、科學與工業發展狀況，以及在重大國際事件中日本的立場、建議與民意的呈現。

2.促進國際間各國的友誼、文化交流與互動瞭解。

3.重大變亂發生時，提供散居在全球各地的日本公民密集的新聞資訊。

日本內閣總務省在通信廣播領域改革的工程表中明確提出，預定2009年在日本放送協會另設一個新的國際電視台，以加強對外宣傳。目前的NHK國際廣播主要的目標聽衆是旅居外國的日本人，而新的電視台將以外國人爲對象，向他們傳播日本的資訊，以便更多的外國人瞭解日本。這個新的國際電視台參照美國CNN、英國BBC等模式，但同時也融入日本特色。NHK有關人士就表示，NHK從1995年開始了全球電視節目，其中73%使用英語或提供英語及日語，爲強化對外廣播，未來會實現百分之百英語廣播。

五、法國國際廣播公司

法國國際廣播集團的前身是1931年成立的法國殖民地電台，1938年更名爲巴黎—世界電台。1975年，巴黎—世界電台更名爲法國國際廣播電台（Radio France Internationale; RFI），隸屬法國廣播集團（Groupe Radio France RFI）。目前法國國際廣播集團包括有法國國際廣播電台、蒙特卡洛中東電台（RMC Moyen-Orient）、巴黎—里斯本電台（Paris Lisbonne）、法廣—索菲亞電台（RFI Sofia）以及設在羅馬尼亞的法廣—三角洲電台（RFI Delta）。

法國國際廣播電台每天用法語及十九種外語向全球廣播。法語廣播每天二十四小時不間斷地播音。全世界每天有四千五百萬人透過短波、中波、調頻波段或衛星廣播等收聽法國國際廣播電台的二十種語言廣播。

法廣華語廣播於1990年正式播音，每天向亞洲和巴黎地區聽衆提供三小時新聞和專題節目。華語部成立之初，就定位在「新聞專業電台」，主要是爲了讓得不到新聞自由、沒有民主和人權保障的中國大陸地區的人民，能夠得到一個客觀、公正的新聞來源。由於是新聞台，所以新聞的需求量相對龐大，爲了讓人員的調度更爲方便、有效，法廣華語部採「編採合一制」。時尚法國是國際廣播的賣點，法廣的野心是提倡新聞來源的多元化，然後以眞正的國際觀點，來看待事件的原貌。體制上，法廣是由立場獨立的一個四人理事會統領，它的總裁是由主管機構最高視聽委員會（CSA）遴派，這個委員會也是一個立場獨立的機構（www.rfi.fr）。

法廣的播出宗旨爲透過所製播的法語及其他語言節目，向外國聽衆以及海外法國僑民，傳遞法國文化。法廣擁有全球四千五百萬聽衆。

六、中國國際廣播公司

中國國際廣播公司（CRI）創辦於1941年12月3日，是中國向全世界廣播的國家廣播電台。其宗旨是向世界介紹中國，向中國介紹世界，向世界報導世界，增進中國人民與世界人民之間的瞭解和友誼。

中國國際廣播電台目前使用四十三種語言（三十八種外語和漢語普通話及四種方言）向全世界廣播。中國國際廣播電台的「國際線上網站」使用四十三種文字、四十八種語言，發布內容，包括了網路電台和播客平台等新媒體在內的多媒體集群網站。2006年1月28日，中國國際廣播電台在海外開設的第一家調頻電台（CR191.9FM）在肯亞首都內羅比開播。該調頻台每天使用英語、斯瓦希里語、漢語普通話播出十九個小時節目。2006年11月19日，中國國際廣播電台寮國萬象調頻台（FM93.0）開播，該調頻台每天使用寮國語、英語、漢語普通話播出14.5個小時。

中國國際廣播電台開辦的環球資訊廣播、英語綜合廣播（EASY FM）、歐美流行音樂廣播（Hit FM）以及外語教學廣播等多套對國內廣播的節目，分別在北京、廣州、深圳、合肥、廈門、蘭州、石家莊、煙台、瀋陽等十多個城市，向聽眾提供最新時事新聞、國際資訊與流行音樂，深受聽眾喜愛。

中國國際廣播電台從1999年10月開始製作並透過亞洲二號衛星向全國傳送國際新聞電視節目。現在，中國國際廣播電台電視中心每天製作和傳送上衛星的電視節目已達五個多小時，用戶遍及三百多個頻道、台。

七、台北國際之聲

中央廣播電台於民國17年成立，宗旨為政府宣導國策政令之用。二次世界大戰爆發後，其為政策宣傳工具的特色更為明顯。

民國21年「一二八事變」發生，日軍閥在淞滬挑起爭端，中央電台開始以日語對日本民眾廣播，向日本民眾揭露日本軍閥蓄意挑起中日爭端眞相，並說明我政府百般忍讓立場與用心，是為我國國際廣播的發軔。民國38年隨政府遷台，對海外廣播由台灣廣播電台轄下的節目部負責。民國40年7月，台灣台撤銷併入中廣公司，在節目部下設外語組。民國54年，中廣公司與新聞局簽約，於當年7月起正式接受委託辦理我國國際廣播業務……（董育群，1998）。

民國85年1月，立法院三讀通過合併原屬於國防部之「中央廣播電台」與原屬於中國廣播公司之「中廣海外部」，改制成立「財團法人中央廣播電台」。該電台於民國86年6月7日成立第一屆董事會，民國87年1月1日正式改制開播，成為國家廣播電台，並以「台北國際之聲」（RTI）與「亞洲之聲」兩個台呼，代表國家對國際與大陸播音。民國94年1月通過合併新聞網與國語綜合網，成立台灣之音華語網，以十三種語言代表國家對全球廣播。每週總播出時數逾二千二百個小時，翔實的報導台灣的民主歷程、藝術人文、社會風貌、文化風俗及各項建設，把台灣的聲音傳揚到世界各地。根據中央廣播電台2007年的年度報告中指出，央廣之網路收聽人數全年達17,949,981人次，較2006年成長803%。

肆、國際廣播電台的經營及節目策略

一、因應數位時代之來臨

爲因應數位時代之來臨除了原有之短波播出外，並加強數位及移動收聽，意即聽衆可經由網路、DAB、Podcast、PDA、手機等下載服務方式，收聽到國際廣播電台的節目。在BBG2009年的預算書中明確指出，將增加網路廣播之預算，其中美國之音編列二百萬美元預算，增添網路設備，希望能提高網路收聽之滿意度。

二、立即反應區域政治現況

美國總統布希在2006年3月對BBG之演說中即明言：美國國家安全之基礎是建立在：(1)鼓吹自由、正義及人權之普世價值，終結暴政獨裁；(2)保持美國在民主社會的領導地位。基於此，BBG開宗明義即闡明其經營政策爲創造一個有效和現代的國際廣播平台，鼓勵不同的觀念彼此溝通，並且宣揚美國的國策、價值及文化觀點。BBG確實有足夠的能力在世界各地危機發生的地區做出立即反應，以宣達美國的政策。BBG在2008年之預算書中說明其節目策略如下：

1.加強對北韓之廣播：包括增加播音時數、加強傳輸。2008年經費預算爲二百九十萬，人員編制爲二十人。

2.加強對中東地區之廣播：自2004年起，Alhurra開始對中東地區播音，在伊拉克、埃及、科威特、杜拜、貝魯特都有很高的收聽率。2008年經費預算爲一千一百萬，人員編制爲一百五十人。

3.加強對索馬利亞之廣播：2007年起，VOA在索馬利亞開始針對十七至三十五歲之年齡層聽衆，以索馬利亞語報導公正、客觀的新聞及提供多元服務。

經由BBG2008年特殊預算編列可以看出其對中東、北韓及非洲索馬利亞之重視，亦足以反應區域政治現況對國際廣播之影響。自2007年起，BBC爲有效經營國際廣播，決定停播包括希臘語、捷克語在內的十種語言，並增加阿拉伯語電視節目，同時加強隨選點播服務。自2007年起，BBC和Econet無線網路合作，在奈及利亞推出新聞隨選服務（News on demand）。

相較之下，德國（DW）、法國（RFI）之節目政策則相對溫和，除了對聽衆以本國觀點評論國際性大事外，節目內容仍以宣揚本國文化爲主軸。

三、國際廣播電台之節目類型分析

(一)播出語言與時數

國際廣播電台其播出語種與時數因各台之經營與節目策略之不同而有所差異。法廣每日製播包括華語在內的二十種外語，每週總共300小時的節目，以法國人的觀點看歐洲及世界。中國國際廣播公司截至2006年10月，每天累計播出節目時數已達1,112.5小時（其中，本土發射播出511小時，海外發射播出222.5小時，境外衛星、有線播出157小時，線上播出221.5小時）。VOA每週播出1,000小時的廣播節目，60小時的電視節目。BBC每週播出800小時的廣播節目。

(二)國際廣播電台之節目類型分析

國際廣播電台之基本節目政策為：(1)對全球播出國內、國際之重大新聞；(2)在重大事件中表明本國之立場及民意呈現；(3)促進國際間文化交流。

節目設計與編排均奉行此理念，節目類別整理如下：

1. 新聞：美國之音的網路英語廣播就是以全新聞處理，二十四小時播音。內容提供一分鐘新聞提要、重點新聞、深度報導與當日重點新聞事件分析等，範圍涵蓋一般新聞、體育與財經消息，亦即英語廣播節目皆可再次透過網路廣播收聽。再以中文節目為例，網路更新新聞的方式是上午兩次，下午兩次。不同語種之新聞，如VOA有四十四語種、BBC有三十三語種等。
2. 時事評論：針對國際間發生的大事，以本國之立場發表評論。如VOA的新聞走廊、專題報導等。DW的時事焦點、NHK的一天一題、RFI的要文解說等。
3. 語言教學：語言教學在國際廣播電台之節目編排中為一重點節目，其目的在於傳遞文化，並且提供全世界的聽眾學習另一種外國語言之機會。如德國之聲的Family Bauman、NHK的簡明日語、BBC的英語課堂等。
4. 文化性節目：RTI的台灣文學作家系列、BBC的英倫之窗、德國之聲的文化經緯、RFI的藝文生活等。
5. 科技：德國之聲的科學與技術、BBC的世界電訊、NHK的科技新貌等。
6. 經濟：NHK的當代視點、VOA的經濟金融等。

7.聽衆信箱：開闢特定單元，答覆聽衆來信，增加和聽衆之互動。如BBC的聽衆信箱、德國之聲的聽衆園地、NHK的短波情長等。

8.流行時尚與音樂：如BBC的流行英國、德國之聲的青春時空、VOA的排行榜金曲、RFI的法國歌曲等。

9.其他：如BBC的中國人談中國、德國之聲的走遍德國、RFI的婦女與生活等。

此外，包括BBC、DW、RTI、RFI等國際廣播電台均積極加強資料庫的建置，提供大量的資訊，讓聽衆可以上網隨選收聽。

伍、網路時代的國際廣播

網際網路是國際廣播電視媒介整合的重要工具。網際網路集合文字、圖片、影像和聲音於一身，可以看到所有連結的報紙、電視、廣播和通訊社稿，是國際傳播的一個全新傳送與覆蓋方式（劉濟南等，2002，頁40）。不論是美國之音、英國的BBC、德國的DW、日本的NHK，都有集合國際廣播電視於一身的世界網（World Net or World Service）的服務。學者李希光認爲：在網路時代，受衆的思維模式產生改變。從過去的被動和灌輸性接收，變成根據自己的喜好主動選擇。而隨著信息傳播的全球化和網路化，任何人和任何機構與政府，都無法控制訊息的擴散（李希光等，2005）。

一、國際廣播電台網路收聽狀況

BBC World Service網路收聽人口近年來呈倍數增加，包含國際廣播電視在內約爲二億七千八百萬家庭，其中國際廣播（World

Service Radio）約為一億六千三百萬。

法國國際廣播電台（RFI）1998年9月開始了網路廣播，向全球聽衆提供集文字、聲音、圖像於一體的多媒體服務。每天更新專題節目和時事新聞節目。自網站開通以來，瀏覽量增長很快，每月參觀法廣網頁的人次達一百二十萬。法國廣播公司意識到全球，特別是中國大陸，網路發展的趨勢，因此，除了在原本的法語網頁之外，也積極加強華語網頁。

1994年，VOA開始透過網路播出節目。www.voa.gov是VOA發布活動、新聞與最新消息的資訊網站。另外www.voanews.com新聞網站，提供最新的新聞與訊息，包括二十四小時英文圖文說明、線上廣播、電視新聞影片等。目前，幾乎VOA的所有語言節目都已提供個別語言的新聞資訊網頁，而且每日最少更新一次。DW（德國之聲）2001年開始以DW-WORLD.DE網站提供三十一種語言之線上節目，內容包括新聞、時事、分析、背景傳遞說明與影片等。同時亦經由E-mail提供訂閱新聞、股市交易看板、節目試映及廣電節目接收資訊等。服務內容包括影音、現場及時收聽、指定收聽等。網友還可針對特定話題聊天，線上民調，看新聞與參加猜謎機構遊戲等。對有興趣學習德語的網友，網頁上還提供德語教學課程。

NHK自2005年7月國際線上推出了包括漢語、普通話、英語、德語、日語等多種語言的節目。

RTI近年來因應數位時代的來臨加強網路廣播及網站經營，不但以十一種文字製作各語言專屬網頁，更發行中文及英文電子報，提供網友迅速的即時新聞。

國際廣播電台因應網路時代不同的收聽模式及區域政治情況的變化，近年來積極調整經營與節目策略有相當的成效，收聽率亦有顯著上升，茲將上述資料整理如**表6-6**。

表6-6 國際廣播電台概況

	成立日期	經費來源	播出語種	網路收聽狀況
BBC	1932	外交部／電視商業收入	33	一億六千萬（週）
VOA	1942	聯邦預算	44	一億兩千萬（週）
DW	1953	聯邦預算	30	一億兩千萬（月）
RFI	1931	外交部／執照費	20	四千五百萬（月）
NHK	1935	政府預算	22	二千萬
CRI	1941	政府預算	43	聽衆來信約二百六十萬
RTI	1928	政府預算／捐贈／服務收入	13	約一千七百九十四萬人次（2007年）

資料來源：BBC、VOA、DW等網站資料，作者自行整理。

二、網路時代的國際廣播新趨勢

面對網路時代的新傳播趨勢，筆者整理了包括VOA、BCC、RFI、DW、CRI、RTI等國際廣播電台之相關資料，並做出以下結論：

(一)網路收聽大幅增加了收聽人數及範圍

以往國際廣播皆以短波爲主，收聽範圍有其局限性。但是網路時代由於網際網路特有的分散性、開放性、交互性、無中介性，使得它能夠打破某種壟斷，毫無阻擋的跨越國界，以極其低廉的成本，自由不受控制的傳播思想，傳遞和交流信息（張國良等編，2002）。

根據2007年的調查報告指出：目前BBC World Service（包括BBC World Service Radio、BBC World Television和bbc news.com）每週收聽人數達二億一千萬人。

而在美國國際廣播BBG轄下包括VOA等在內的國際廣播與電視，全球收聽收視人口達二億七千萬人，成長十分快速。

(二)網路及行動接收設備增加了聽衆的收聽選擇

網路收聽固然大幅增加了收聽人數及範圍，而數位時代行動接收設備如PDA、iPod、手機等，更增加了聽衆的收聽選擇。

根據BBC2007年之資料顯示：經常使用Podcasting之聽衆以下載BBC新聞爲最多，每月約有一百零二萬人次，World News Bulletin次之，每月約有四十七萬人次，Documentary Archive每月約有四十一萬人次。

VOA在全球六十五個國家有一萬四千個Server提供超過十小時之Podcast。

NHK自2006年3月起，開始提供以二十一種語言播送的新聞播客服務，華語廣播的新聞也可以使用Podcast收聽。

目前台北國際之聲（RTI）推出了三個節目的播客服務，分別是華語網的「台灣觀點」、每日「英語新聞」以及「日語新聞」。

(三)因應國際政治新趨勢改變節目策略

根據送到美國國會的BBG2008年預算書，由政府資助，以廣東話、西藏語和葡萄牙語進行的廣播和電視節目，經費將被削減。包括美國之音以及自由亞洲電台、MBN的國際廣播經費，較2007年增加3.8%，成爲六億六千八百二十萬美元。IBB指出，新的宣傳計畫將增加美國之音、自由亞洲電台對北韓與伊朗的廣播和電視節目。目前，美國之音每天對北韓廣播三個半小時，自由亞洲電台則爲四小時。美國正帶頭集結國際社會力量，全力結束北韓核武計畫和伊朗十分敏感的核子作業。美國政府也將加強設在邁阿密的馬蒂廣播電視台的發射與節目製作能力，直接對古巴（遭禁運已達四十五年）廣播，美國之音對古巴之廣播，從每週六天增加爲每週七天。由此可見在國際宣傳的工具中國際廣播所扮演的角色。

法廣在中東地區的阿拉伯語電台RMC-MO，是當地最受歡迎的幾個電台之一，並且在國際阿拉伯語電台中名列前茅。在美洲的法語系國家海地，亞洲的前法國殖民國柬埔寨，法廣也都擁有相當多的聽衆。足見法廣希望在法語系國家維繫其影響力的企圖心。日本的NHK近年來注意到中國大陸崛起後帶來的影響，積極加強華語節目，亦爲明證。

(四)增加與各國在地電台合作增加收聽率

爲提高收聽率，各國際廣播電台積極在全球各地尋求各種形式之合作機會，目前全球有將近二千多家電台轉播BBC的英語節目，其中美國公營電台就占了六十多家。在World Service部分，BBC在全球一百五十個主要城市，透過FM頻道轉播其英語節目（BBC年度報告，2006）。在歐洲和北美地區可經由衛星收聽。另外在北非第一大城Nouakchott及第二大城Nouadhibou與在地電台合作，推出二十四小時阿拉伯語播音。

RFI目前透過遍布全球的短波、中波、有線頻道、衛星頻道，以及一百二十二個FM和少數AM電台播音。在台灣，聽衆可以在教育電台、中國廣播公司和世新電台的頻道中，聽到法廣法語節目或是華語節目的聲音。由於法廣認爲短波的收聽效果終究難以與調頻、調幅一爭長短。因此，在國際廣播領域，法廣成爲少數積極爭取在全球各地目標區，透過當地電台代播的電台之一。

德國之聲（DW）合作夥伴可以透過網路選擇三十種語言的節目，全球也有四千多家的夥伴電台與四百多個合作的相關機構。甚至DW TV還與全球三千六百多家的飯店、渡假村、遊艇等達成播出協議，全球旅客可以透過DW網站上的合作飯店業者資料搜尋，就知道可以在哪些飯店看到DW的節目了。所以全球每天共有超過一億二千萬以上各行各業的人口可以收聽與收看DW廣播與電視節目，甚至連飛機上也都可看到DW的節目。

(五)聽衆回饋方式改變

以往短波收聽之便利性不佳，且目標聽衆大多爲敵對國，或人民思想受限制地區之聽衆，因此，聽衆渴望藉由短波廣播瞭解不同的觀點及不同的文化思維，或者學習外語，其回饋方式包括寫信給電台或主持人，電台也以不定期之問卷或抽獎方式來瞭解聽衆之收聽情況。現今網路打破了收聽範圍的限制，聽衆可直接在全世界的網路電台中找尋節目，並且可立即與電台或主持人互動，做出立即之回饋。例如BBC之網上互動，聽衆可以立即對某一則新聞表達自己的看法與評論。另有《暢所欲言》節目則是以留言版的形式，讓聽衆表達自己對節目或時事論題之意見，或以E-mail留言方式進行和聽衆的互動。德國之聲則在網上開闢民意調查，出版讀者來函及（每週）蒐集整理聽衆之看法，並可在網上和其他聽衆分享。另外亦有手機短訊每日問答，及每月進行聽衆有獎問答等方式和聽衆進行互動。

(六)短波廣播面臨轉型

2008年2月起，英國BBC全面停止對歐洲地區短波廣播，結束了七十六年的服務，停播範圍包括北非。原因非常簡單，數位時代的來臨使得聽衆接收方式愈趨多元，國際廣播協會會長Simon Spanswick指出：在過去四分之三世紀，短波在國際廣播領域已做出貢獻，如今在高度發展的地區，聽衆可經由衛星、網路、數位接收器等設備，聽到BBC的節目，短波廣播已無存在的價值。雖然其他國際廣播電台尚未跟進，但是短波廣播已經面臨轉型的時刻，只是時間快慢而已。但是，日前英國國家廣播（BBC）與德國之聲（DW）共同宣布，預計2009年初起每日清晨到夜間播出DRM數位短波廣播節目以服務歐洲地區高達一億七千萬的潛在聽衆，服務目標區爲西歐及中歐地區，播出內容以新聞分析、紀錄片及文化節目爲主。這是否代表數位短波廣播仍有樂觀發展的空間，值得繼續觀察。

全球化時代來臨，數位時代廣播新科技之發展，使得國際間的互動形式有了重大改變，國際廣播由大國之政治宣示，轉爲強調文化價值觀的資訊傳播，正如美國總統布希所言：「我們不僅要贏得戰場上的勝利，還要贏得思想上的勝利。」（President Buch, 2005）

Chapter 7 電台行銷策略與應用

第一節　行銷概念的演進

壹、行銷的定義

1982年行銷學者柯特勒（Philip Kotler）將行銷定義爲：行銷是分析、規劃、執行與控制計畫，目的是爲了建立目標市場自願的交換價值，以達到組織的目標。行銷根據目標市場的需求，設計組織所能提供的產品或服務，同時也利用有效的定價、宣傳、配銷管道，爲市場提供資訊、刺激與服務（Kotler, 1982）。

根據美國行銷協會（The American Marketing Association）對行銷的定義爲：「將商務或勞務，從生產者引導到消費者或使用者的過程中，所從事的一切商業活動。」

Bennett在1988年所編的*Dictionary of Marketing Terms*一書中便指出：「行銷是一規劃及執行產品，服務的構想、訂價、促銷和配銷通路的過程，用以建立交易以滿足個人或組織的目標。」（Bennet, 1988）

總結來說：行銷概念所強調的是消費者，消費者的需求與慾望是消費者認同的價值取向，因此，廠商與企業經營者找出消費者的需求與慾望是爲最主要的任務和目的（莊克仁，1998）。

貳、行銷概念的演進

自1950年行銷概念產生以後，隨著社會、經濟、政治、文化的影響，以及企業界本身考量現實環境因素，行銷的概念也不斷地作適度的調整。行銷學者黃俊英教授將行銷概念發展階段劃分爲：生產導向、銷售導向、行銷導向與社會行銷等（黃俊英，1982）。企管學者方世榮教授對行銷概念發展階段的劃分爲：生產、產品、銷售、行銷、社會行銷（方世榮，2004）。傳播學者莊克仁在《電台管理學》一書中，將行銷概念的發展分爲：生產時代、配輸時代、銷售時代、行銷時代（莊克仁，1998）。行銷學者江顯新在《行銷學》一書中，將行銷概念的發展分爲：自給自足時期、以物易物時期、商業萌芽時期、商業活動導入期、現代行銷導入期、全面社會行銷時期（江顯新，1999）。

Kelly & Lazer（1973）主張將行銷之演進劃分爲生產、製造、銷售、利潤、消費者及社會導向等六階段。

Pride & Fennell（1991）則以美國企業之歷史來看，將行銷概念的發展分爲：生產時期、銷售時期、行銷時期等三階段。

整體行銷策略概念之演進若以年代來區分可分爲以下三個時期：

一、六〇年代以前

在六〇年代以前，業者以「同質而大衆化」的產品，利用大衆傳播媒體向消費者行銷，企業與顧客之間的關係，僅止於一種短期交易的銷售量成長（廖文華，2001）。密西根州立大學的教授Gerome McCathy於1994年提出行銷組合的4P組合元素概念，即產品（Product）、價格（Price）、通路（Place）、促銷（Promotion）這四項具體化行銷觀念，向同性質高、無顯著差異的消費大衆，銷售大量製造規格化產品，從此產官學界大力推廣並投入研究，4P行銷概念主導了三十年的主流趨勢。

二、七〇年代初期

七〇年代初期，Toffler（1984）在其著作《未來的衝擊》（*Future Shock*）一書中創造了「分衆」（Degasification）一詞，推翻了所謂「無顯著差異的消費大衆」的觀點，此概念一直延用至今。1972年Trout和Ries發表了了定位理論（Orientation Theory），其中心意涵是消費者在定位產品，直接衝擊傳統的4P理論；美國北卡羅萊納大學教授Lauterbourn，於廣告年代雜誌發表4C行銷新論（許安琪，2001），建構了消費者所需（Consumer's needs & Wants）、物超所值（Cost & Value to Satisfy）、方便性（Convenience）、雙向溝通（Communication）的理論。4C的行銷概念完全是以消費者的角度思考，相較於六〇年代的4P以產品立場去研判消費者，4C更能全方位滿足顧客需求，創造市場利基。

三、九〇年代後期

九〇年代之後，消費者品牌忠誠度降低，更趨於個人色彩，行銷人員越來越難掌握消費者的口味，因此，關係行銷結合顧客行銷的服務行銷逐漸成為行銷主流。台灣的行銷學者羅文坤教授1994年提出的4V觀念，從賣方廠商的4P和消費者4C二者間的角度切入，兼顧利潤與市場（許安琪，2001）；強調的是變通性（Versatility）、價值（Value）、多元化（Variation）以及共鳴（Vibration）。

1.變通性：除了能使用外，強調產品本身具有多用途性，可讓消費者達到多方面的滿足。消費者消費了此項商品，不只單單得到了商品，更可以得到商品的附加功能價值。
2.價值：除了同樣的功能外，在強調與衆不同的價值感，包含了物質、心理、精神等層面的價值。
3.多元化：不僅在產品本身尋求多元化的改變，亦從各個不同的角度，如服務等滿足消費者的需求。
4.共鳴：與消費者的生活相聯結引發其共鳴，增加其認同。

第二節　電台行銷

壹、電台行銷策略之制定

Albarran（1997）在《電子媒介管理》（*Management of Electronic Media*）一書中指出電子媒體的4P行銷策略包括：(1)產品：一個節目（即產品），是播出後經由閱聽眾（消費者）之接受程度、收聽（視）率的高低，來決定是否成功；(2)價格：價格直接衝擊在產品的銷售上，若兩樣產品十分相近，但其中之一價格偏高，消費者將會購買另外一樣。所以電子媒體的經理人，必須制定收聽（視）率與廣告銷售之間的價格，價格決定也會影響到競爭對手之間的策略制定；(3)通路：通路會影響市場策略，像是廣播、電視、網路等，都是將內容呈現給消費者（閱聽眾）之通路；(4)促銷：電子媒體亦可為商業所需提供服務，經由廣告將產品銷售給閱聽眾。所以電子媒體和其他媒體的廣告功能相同，使用空中播出做促銷。

無論是新電台的開播或市場中原有之廣播電台都必須面臨競爭的壓力，因此加強促銷為必須之手段，促銷策略應如何訂定，Pringle（1991）及O'DONNELL（1989）等學者擬訂了六個步驟：(1)檢視現有市場之競爭者；(2)發掘出聽眾為何喜愛某電台的原因及潛在受眾之特質；(3)評估電台之優缺點，特別是吸引目標聽眾群之有效電台定位；(4)繪出計畫表，並找出弱點予以修正；(5)執行計畫；(6)評估執行結果，並予以修正。

依照上述六個步驟筆者擬出以下電台行銷之策略分析（Strategic Marketing Plan; SMP）作為參考：

一、分析電台

分析電台本身是否落實了預訂的電台類型（Format）：在廣播市場中節目可被視爲產品。產品本身的品牌定位是否清晰？特色爲何？尤其重要。五〇年代類型電台興起後，分衆和市場區隔的理念愈受重視，綜合性電台生存的空間益形萎縮。所以爲爭取目標聽衆，確定本身的電台定位和節目型態是首要工作。也就是說要促銷產品，必須先清楚自己賣的是什麼樣的產品。如古典音樂類型電台，不可能出現某一時段播出的是搖滾樂。

1.分析電台本身之優勢：確實且誠實地列出電台的優勢，如主持人特別有名、跨媒體合作方案較多等。電台如何與社區互動？除了全國性的聯播網，若是地區性電台，或社區電台，就必須特別重視和社區間的互動關係，仔細地列出社區中的各機關、行號、社團名單，加強與他們的互動，進而獲取他們的支持。

2.分析廣告：分析廣告有無歸類？是否太多？固然電台無法推拒廣告，但是對於廣告的類別，仍應有主控權。如古典音樂類型電台，就不適合播出賣成藥的廣告。

3.曾辦過的促銷活動是否有趣？是否有效？確實評估自己的電台有多少預算、人力等資源，所辦過的促銷活動，是否引起足夠的聽衆迴響，成效如何？

二、分析對手

1.列出所有競爭友台的涵蓋範圍：詳細列出收聽範圍內所有的友台及其涵蓋範圍，偵測友台之收聽訊號之強弱。

2.列出所有競爭友台的節目型態：詳細列出收聽範圍內所有的友台之播出節目型態，或利用市場調查資料詳細分析其競爭力及威脅度。

3.列出所有競爭友台的目標聽衆：瞭解競爭友台的目標聽衆是否和自己有重疊之處，進一步區隔彼此的目標聽衆。

三、分析聽眾

瞭解聽衆之人口學特性和心理特質。通常收聽率調查報告中皆可以取得相關資料，如年齡層、主要聽衆群之性別、族群特性、收入、聽衆居住、工作的區域、休閒娛樂活動、教育程度。從上述資料瞭解聽衆爲什麼收聽節目？收聽習慣和收聽行爲爲何？

四、分析和設定目標

1.哪些優點要加強，如何改善缺點？簡言之，即爲市場調查中SWOT分析。找出自己的優點並彰顯它，儘快改進缺點，同時善用資源，使其發揮加乘效果。

2.如何把競爭對手的強勢變爲缺點，並擴大其缺點，以正面迎戰策略，化被動爲主動，如某台擅長於舉辦空中活動，則規劃一系列全面性的活動帶動收聽率，藉以壓制競爭友台之活動氣勢。

五、企劃架構

依照行銷的對象及目的，作成整體執行架構，交相關執行單位，如節目部或業務部執行。

六、排定優先順序

企劃架構完成後，進一步仔細評估整體預算及預期效果，決定到底哪部分的聽衆是此次促銷活動的主要對象。到底整體活動要釋放的訊息爲何？什麼方式最可行？最省錢？依此來排定活動優先順序。

七、執行

依先後順序排定工作小組並依企劃來執行。

八、評估

活動前、進行中、活動結束後，都應作評估，以因應瞬息萬變的市場。若活動成功則進一步訂定未來之計畫，若不盡理想則對現行策略，提出可行之修正方案。

貳、電台行銷活動之5W1H公式

電台行銷活動，由於行銷的對象及目的不同，亦會影響其企劃設計。代入5W1H傳播公式中，可發現彼此間的相互連結，亦可能影響其成果。其中Who：誰負責辦活動？Why：爲了什麼目的辦活動？When：什麼時間點辦活動？What：活動促銷的內容是什麼？Which Effect： 預期達到什麼目標？How：活動如何執行？茲分述如下：

一、Who：誰負責辦活動？

1.電台公關促銷部門：電台促銷活動包括年度性大活動，或以促銷電台形象爲主的活動，必須動員全體員工，並由電台公關促銷部統籌辦理。

2.節目製作單位：由某單一節目企劃。目的只爲促銷該節目或主持人之知名度，提升收聽率，通常由個別製作單位企劃執行。

3.策略合作：由電台公關促銷部門洽談，或安排某一時段，或安排某一節目，或由全部節目配合，如Seednet與台北地區某電台合作之網上聯誼、或電台與平面媒體，網路媒體之策略合作。

二、Why：爲了什麼目的辦活動？

1.開創新電台，打響知名度：新電台爲爭取市場占有率，打響知名度，而企劃一系列之活動，如台呼有獎徵答等。
2.舊電台爲提升收聽率：市場中原有之電台，爲保持電台及節目在聽眾心中的新鮮度，而經常舉辦聽友聯歡會等活動。
3.改變節目類型，在市場中重新定位：若某電台原先是輕音樂類型電台，但收聽率不佳，而更改爲都會女性電台，爲轉移聽眾原有之印象，並開發新聽眾，則至少須以半年爲週期，規劃一系列活動，才能達到具體成效。

三、When：什麼時間點辦活動？

1.開台時：促銷重點如前所述爲打響知名度，培養目標聽眾之忠誠度。
2.季節性活動：根據季節特性，舉辦貼近目標聽眾之相關活動。如搖滾音樂類型電台，在夏天舉行海灘演唱會；新聞類型電台在冬天舉辦寒冬送溫情等活動。
3.年度性活動：通常爲電台整體形象，企劃固定之年度性活動。如中國廣播公司年度之老歌演唱會、民歌演唱會等。
4.機動性的贊助性活動：不定時機動性的贊助性活動，如配合饑餓三十或921大地震之募款活動。

四、What：活動促銷的內容是什麼？

電台舉辦的任何一項促銷活動皆有其特定的訴求目的。先決定該次活動之目標是：

1.個別節目爲提升收聽率。
2.增進DJ知名度。
3.提升整體電台形象。
4.節目類型之再定位。目標確立後，再依需求加以企劃，較易達成事半功倍的效果。

五、Which Effect：預期達到什麼目標？

1.電台知名度會增加嗎？
2.電台廣告收入會增加嗎？
3.電台收聽人數會增加嗎？

六、How：活動如何執行？

1.以什麼形式舉辦？
2.在什麼地點舉辦？
3.經費來源爲何？

參、電台行銷活動之評估表

電台促銷部門負責人，在執行促銷活動前，應先評估活動進行中之各種可行性及各項變數而有所因應。本書參考《廣播電台促銷實務》（*Radio Promotion*）中所列出的二十七項，歸納整理爲下列二十項提供參考。

1.這個活動的目標是不是很明確？

2.這項活動的目標是否突顯電台的優點，並且以電台在市場上的定位來設計？

3.你的活動和競爭電台的活動有何差異？在活動結束後，你希望聽眾對電台留下什麼印象？

4.從這項活動中你期待電台得到什麼好處？（短期的和長期的）

5.這項活動是否可行？是否有執行這項活動的人員、時間和預算？

6.這個活動能給聽眾什麼？能提供他們什麼好處？

7.這個促銷活動是否會吸引你的目標聽眾群？是否會增加電台的收聽率？

8.這個促銷活動是否有創意，使聽眾能在眾多電台中注意到你的電台？

9.這個活動是否能使你的潛在聽眾辨識出你的電台？或說得出電台節目名稱？

10.促銷活動本身推出時機是否適合？

11.促銷活動會不會爲廣告主吸引新的消費者？

12.當地的廣告主會願意參與這項活動嗎？

13.促銷活動與廣告客戶的溝通是否順暢？是否清楚告知參與活動的廣告主整體計畫？

14.會不會爲電台吸引更多的廣告主？

15.促銷活動會不會爲現有的廣告主的投資增加附加價值？

16.促銷活動能否延長或擴大現有的廣告合約？

17.促銷活動能否得到媒體的報導？

18.是否有親自接觸當地的報紙、電視台、貿易和非貿易雜誌等媒體，並且有他們最新的地址、聯繫人員等資料？

19.你是否寄新聞稿給媒體，或是有打電話與他們聯繫？

20.你是否花心思研究出具創意的點子，使媒體對你的促銷活動報導產生興趣？

第三節　電台整體促銷計畫執行

以市場行銷之觀點來看，節目本身即爲產品，一項產品我們該如何推銷出去？讓顧客瞭解其特質，進而引起購買及消費的慾望，是市場行銷專家之責任。相同的，電台如何讓聽衆知道電台的存在（Awareness）？建立聽衆的忠誠度，提高收聽率，亦爲當務之急。依Mateski（1989）、Pringle（1991）、Robert（1992）等學者的說法，促銷可分爲電台促銷、公共關係（Public Relation）、受衆促銷及業務銷售推廣四大類別。

壹、電台促銷

電台促銷之基本內涵即爲在收聽範圍內建立電台之形象。影響電台形象之因素包括節目類型（Program Format）、新聞編輯理念（Editorial Policy）、企業識別、社區參與等。根據這樣的理念，新電台在開播初期必須依本身需要，設計一系列電台形象促銷計畫，例如美國密西西比之MDAM電台，於開播初期印發五十萬份貼紙於公共場所散發，並在銷售量極大的報紙每週刊登一次廣告，以提醒聽衆有一個新電台，正熱切希望爲社區聽衆服務。

另外，如美國紐約的WEAF等電台，於開播初期利用台呼製造賣點，加深聽衆的印象及注意，像WEAF電台賦予其電台名稱以（Water, Earth, Air, Fire）之涵義，利用此涵義作成企業識別，電台之Jingle、Slogan，主要目的爲給予聽衆強烈的印象，即使是已經存在的舊有電台亦可利用有趣的台呼來加深聽衆的印象。

學者Ted E. F. Roberts等人將電台促銷分爲以下兩種：

一、電台內部促銷

電台內部促銷（On-Air Promotion）的方式包括有：

1.台呼或呼號：有些美國電台賦予Call letter之涵義十分有趣，如KFE（Kant Find Enough Liquor）、WSB（Welcome South, Brother）、WMBD（World's Most Beautiful Drive）、WBNS（Wolfe's Banks, Shoes, and Newspapers）。有些電台甚至利用趣味性之雙關語，如WLS（We Lose Sleep）、WBBM（We Buy Bad Movie）、WSNS（We Sell Nude Snapshots），雖然無傷大雅，但是確實給人留下深刻的印象，若是更進一步運用Call letter和Slogan、Jingle結合，可以創造極佳之電台印象訴求，達到自我促銷之目的。如警廣的「收聽警廣，掌握方向……」均爲Slogan之代表，另外台北廣播電台、中廣音樂網、ICRT均有Slogan及優美精緻的Jingle使聽衆容易辨別電台之存在。

2.節目類型本身的特色亦爲電台促銷之極佳武器，區隔明顯之電台類別，極易於短時間內引起目標聽衆（Target Audience）注意，進而建立收聽之忠誠度。如台北愛樂電台，以播出古典音樂爲訴求，很快地在大台北地區打出知名度，收聽率及廣告營收均頗佳。

3.節目主持人：以DJ或主持人個人特質爲促銷重點，即時下流行的邀請名人擔任主持人之所謂名人牌。

二、電台外部促銷

電台外部促銷（Off-Air Promotion）則包括：

1.移動媒體廣告：在公車或捷運車廂做廣告，如飛碟電台播出廣播劇時，即曾在公車做廣告。

2.推廣電台會員卡及聯名卡：台北愛樂電台即有推出電台會員卡，定時將最新的電台資訊傳達給聽眾，藉此可維持聽眾之向心力及忠誠度。

3.媒體廣告之運用：目前在各調頻台中使用機率頗低，但是媒體廣告之交換，在美國證明是十分有效而成功的，以廣播與報紙爲例，報紙每天報導廣播中之特別節目、精彩話題、特別來賓等，而廣播亦每天報導報上精彩之專欄及文章，彼此均可獲益，另外，廣播與電視彼此結合，亦非常有效。如News98和中天新聞台之合作，彼此借力使力，使雙方均獲利。

4.看板廣告：目前在台灣除高速公路部分路段，看板上標出警廣交通網及頻道之外，其他電台使用看板廣告進行促銷之實例非常少。

5.季、年活動：中廣對於季、年活動，較有制度化之規劃，如國語老歌演唱會、閩南語老歌演唱會，中廣音樂網之西洋老歌演唱會（民國82年第一次舉辦）；ICRT之青春之星選拔賽；警廣之駕駛人卡拉OK大賽亦屬年度活動之一，而其他電台則較少有大型活動，部分電台會爲單一之節目舉辦活動。

6.網站設計：現今盛行線上收聽，豐富而多樣化之網頁設計成爲電台促銷之重要工具。

電台促銷成功之因素中，完整的節目、業務、電台促銷計畫，是那把打開勝利之門的鎖鑰。

貳、公共關係

公共關係亦被列爲電台及受衆促銷之一部分，公共關係以電台經營的觀點來看，可分爲兩方面：電台和聽衆之間關係的維繫；電台和社區之間關係的維繫。在美國之區域性地方電台裡，由於工作人員並不多，因此每一位工作人員都十分注意其服務之態度，細微處如接線生態度是否和善，接待室之洗手間是否予人以明朗乾淨之印象，都列爲應注意事項。

電台欲維持和聽衆及社區之關係，一般來說，可採取以下幾種方法：(1)安排電台參觀活動（Open House），邀請各社團參觀電台，拉近電台和聽衆的距離，增加親切感；(2)舉辦社區公益活動，主動安排主持人參與社區活動，並代爲策劃，以提高社區影響力；(3)鼓勵員工參加各種社團及商會組織，替電台爭取社區參與之機會。社區參與對於一個地域性地方電台而言，不僅可以建立電台形象，也可以藉由回饋社區，贏得聽衆的認同，爭取社區友誼，拓展具潛力廣告市場。而參與之方式，從呼籲環保自本身做起，到積極參與社區各項服務性、勸募性之活動，均爲可行之方法。在美國有些大城市中之電台，甚至每年提供若干名額之獎學金，回饋給社區之榮譽聽衆。如中國廣播公司每年之世界基金獎學金名額多獎金高，給予有廣播天賦與才能的學生很大的鼓勵。目前台灣的電台在社區參與方面近幾年來均逐漸開始注意，如中廣愛心園深入探訪老人院、孤兒院、送愛心到大陸、送愛心到監獄等系列活動。警廣之雪中送炭，都是溫馨實例的代表。

參、受衆促銷

其目的在消極的維持現有聽衆，同時，另一方面則積極說服潛在聽眾收聽電台的節目。依據Pringle（1991）的說法，受眾促銷又分為：(1)形象促銷（Image Promotion）——建立電台良好形象；(2)節目促銷（Program Promotion）——預告各類節目。總之，提高固定聽眾持續對電台的忠誠度，並積極開發新聽眾以累積聽眾人數，是形象促銷與節目促銷的共同目標。

肆、業務銷售推廣

目的在刺激早期消費者與增強市場反應的一種工具。對廣播電台而言，業務銷售推廣（Sales Promotion）目的在鼓勵廣告商或廣告公司購買電台廣告時段。對廣告商而言，則希望以最經濟的方式，將其訊息傳達給可能使用其產品或服務的民眾（莊克仁，1998）。

第四節　廣告與行銷

壹、廣播廣告市場

根據美國廣播廣告局（Radio Advertising Bureau）的統計資料顯示：美國廣播媒體的廣告營收，2007年全年為106億美金，較2006年的110億下降約3.5%。但網路廣告則由2006年的90億增加為113億，成長幅度為25.5%。2008年第一季的廣告量仍以網路媒體成長最多（8.5%），廣播廣告下滑4.5%，電視廣告上升1.7%。在美國廣播廣告局2007年年度報告中指出，同樣一則廣告，在網路中接觸兩次，在收音機中接觸兩次，和在網路及收音機中各接觸一次，有58%的人認為在網路及收音機中各接觸一次效果最好；這給予廣告主及媒體購買者極深的印象和啓示。

根據尼爾森媒體研究（台灣）最新的媒體廣告量監播調查顯示：2007年電視、報紙、雜誌、廣播、戶外媒體之五大媒體廣告量爲新台幣453.78億元，較2006年477.8億元減少了24億元，降幅達5%，其次則是報紙的7.5%，在所有媒體廣告收入皆呈現萎縮的情形下，僅雜誌逆勢微幅成長1.3%。根據IAMA（台北市網際網路廣告暨媒體經營協會）所提供的研究數據顯示，2007年台灣整體網路廣告市場規模達到新台幣49.5億元左右，較2006年成長33.87%，IAMA並且預測2008年台灣整體網路廣告市場規模將達到新台幣59.86億元，成長20.92%。

由**表7-1**可知與2006年相比，2007年廣告量成長最快速的是網路廣告，成長率高達33.87%；無線四台的廣告收益則逐年下降，嚴重萎縮。平面媒體中之報紙及雜誌互有消長，報紙呈現下跌態勢，雜誌則略爲增加。但整體而言，廣告量逐年下滑，足以顯示整體經濟大環境之衰退。

廣播在整體廣告市場占有率只有3.15%。不過可以看出與其他媒體相比，卻有反向上升趨勢，這說明廣播廣告低價優勢，已受到注意。2006年廣播廣告量約有新台幣39.7億元，2007年下降2億。

表7-1　2004～2008五大媒體廣告量比較　　單位：億元

媒體	廣告量 2004年	廣告量 2005年	廣告量 2006年	廣告量 2007年	廣告量 2008年1-5（月）
無線電視	86.28	83.69	41.25	40.94	18.4
有線電視	187.46	185.60	149.06	140.47	52.8
報紙	159.00	157.08	147.71	136.67	55.2
雜誌	83.13	86.7	63.59	64.44	24.2
廣播	28.8	29.66	39.65	37.7	16.9
網路	19.6	30.48	36.98	49.5	59.86（預估）

資料來源：《動腦雜誌》、AGBNielson、IAMA，作者自行整理。

頻譜重整及政府政策不確定，對於部分廣告主確有影響。但是另外一個現象就是託播檔次增加，但廣告量並沒有增加，表示廣播廣告價格下降，顯示出削價競爭的問題。一些定位明確的電台，如News98電台、亞洲電台、城市廣播、好事聯播網等，廣告收入都有大幅成長。許多都會性的大型聯播網，在地方上的收聽率可能還不如一個社區電台或地下電台，這造成廣告主對於區域性廣播廣告刊播量逐年加重。廣告主的新思維是，當一家只有六萬聽衆的電台，它的廣告價格是另一家十萬聽衆電台的一半時，廣告主會選擇在六萬聽衆的電台，購買兩檔廣告，利用重複曝光的機會，加深產品在六萬人腦海中的印象。另外各電台亦致力於加強創意行銷，如飛碟電台及中廣音樂網近年均加強音樂置入性行銷，以鞏固流行音樂唱片廣告。在2008年1月至6月之間，中廣易主及頻道回收等疑慮消失後，廣播廣告成長幅度較其他媒體爲多，達19.1%。

貳、美國的廣告與節目發行制度

廣播電視節目製作成本很高，爲了控制成本，所以在美國廣播電視市場中，一直提倡所謂重複使用和共同使用的概念，以降低成本。發行商制度（syndication）於是應運而生，意即由資本雄厚的大型製作公司集合資金、人才等優勢，製作出高水準節目之後，以各種方式將節目銷售給電視或廣播聯播網或其他獨立電台。

一、聯合發行

聯邦通訊委員會對聯合發行的定義如下：出售、授權、發行或是提供給美國境內一個市場以上的電視台或廣播電台做非聯播網（Network）播放的節目，但現場節目除外。聯合發行的運作方式爲：發行公司不是賣斷節目而是授權買方播放其節目。授權書中載明在一定期間內，可播映的某節目或某影集的次數。買方付出播映費給發行公司，付款方式有現金（期票）、廣告時間交換（barter）或兩者兼用。電視台獲得播映權後，可以選在任何時間播出。發行公司可藉由衛星跑帶（早期）方式傳送節目。電視台接收衛星傳來的聯合發行節目，可直接播出或錄下來稍後再播。在美國主要的聯合發行公司，經常是垂直整合企業中的某個事業部門，如MCA旗下同時經營有線電視網、攝影棚及無線電視台。

二、獨家發行

電視台可自發行商取得獨家發行權（syndication exclusivity，簡稱syndex），即在約定期限內，買方享有在市場上獨家播出某節目的權利。聯邦通訊委員會於1988年公布獨家發行權之新規定。根據這個規定，無線電視台可以強迫其電波涵蓋範圍內的有線系統，不得播出它手上握有獨家發行權的節目。當某些節目頻道播出獨家發行的節目時，有線系統必須切斷訊號，改以其他節目墊檔，或以幻燈片說明原節目爲何被刪除。有些台在透過衛星傳送前便換上不同的節目。有些台則只購買不會發生獨家發行問題的節目，就不會出現斷訊的現象。獨家發行權的規定，並不適用於同一家有線系統中播出，屬於同一電視網的兩家加盟台，或是規模非常小的有線電視系統。

三、交換發行

由於節目的價格很高，廣播電視台不見得有足夠的現金去購買聯合發行的節目，發行商和廣播電視台便想出以廣告時間交換節目的辦法。這種做法稱爲交換發行（barter syndication）。有所謂全部交換（full barter）及部分交換（partial barter）兩種廣告交換形式。全部交換是指全國性廣告主買下所有廣告時間，地方電台沒有時間可播地方性廣告，所以並無利可圖。部分交換是指地方電台可保留一定比例時間播出地方性廣告。

發行商定期會提供所有類型節目資料給電台，電台可依自己的電台定位，節目類別，選擇某類型的全套節目，或某一個單元。之後，發行商利用衛星將節目傳送到各電台。例如某電台可能購買全套的鄉村音樂節目，再搭配其他來源取得的新聞及娛樂單元，所以透過不同的組合安排，每家電台便能利用發行商聯合發行的素材，建立起各自的特色。

參、廣播廣告承攬制度在台灣發展

綜觀台灣廣播廣告制度的發展，早期由廣告主直接向電台承包時段，即所謂電台時段外包之模式。之後由廣播電台業務部聘請專人（Account Executive; AE）從事廣告招攬，主動開發廣告客戶與掌握廣告來源。隨著媒體的開放以及廣告總投資額大幅度的成長，台灣的廣告公司亦愈具規模，1972年台灣地區出現第一家綜合廣告代理商。廣播廣告成爲代理業者經營重點之一，目前與廣播產業相關的廣告代理商類型，包括以下幾種（呂明俐，2001）：

一、綜合廣告代理商

綜合廣告代理商（full-services advertising agency）是指能提供廣告主廣告服務、綜合代理各式媒體廣告的廣告公司。所謂代理，可以延伸出兩個意義：一是代理媒體，將媒體的版面與時間銷售給廣告主並從中獲取佣金；另一方面是代理客戶，爲廣告主企劃設計廣告，並向媒體洽購版面或時間刊播。一般人熟悉之聯廣、奧美公司、台廣、台灣電通、東方廣告等，均屬綜合廣告代理商。綜合廣告代理商，除了廣告作業外，尚包括廣告的前置作業與後續作業，諸如企劃、設計與媒體刊播、市場調查等服務。

二、媒體服務公司（或稱媒體購買公司、媒體代理商）

隨著媒體結構日趨複雜，國際媒體部門也紛紛由廣告母公司脫離，於當地成立外商公司獨立運作，使得台灣的媒體環境也隨之變化。由1996年開始，傳立公司在台灣成立第一家媒體服務公司，到了2000年，專營負責媒體企劃購買的公司如雨後春筍般成立，如凱絡、貝利得以及實力媒體等公司，皆爲專業媒體購買公司，負責媒體的通路規劃。媒體代理商之服務項目包括媒體企劃、媒體研究和媒體購買三部分。完整的提供客戶最爲有效的媒體管道，而媒體研究可說是目前媒體代理商業務中相當重要的業務（張素華、石倩秦，2000）。由於媒體代理商可以靈活的運用自己的市場系統以快速改變廣告作業，不必受制於傳統代理商廣告處理的程序，並透過專業的媒體分析爲廣告主提供最佳的廣告決策，使得台灣的廣告主便有越來越多的選擇空間，但市場競爭的白熱化亦可想見。

三、廣播廣告代理商

台灣廣播廣告代理商制度於1965年成形，一開始是由中國廣播公司積極推動，由於中廣的廣告運作制度採取外製外包、內製外包、委製內包等經營形式，於是產生了眾多的媒體購買公司。這類傳播公司爲因應日漸競爭的市場環境，於是自己購買時段自行發包、以銷售廣播廣告檔次爲其經營模式，成爲目前所謂的「廣播廣告代理商」（徐佳慧，1998）。廣播廣告代理商制度的特點，在於代理商扮演廣告與媒體橋樑的角色，對電台經營者而言，除了可節省電台業務部的人事成本，並可降低淡季空檔的營運風險。但缺點是廣播廣告代理商爲積極提高利潤，將節目與廣告結合，常有觸犯事業主管機關法律規定的情事發生。但整體而言，電台與廣告代理商相依共生有利於市場競爭力。中國廣播公司流行網廣告承攬方式即爲典型的外製外包制。廣告代理商每月繳交固定的時段費，即擁有節目製播權及主持人選定權，電台僅指派製作人，名義上負責監督該節目。但其缺點爲利潤低、對通路的掌握力差、容易造成市場價格混亂，且較難提供整體性或多樣化的廣告、促銷服務。新興電台大都強調節目儘量自製以確保品質，因此僅承包廣告檔次給代理商，但仍然有少數電台爲減輕廣告業務的壓力，便將假日時段，以外製外包方式給代理商經營。另一種則只單純爲廣告主發包廣告預算，代理商可協助廣告主控制預算、擬訂廣播廣告策略並安排檔次。最後，則是以簽約方式與電台簽訂銷售量保證，而電台則給予較大的廣告折扣數。一旦代理商達到承諾廣告銷售量或更高達某一數量時，電台便會予以紅利、節目專訪及活動搭配等優惠（黃雅麗，2002）。

肆、電台業務部門角色

商業電台無論電台規模之大小均設有業務部門專責與廣告相關之各項業務，即使有部分廣告來源來自代理商，仍必須設置業務部。以中國廣播公司爲例，其業務部下設：(1)營業組：專職廣告託播和各分台業務聯繫；(2)行銷組：負責各項行銷活動，配合業務部人員辦理促銷活動，使節目主持人與廣告客戶加強互動空間，增加廣告主的信心；(3)管理組：負責節目與廣告審播。電台業務部門最重要的工作包括：制定廣告價格、廣告排檔、廣告託播、促銷活動企劃等。

一、制定廣告價格要素

一般而言，廣告價格制定必須先確認以下幾個要素：

1.市場規模：廣告價格的擬訂，首先必須先確認電台發射功率大小，可區分爲大、中、小功率電台，並且界定其爲全國性、區域性或社區性電台。

2.廣告主的選擇：廣告主可依其產品特性、訴求之目標聽衆，而選擇購買全國性、地方性或聯播網廣告，一般而言，地方性廣告多來自零售商店、電影院等，若是連鎖店如肯德基等，多半會選擇購買聯播網廣告。

3.電台收聽率：廣告主通常會根據收聽率的數字來決定購買電台廣告，意即無論是廣告主、廣告代理商，必先瞭解該台之總收聽率（Gross Rating Points; GRP）及目標收聽率（Target Rating Points; TRP）才能決定媒體購買策略。

二、廣告訂價標準

1.時段：通常電台會將一天分爲數個時段，依不同時段之收聽率訂價。如上下班開車時間屬於AAA級，價格自然最高。依序再分爲AA級、A級、B級、C級等。

2.指定位置（fixed position）：廣告主若屬意某個時段中的某個特定位置，價格自然較貴，若是非固定時間廣告（Run Of Schedule; ROS），則由電台視情況安置在合約規定的時段內播出，通常電台會採用水平式（不同天的同一時段）或垂直式（同一天的不同時段方式輪播）等廣告排檔策略，使廣告主能擴大廣告之曝光範圍。台北ICRT電台就提供這種輪播方案，稱爲Best Available Time Rotation Package，意即「最佳輪播時段配套」，換言之，廣告主可將廣告在每天不同的時間輪播，使每個時段的聽衆，均能聽得到所託播的廣告，其優點是插播費用較前項定時插播便宜（莊克仁，1998）。

3.套裝方案：電台會在費率卡上列出各種不同的組合優惠方案提供給廣告主選擇，通常在訂定廣告費率時都保有相當的彈性讓業務員在和客戶交涉時可以靈活運用，飛碟電台即採用多種套裝方案，方便客戶依預算需求做最佳之選擇。

在美國除了上述之訂價方式外，另有所謂包括交換廣告在內的四種廣告交易方式：

1.交換廣告：指電台以廣告時間交換廠商的產品或服務。這種方式在台灣亦廣泛被使用，如電台舉辦大型活動時，設計一項百萬獎品大贈送則可以廣告時間來交換產品。
2.交換節目：指電台以廣告時間交換免費的節目。
3.按件計酬（per inquiry）：指廣告主不必支付廣告費，而是按廣告播出後所接到的詢問件數或直接售出的產品數量付費。網路時代來臨後，許多網路廣告之收費方式，即以點擊率來計算。也就是有多少人接觸到這支廣告再依議定之費率收費。
4.廣告專案：這是由廣告主提供的資訊單元，長度爲一分三十秒，前有十五秒開頭，接著是三十秒產品廣告（有時放在資訊單元後面），最後有十五秒的結尾，構成總長度不超過二分半鐘的特別播出方式，ICRT電台即提供此種廣告服務，例如，必治妥提供「祝君健康」（To Your Health）等小單元。這種廣告方式，每天由ICRT至少播出兩檔（其中至少須有一檔爲定時），日期爲週一至週五，或週六，或週日。計費方式，乃以三十秒廣告外加25%的特別節目費計價。這個資訊單元所需參考資料原則上由客戶提供，然後交由ICRT負責撰寫中文文稿。爲了保障客戶權益，同類型節目（環保、衛生、電腦、美食等）ICRT只接受一個客戶，但雙方合約至少要半年以上。由於是中、英對照，談的是有關生活上的資訊，故頗受廣告主及聽衆的歡迎（莊克仁，1998）。

另據中廣新聞網網站資料顯示，亦為以時段之分級作為廣告訂價之基礎，並另設計組合專案及資訊單元專案，收費自兩萬到五萬元不等（www.bcc.com.tw）。

三、廣告排檔

廣告排檔的準確性可增強廣告效果，提高電台廣告收益。針對廣播媒介之特性，廣播電台於廣告產製及排檔時，必須考慮下列事項（莊克仁，1998；蔡念中等，1996；陳清河，2005）：

1.收聽率的解讀：此一數據的呈現，關係到廣告的到達率以及接觸頻率，由此可知廣告的播出效果，但仍須再進一步思考聽衆之質化分析。

2.主、副檔次：「主檔」多指在黃金時段，如電視是在晚間七點到十一點，而廣播則以上下班時間以及晚間十一點至凌晨一點為其重要時段。

3.節目、頻道性質：在充分瞭解自身產品特性之後，必須選擇與其屬性相符的廣播節目或頻道作為媒體播放管道，才不致過於突兀，而能收到加乘效果。

4.公關能力：廣告主與媒體之間親疏關係會影響到廣告主的媒體購買意願，通常關係良好，則會定期以「獨家贊助」或專案合作等方式進行媒體購買。

5.時段規劃：根據目標受衆的收聽習慣，選擇不同的時段播出廣告，將會達到「以最小成本獲得最大效益」的目的。

6.排檔時間：排檔的時間會受到淡季或旺季的影響，如飲料廣告大多集中在5、6月，而婚紗攝影大部分會儘量避開在農曆

7月期間排檔；不同的排檔時期，會有不同的廣告預算。

7.語言分配：不同屬性的產品廣告可適時加入不同語言作為其特色之表徵，都可以吸引不同族群聽眾的接受度。尤須考量的是產品的屬性以及訴求區域與族群。

8.重播檔次：廣告的重播檔次越多，其曝光率越大，可以加強對於聽眾的影響力及印象深刻程度；但是否會因重播次數過多，而造成受眾煩躁、厭惡等反效果，亦應列為考量因素。

9.季節議題：此與特定節日促銷有類似的考量因素。在推出產品廣告之前，必須符合當時社會生活脈動及流行趨勢，適時調整產品的訴求方向。

四、廣告託播流程

無論是由電台業務部之業務人員或廣告代理商所託播的檔次，皆有一定的託播流程，以中廣公司為例，其託播流程如下：

1.訂檔：廣告主或廣告代理商旺季時在三十日前，淡季時在十日前，即需預定廣告檔次。預定廣告檔次，一般而言，至少在十日前完成。

2.託播：託播手續以託播單為憑，其格式分為以下兩種：

(1)廣告代理商或外製傳播公司與客戶之間訂約的託播單。託播單載明向廣告客戶實收的廣告費用。

(2)中廣與廣告代理商之間的託播單。費用包括購買時段費用或各類插播檔次之費用。

3.製作完成帶：廣告完成帶的製作，除少數客戶自行錄製外，多半由廣告代理或傳播公司負責製作完成。其製作成本，由廣告代理商自行吸收，以爭取業績。中廣亦提供廣告錄製服務，但須收費。

4.送審：根據「廣播電視法」等有關法令規定，除醫藥廣告外，一般廣播廣告內容得由電台自行負責審查之後，再行播放，其已播放之廣告文稿及錄音帶資料，亦需保存十五日，以備查考。中廣有關廣告內容審查工作，由業務部執行。

伍、廣告產製流程

廣告之產製過程和節目製作基本概念相同，亦可分爲前製、製作和後製三部分來討論，市場因素的考量，以及策略的擬訂，均十分重要（Zettl, 1997；劉新白等，1997；陳清河，2005）。

一、前製階段

主要係針對產品本身內部與外部環境之分析：

(一)市場資訊蒐集

目標聽衆群是廣告產製過程中最重要之基本元素，必須先界定產品的訴求對象，包括年齡、職業、消費能力和習慣、潛在需求等之後，就現行市場進行外部環境分析、消費者資訊、收聽率等數據資料，從中瞭解大衆的喜好取向，以「最大公因數」的概念去預期可能到達的受衆群。同時，亦可分析聽衆的收聽行爲，統整出特定聽衆族群的媒體消費習慣，藉此作出完整的廣告企劃。

(二)內部環境分析

包括企劃、製作、上檔之流程掌控能力，雖然各電台廣告製播流程不盡相同，但基本原則仍一致，就是如何發揮創意，表現產品特色，以完美的製作品質（廣告文案、播音員、音樂音效）達成客戶的要求。

(三)競爭者分析

所謂競爭者分析，包含了廣告及排檔兩部分。廣告部分，其與其他同類型產品之競爭者分析，是前製階段企劃人員及廣告主或廣告代理商必須充分討論並擬訂策略。產品係由廣告主所生產銷售，唯有廣告主才眞正瞭解產品的優缺點爲何，充分與其討論交流，嘗試從廣告主所考量的角度出發，確實瞭解產品屬性及特色所在，始能發揮產品的最大魅力。排檔策略分析則必須依據產品特性，各電台之目標聽眾分析，找出最能讓廣告在預算內達到密集曝光的效果。

二、製作階段

意指廣告的實際規劃與成品帶的完成，其步驟如下：

(一)廣告決策會議

廣告決策會議主要目的在對於產品廣告的性質、訴求對象、呈現風格等大方向作出決定；參與人員包括廣告主、承攬業務員或廣告代理商。

(二)廣告企劃會議

此階段應審核完整的廣告企劃，包括廣告腳本、行銷方式、通路等部分，並經不斷地修改後，必須得到客戶最後之認可。確認後交予廣告製作部門在限期內完成廣告成品帶；參與人員包括電台廣告企劃、承攬業務員或廣告代理商製作小組人員。

三、後製階段

此階段包含廣告成品帶及廣告播出效果之評估。

(一)廣告成品帶評估

廣告製作完成後，必須就整體品質進行評估，包括錄音品質、播音員的表現、剪輯後製成果等。

(二)廣告播出效果評估

廣告播出後，則應瞭解消費者及市場之反應，並應結合產品行銷、公關行銷，進行全面性的行銷活動。在廣告上檔期結束後，則進行播出效果評估。

整體而言，廣播廣告要經過訂檔、製作完成帶與播出及付費等階段。只不過，中廣由於是外製，故在廣告製作方向溝通、腳本撰寫與客戶認可等步驟，早在託播之前便已完成（陳清河，2005）。

陸、廣告業務與促銷宣傳

廣告收入是商業電台的命脈，在整體促銷組合元素中是最重要的一項元素。通常促銷宣傳方式包括：

一、彈性調整廣告價格

廣告價格依旺季及淡季作彈性調整，在廣告淡季時，可以折扣來吸引有季節性的商品，或以低價來吸引廣告主。

二、配套促銷

電台廣告時段不可能隨時滿檔，故可適時以優惠價格提供給廠商，或可以購買一檔黃金時段送三檔一般時段等配套方式做靈活促銷。甚至有些外製傳播公司，手中同時握有中廣流行網、好事聯播網等電台之時段，則採用聯賣方式促銷。

三、跨媒體促銷

廣播可以跨媒體合作的方式，和報紙等其他媒體或企業聯合舉辦活動，做相互的促銷。尤其在推出某一項新產品或進行企業形象促銷時，更適合採用跨媒體促銷，發揮廣告之加乘效果。

四、電台形象促銷

在美國，業務員對廣告代理商與零售商做電台形象促銷十分積極，除了提供各種即時、必要的廣播市場資訊外，並協助他們構思創意，舉辦活動，讓廣告主能夠用最有效的方式，去接觸潛在聽眾。在台灣，區域性電台尤其需要定期進行電台形象促銷，以鞏固廣告主。

五、業務活動促銷

此種贊助方式，由電台業務部與廣告客戶或其廣告代理，以個案討論方式決定，許多空中猜謎、問答、抽獎等活動，即屬業務活動促銷。

第五節　數位時代電台之目標行銷

數位化的廣播科技改變了廣播聽衆的收聽方式，由原有固定的收聽習慣如幾點鐘收聽某人主持的節目，改爲自由的根據自己的時間隨選收聽，所以未來在節目播出時聽衆會準時立即收聽的情況將面臨改變。聽衆可從網路下載節目存取在iPod中，在移動時收聽，或預存在電腦中有空再聽，這種收聽習慣的改變對電台行銷而言亦有革命性的影響：(1)節目內容必須更貼近個人化的需求；(2)節目類型更加細分化；(3)目標聽衆的設定範圍愈來愈小，甚至只滿足某一群體或某一類生活型態的認同者；(4)轉台率提高和聽衆忠誠度降低。

面對新的廣播生態，電台行銷的觀念也必須有所因應。電子媒體的4P行銷策略在產品（節目）、價格、通路及促銷之外，建立以聽衆爲中心的行銷規劃焦點是當務之急，畢竟誰擁有聽衆，就擁有競爭優勢。Ted E. F. Roberts在*Practical Radio Promotions*一書中指出一對一行銷（One-to-one Marketing）、電傳行銷（Telemarketing）、資料庫管理（Data Base Management）是新傳播科技時代電台行銷的新思維。許安琪（2001）在《整合行銷傳播引論》中也論及資料庫行銷、關係行銷、通路行銷是整合行銷傳播中重要的支援性行銷工具。

壹、資料庫行銷

一、行銷資料庫內容

資料庫行銷又稱一對一行銷。學者Mcfadden和Hoffer定義資料庫是由互相關係的資料所組成，是爲滿足組織各種資訊需求設計而成。西北大學整合行銷傳播研究所教授Dr. Schultz所架構的整合行銷傳播企劃流程中，行銷資料庫之內容應包括：

1.消費者個人的人口統計資料和心理變項資料。
2.消費者的購買歷史。
3.消費者的價值觀，包括生活態度、人生目標、商品購買週期及及消費習慣等。

二、聽眾資料庫內容

從此概念出發，電台聽眾資料庫的建立即爲透過電腦科技存檔建立聽眾資料庫，以尋找出特定目標聽眾，使市場區隔策略更加精密，現代化的聽眾資料庫應包括：

1.人口統計變數資料：性別、年齡、教育程度、收入、職業、家庭收入結構、政黨傾向等變數。
2.地理性變數資料：居住地區、都市化程度、氣候因素等。
3.心理變數資料：社會階層、生活型態、人格特質、價值觀等。
4.行爲變數資料：收聽習慣、收聽喜好等。

三、接觸目標聽眾群的方式

聽眾資料庫建構完成後，Roberts提出三種用來接觸目標聽眾群的方式：

(一)直接信函

直接郵寄（Direct Mail）簡稱DM，是自二十世紀初起被認爲是最有效的直效行銷方式。電台可以用直接信函把活動目標集中於某一特殊的群體，例如：由電台廣告主贊助一項只有收到直接信函的人才知道的比賽活動，收到的聽眾在某一特定時段，打電話到電台節目中，說出通關密語，以贏得獎品，目的在於鞏固既有的目標聽眾群。根據Kathern John在《直接行銷結果》（*Direct Marketing Result*）一書中的說法，直接信函這種一對一行銷方法的回應率是最高的。美國著名的收聽率調查公司Arbitron，即提供一份參考手冊名爲*Fingerprint*，內容包含同類型節目在地區性市場中的表現，供電台在規劃直接信函行銷時參考。根據Forrester最新的報告指出，直效行銷要成功，與IT的應用密不可分。因此Forrester針對直效行銷的發展提出以下五項新趨勢，分別為：

1.搜尋行銷將成為直效行銷的關鍵。
2.2010年零售業及旅行業顧客將大量轉移至線上購物。
3.2007年電視行銷市場將會面臨急速衰退而出現創新經營模式。
4.電子郵件將可能為新一代的低價優質的行銷工具。
5.傳統廣告商優勢逐漸式微。

(二)電話行銷

電話行銷是一種較個人化且互動性高的溝通方式。在美國電台中常用來針對在公共場合被強迫收聽的聽眾群進行電台促銷，如超市、零售商店等。主持人直接以電話說出某商店名稱，提出一個問題，請正在某商店購物的聽眾回答，並送出禮物。有時隨機從分類廣告電話中挑選某一商店，提供獎品給經理，之後，再以電話進行猜謎贈獎。以電話行銷的方式，可以針對不同的聽眾，做出個別且立即的反應，可以由對談中瞭解聽眾對電台的意見及觀感。

(三)資料庫行銷

以企業經營的角度而言，資料庫行銷之功能為：

1.可以為消費者提供客製化、個人化的資訊，是低成本高效益的積極做法。
2.有效建立顧客忠誠。
3.累積企業資源（許安琪，2001）。

貳、關係行銷

資料庫行銷也是關係行銷的基礎。Shani和Chalasani（1992）定義關係行銷爲一種整合性的努力以界定維持和建立與個別消費者之間的網絡，經由長期性個人化互動式的接觸，強化此網絡，以維護彼此的利益；相同的論點也可以適用於電台行銷。完整的聽衆資料庫，可以因爲一張貼心的生日卡，有效鞏固目標聽衆的忠誠度。若是在新節目推出時並且可以藉由E-mail達到病毒性行銷的目的。而在網路時代，各電台也藉由線上購買等加值服務，增加電台收益，更突顯了聽衆資料庫的重要性。

參、通路行銷

傳統的電台經營者，較注重節目的設計，及舉辦各類促銷活動，藉以增加收聽率，鞏固目標聽衆。但是面對數位時代的廣播新趨勢，零星的聽友會、年度特別活動，只能鞏固少數聽衆，已不足以擔負維繫舊有聽衆、擴大收聽群之重責大任。所以，如何將通路和傳播資源整合以發揮綜效，是十分重要的。行銷大師科特勒認爲：通路就是連結製造商到消費者之間的管道。原來隸屬行銷組合中的促銷和配銷，彼此間有重疊之處，所以象徵通路和媒介的意涵必須擴大，對消費者而言，媒體的界限模糊了，通路即媒體，通路即廣告，通路即傳播。相同的概念，實證到廣播中，如何積極開展廣播播出的通路和行銷通路，亦是電台經營者的重要課題。在美國有些電台和超級市場、大賣場、飛機場合作，以求增加播出通路。在台灣ICRT亦曾和知名速食店合作過。中廣亦和某知名電子商品專賣店合作，開闢透明播音室，現場播音，爲求增加行銷通路，但是收效並不十分顯著。現今面對數位時代的廣播新趨勢，AM / FM

收音機不再是唯一收聽方式，PDA、Cell Phone、iPod、MP3、網路、車上的衛星接收機，都是收聽的通路。電台可利用內部垂直行銷系統，或外部跨媒體整合計畫，加強通路和行銷傳播效果之間的連結，達成通路行銷的目的。

Chapter 8 數位廣播基礎工程

第一節　數位錄音室的基礎設備

第二節　數位錄音之軟體

第三節　數位自動化播出系統

第四節　網路廣播的工程技術

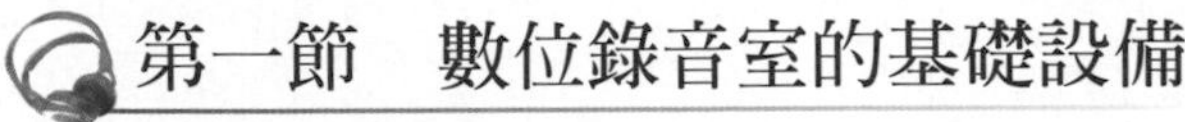

第一節　數位錄音室的基礎設備

壹、類比成音系統

一、類比時代的錄音室

電波訊號的傳送設備及節目製作之錄音設備是影響廣播電台節目收聽品質之關鍵。根據民國95年修訂公布之「廣播電視法」第十五條中明定電台設備標準及廣播、電視事業工程人員資格，應符合交通部之規定。

根據民國97年1月修訂公布之「無線廣播電視電台工程設備技術規範」第十九條之規定：調頻廣播電台播（錄）音室應作建築音響及隔音處理，並得採下列規範辦理：

1.建築音響：空間大小及殘響時間符合附表曲線圖。
2.隔音：達到NC20標準。

一般而言，殘響作用（reverberation）與隔音作用是決定播音室好壞的二大因素。所謂殘響，就是音波遇到阻礙而反射所產生的餘韻。餘韻過於活潑或寂滅，對於播音都不適宜，故必須尋求適當的迴響時間（reverberation time），迴響時間就是從聲源發出的聲音終止那一瞬間起，到它的餘韻衰弱消失爲止的這段時間。

播（錄）音室的殘響時間，要視牆壁、地板和天花板等承受音波的能力而定。不同大小的播音室，要視其長、寬、高來決定其標準殘響時間。

決定播音室好壞的另一因素爲隔音作用。播音室的功能，是保證聲音不受外界雜音的滲入，所以無論是入口的門、地板、天花板、牆壁內外等建材之使用，均應考究。播音室除隔音效果外，也要配以空調與燈光設備，讓工作者於播音室內，有愉悅及舒適之感。室內殘響時間（RT60）是計算一個聲音訊號從發出到消失，在某個空間內所需要的時間。RT60太長也就是反射音太多，聲音會混濁不清晰；反之則是吸音過度，聲音乾澀不夠圓潤（陳湘允，2003）。

室內殘響時間計算方程式：RT60＝（0.161×V）／A
V＝所有房間容量的立方米
A＝所有吸音表面積的總和

根據美國無線電工程手冊，對於播音室之面積，其高、寬、長之比例爲：

1.播音用：1：1.25：16＝10呎×12.5呎×16呎
2.一般節目製作用：1：1.6：2.5＝10呎×16呎×25呎
3.長方形：1：1.25：3.2＝10呎×12.5呎×32呎
4.天花板較低者：1：2：3.2＝10呎×25呎×32呎

在台灣，交通部曾頒布「調幅及調頻廣播電台工程技術及設備標準規範」，對於控制室（control room）和播音室（studio）的面積及其設備，皆有詳細規定（如**表8-1**），現今爲因應時代變遷，各廣播電台於申設或換照時，可依電台需求，檢附工程設備及製播器材購置計畫並說明即可。

表8-1　調幅及調頻廣播電台設置規格參考表

	控制室面積	播音室面積	限制放大器	現場轉播設備
調幅電台	不得小於九平方公尺	不得小於十二平方公尺	一套	一套
調頻電台	不得小於九平方公尺	不得小於二十平方公尺	一套	一套

資料來源：調幅及調頻廣播電台工程技術及設備標準規範。

二、類比時代之成音設備

類比時代的廣播電台，其播音室中之成音設備可依電台規模之大小作適當之規劃，但基本設備，則包括：(1)廣播用成音混音器；(2)雷射唱盤；(3)卡式錄音機；(4)麥克風；(5)調諧器；(6)喇叭；(7)耳機；(8)音頻等化器；(9)環繞音裝置；(10)麥克風微處理器；(11)錄放音頭；(12)監聽用功率放大器；(13)音源線；(14)對時器；(15)成音室控制桌椅及機架。

三、自控自播式播音室設備

目前各電台對於錄音室之設計，除了傳統的控制、播音室分離式設計之外，亦有自控、自播式播音室的設計。一則可節省空間增加坪效利用，再者主持人自控自播，更能絕對擁有掌控節目氣氛的自主權。一般來說，簡易的自控自播式播音室所需設備包括：(1)混音鍵盤（console）；(2)麥克風（MIC）；(3)雷射唱盤（CD player）；(4)監聽喇叭（speaker）及耳機（headphones）。

(一)混音鍵盤

混音鍵盤最主要的功能是可以供應多重路徑之音源，包括來自於麥克風和其他各種音源。鍵盤上的每一道音軌，都可以個別地調整其音色、音質及音量，再將這些聲音混合成爲左右兩聲道，錄進錄音機。除此之外，混音鍵盤還具有各種輸入和輸出聲道，提供連接各種樣式的效果機使用，並將聲音送到監聽喇叭系統。

另外，在自控自播的錄音室，混音鍵盤除前述的功能之外，還有以下的功能：

1.具有麥克風與監聽喇叭自動開關與控制。

2.具有線性推鈕（fader start）功能，可遙控相關的放音設備。

3.每一聲道均有on/off開關。

4.每一聲道均可監聽，並可從耳機監聽。

(二)麥克風

麥克風依方向特性及拾音功能可分爲三類：

1.全方向性麥克風：只要音源與聲音響度和麥克風的距離相等，無論音源來自哪個方向，其聲音的音壓與靈敏度都保持一樣，稱爲「全方向性麥克風」。

2.雙向性麥克風：雙向性麥克風靈敏度最佳的範圍是在麥克風的正前方及正後方，因此，不易收錄四面的聲音，同時，由於其拾音的特性，最適合收錄談話性節目的聲音。

3.單向性麥克風：單向性麥克風能收錄特定方向的聲音。它能摒除外在的雜音，因此，在周圍十分吵雜的環境中，如欲收取同方向的聲音時，就可使用此一類型的麥克風，凡是大型綜藝節目主持人或一般新聞採訪，大部分都使用單向性麥克風。

4.超單向性麥克風：這型麥克風適用於收錄特定方向狹窄範圍的聲音。由於其音源純淨，不易收取環境雜音，故諸如電影外景收音、新聞採訪及體育節目之現場收音，都使用此型麥克風。

(三)雷射唱盤

通常在自控自播式播音室中至少需要二台雷射唱盤。

(四)監聽喇叭及耳機

一般錄音室的監聽器材包括：監聽揚聲器（monitor/speaker，即俗稱的喇叭）及耳機（earphone）。

錄音室內的監聽揚聲器（喇叭），是人耳與播音機器溝通的唯一橋樑，也就是說，音樂必須透過揚聲器，錄音師才能藉耳朵來瞭解實際聲音究竟爲何，然後再來控制混音比例、各種樂器的音色，以及排列位置等。

至於耳機的功用，是在錄製節目時，爲了不干擾正常節目進行播出或錄音，用來監聽或檢聽其他音源信號之用。專業用的耳機，是屬於封閉型耳機樣式。它是在耳罩裡裝著小型的揚聲器，由於耳罩內是密閉的，因此戴上這類耳機時，必不受周圍聲音的影響。非常適合用來監聽或檢測聲音效果。

貳、數位錄音的優點

聲音在數位化前，是以聲波的形狀記錄儲存在磁帶上，這種聲波的保存方式是一種「類比」訊號的處理方式。而「數位」化是將聲音的特質轉換爲「取樣率」及「解析度」。「解析度」是指用多少個位元來表示聲波樣本的振幅，通常使用8位元或16位元來表示聲波振幅的範圍。聲音的「取樣率」是指每秒鐘所採集聲波樣本的次數，一般音樂光碟片的取樣頻率約爲44.1KHz，也就是等於「一個週期每秒鐘」41,000次，而在DAT的取樣頻率則可達48KHz，相對的取樣率及解析度越高也就表示聲音的品質越好。

在數位錄音硬體中，磁碟記憶存取空間的大小，是依聲音的長度及聲音的取樣頻率爲基準。一般16-bit 44.1KHz立體聲的資料量每分鐘約爲10MB，所以一張空白CD（680MB）最大可容量爲七十五分鐘，如遇到硬碟儲存滿載時，可以依系統換一顆新的硬碟，或利用外接抽取式的儲存設備將資料備份，如SCSI的Zip、MO等，或以燒錄方式儲存資料也可以，而這些儲存設備必須注意存取的速度與效能。

使用數位錄音時，必須先進入錄音系統軟體中將資料存入或儲存，系統就會記錄所有錄放音的位置，錄音工作者可將聲音以線性方式錄進硬碟中，或直接讀取聲音檔案素材，然後將無聲及靜音或雜訊的部分去除。

數位錄音的好處，是它的混音功能和訊號是以全數位的形式在傳遞，加上硬碟數位錄音的系統中，錄音座與混音器是爲一體，所以沒有複雜的訊號線，也大大的減少了雜訊及訊號流失，音質會更加清晰分明。另外混音器有自動混音的功能，可以記憶好幾組的混音動作，能減少操作時的失誤。數位化作業的優點，是將聲音錄製在硬碟裡，把聲音轉變成數位檔案資料，然後再做效果處理、移動、複製、刪除等編輯動作。

如果在錄音時因疏忽把錄好的資料破壞掉，只要回覆上一個動作，就可以馬上回到上次錯誤前的狀態。在多軌錄音中，經常遇到音軌不夠的問題，這時可先將數個音軌的聲音資料混音完成，錄成一軌或兩軌，將混音完成的音軌騰空出來，然後再錄製其他的聲音資料，但缺點是會增加錄音的時間，且混音時也比較不好控制。另外可採「虛擬音軌」作業模式，即將所有效果器及混音器所處理的動作記錄下來，「虛擬音軌」解決了必須使用多軌模式作業使用者的需求。總括而言，數位錄音的優點如下：

1.節省時間：類比時代聲音的剪接，必須從聽音辨位的技巧上，將聲音的切點切乾淨，銜接處才能非常自然順暢。同時在類比聲音的錄製過程中，做錯一個步驟就必須全部重來。現在只要會使用電腦，只需數小時就能學會一個剪接動作，數日的練習就能達到專業的剪接技術，各類特效及音樂之擷取也較爲簡便。
2.節省金錢：以往建置一間錄音室器材設備的投資預算非常高，小規模錄音室的經營相當困難，但是現在數位專業錄音室進入門檻相對降低很多，這使得有創意的人有機會成立個人工作室，以承接專案的方式進入此行業。

3.硬體及軟體技術的成熟：電腦的發展影響了錄音模式，也影響了錄音室設備的設計概念，許多支援PC的軟硬體都已到了相當成熟的階段。聲音直逼專業數位錄音的品質，因此對小製作或低成本負擔的工作室而言是一大利多。

參、數位錄音工作站

由於現在數位專業錄音室進入門檻降低很多，所以建置數位錄音室也較以前容易，數位錄音工作站（Digital Audio Workstation; D.A.W.），是一般錄音、個人音樂工作室或樂團等相當實用的錄音設備，雖屬小型的錄音工作站，多半使用內建或外接的硬碟（Hard Disk; HD），或是ZIP、MO（Magneto-Optical Disk）等抽取式儲存媒體（Removable-Storage Media）作爲錄音媒介，其原理與以電腦平台作爲錄音的工作站類似，依型式，可做多軌的錄音，擁有自己的音量推桿（Fader）、EQ（Equalizer）等化器及各種運用功能的旋鈕，以及不同型式的輸出入端子接頭（I/O）、AUX（Auxiliary）輔助端子等，有些機型附有內建電容式麥克風（Condenser Microphone）所需的+48V虛擬電源（Phantom Power），以及外部連接擴充埠，有些機型還可連接CD-R可直接支援燒錄CD，另外還可連接MIDI的訊號作同步錄音或MMC（MIDI Machine Control）控制外部的器材設備等功能，此類型的錄音工作站亦擁有聲音編輯及混音的能力，可說是集多軌錄音機、混音器、訊號處理器於一身的錄音設備。（www.gtxs.net）一般而言，數位錄音工作站可依預算之多寡作適合的調整。基本配備如**表8-2**。

表8-2　數位錄音工作站基本器材配備表

NO	品名	單位	數量
1	24軌混音機	台	1
2	8軌數位式硬碟錄音機	台	1
3	數位錄音介面卡（44K；16Bit）	片	1
4	雙卡式錄放音機	台	1
5	CD唱盤	台	2
6	可錄式CD錄放音機	台	1
7	MD錄放音機	台	1
8	DAT（Digital Audio Tape）	台	1
9	聲頻壓縮限制擴展器	台	1
10	監聽擴大機	台	1
11	2音路監聽揚聲器	支	2
12	數位效果器	台	1
13	4CH耳機放大器	台	1
14	監聽耳機	支	2
15	麥克風	支	依預算
16	19吋電腦VGA螢幕	台	1

資料來源：www.gtxs.net，作者自行增修整理。

第二節　數位錄音之軟體

網際網路時代的來臨，電腦之普及，軟硬體技術成熟，使得人人可以在家當DJ。由於錄製節目之目的不同，所以必須選擇合適的軟體，目前的軟體運用可分爲四類：(1)純聲音錄音用軟體（Digital Audio）；(2)音樂製作用軟體（MIDI Software）；(3)編輯後製作專業軟體（Editing or Mastering）；(4)光碟母片製作軟體（CD burnin）。一般而言，音樂製作用軟體通常即包含聲音錄製功能，關鍵在於對聲音檔的要求，如WAV檔或是MP3檔規格要求即不同；至於編輯後製作專業軟體以及光碟母片製作軟體則可依實際需要來選購，但外掛軟體（Plug-in）的價格則因支援功能的大小而有所差異。至於在錄音卡（Sound Card）的硬體方面，自低價功能的簡易版本，到商業錄音室使用的高價專業等級皆有，從功能來看支援24-bit，96KHz的規格已是最基本的要求，除了最基本的MIDI I/O以及S/P-DIF的數位輸出／入規格，具有同軸與光纖輸出／入端的功能外，AES/EBU的數位格式輸出／入功能也提升低價版錄音卡的價值，而20-bit的類比轉數位效能，大大提升了聲音的動態範圍與音質，另外值得一提的是，類比輸入端已由傳統上非平衡輸出／入的Phone jack或RCA，進步到平衡式XLR的輸出／入模式，甚至提供了麥克風直接輸入法，從最簡單的動圈式麥克風輸入，到供應+48V Phantom Power的電容式麥克風完全支援，而到增加ADAT光纖數位輸出／入的規格，顯示出錄音卡選擇的多樣性，不過應注意的重點在於它本身所使用的Driver是否支援ASIO、ASIO 2.0、EASI、DirectSound、MME、OMS和 Sound Manager等眾多軟體驅動介面，因為那是影響軟體表現的一項重要層面。

另外在介面器材（Audio interface）的部分，具備有ADAT數位輸出／入使錄音者一次可以同時有八至十六個AUDIO Input在錄音軟體中可以打開來錄音；當然除了基本的24-bit，96KHz的規格之外，支援AES/EBU的30KHz-100KHz以及ADAT的38KHz-50KHz已經成為一個重要趨勢；一旦有了介面器材則表示不一定要有一般常用的混音器，因為大部分的介面都包含了二到四組麥克風輸入的功能，甚至也有專業麥克風放大器廠商設計了八組麥克風輸入放大器，同時具有ADAT光纖輸出的數位功能，滿足錄音者在最少的器材設備情況下，獲得最佳的錄音狀況；另一方面影音同步介面是最起碼的配備，這對聲音與影像的數位製作整合有非常重要的意義，這意味錄音者可以將專業的錄音軟體，搭配在任何一種形式的影像製作環境，而DVD的編解碼格式，在軟體遙控介面器（Remote control）的部分，以傳統混音器的形式爲設計方向，搭配USB介面，人性化的功能使任何人可在最短的時間，學會透過遙控介面操作錄音軟體。

第三節　數位自動化播出系統

壹、DALET電腦錄音及自動化播出系統

進行數位編輯時一定必須使用數位編輯軟體來進行，以便收事半功倍之效，目前在業界流通使用最爲廣泛及便利的即爲「DALET電腦錄音及自動化播出系統」，在上述的收音讀取過程中，最適於存取於電腦的硬碟中，方便進行編輯及數位典藏。DALET電腦錄音及自動化播出系統的主要功能及編輯方式簡述如表8-3。

表8-3　「DALET電腦録音及自動化播出系統」應用模組

應用模組	功能
分類瀏覽區（Base Browser）	・Base Browser主要功能，除了可管理資料庫內音源檔與資料記錄檔外，使用者的權限層級規劃亦包含在內。 ・直接於音樂標題上按下滑鼠右鍵，則有快顯功能表，不需額外執行其他程式，隨時可編輯音樂標題、刪除音源、播放／預聽音源。 ・提供線上搜尋功能，除了可以音樂標題與演唱者為搜尋條件外，尚可就其音源長度與使用期限搜尋，並可使用萬用字元（*星號）。 ・可輸入各項音樂短評資訊，主持人不需攜帶大量文字稿，即可掌握第一手的資訊。 ・輸入音樂前奏秒數，可讓現場主持人有效掌握時間不會踏歌。

（續）表8-3 「DALET電腦錄音及自動化播出系統」應用模組

應用模組	功能
簡易錄音模組（Recorder）	此項應用主要是提供快速錄音。可用來錄製歌曲、片頭、串場、台呼、新聞、集各項音樂檔案，在此項應用中可執行錄音、監聽，甚至於清除音樂檔，在錄音過程中，只需設定好輸入位準、錄音、微調、輸入歌曲名、指定儲存目錄，即完成錄音程序。
現場播出模組（Navigator）	Navigator設計目的是為了提供現場播出使用。 •一次可供二軌播出，亦可讓現場播出的主持人尋找Cue點以便播出。 •可快速方便的直接由分類瀏覽區內將歌曲以滑鼠拖曳至Navigator播出單內播出。 •在Navigator播出單內的任何曲目，可讓主持人隨時且靈活的以滑鼠拖曳方式調動更改播出順序，或移除不想播出的曲目。 •Navigator提供三種播放模式：單曲播放、連續播放與指定連續播放。 除了在播出過程中，系統會依管理者的設定，自動以倒數或正數的數字鐘方式顯示該曲目剩餘或已播出時間外；如該歌曲在建檔時有輸入前奏秒數，Navigator除了會將秒數顯示於播出單上外，在該首歌曲播出時，自動會在數字鐘旁的沙漏中倒數計時，讓主持人瞭解距離演唱者的聲音出現尚餘多少時間，因此不會踏歌。
現場節目音效模組（Carts）	Carts的功能與Jingle的功能相仿，皆是提供主持人掌控現場氣氛的利器。不同的是，Jingle最多只能存放三十二首的台呼及特效音樂；而Carts提供四十八個卡匣，每一卡匣內可存放十二首台呼及特效音樂，因此共可存放多達五百七十六首的台呼及特效音樂。
節目／廣告編輯模組（Log Editor）	•Log Editor模組提供編排節目與廣告播出單。 •只需一套系統，既可管理多個播出網，各網播出節目以樹狀架構列示，不僅一目了然，且易於管理控制。 •節目管理人員可將各網播出紀錄列印存檔，節省以往人工手寫費時的困擾，Dalet Impex播後報表軟體可供使用者匯出Excel檔案，由使用者指定某段時間內，播過的歌曲，再以Excel進行條件排序。 •如需重播節目時，使用者只要按下複製鍵後選定日期與時段即可。

（續）表8-3　「DALET電腦錄音及自動化播出系統」應用模組

應用模組	功能
	• 使用者可事先定義播出單範本，日後僅需簡單的以套用方式將該範本置入各網的播出節目單內。 播出單內的音源可使用Log Editor所提供的混音鍵，事先製作Fade-In、Fade-Out與Cross-Fade效果。
自動播出模組（Autoplay）	• Autoplay模組會自動載入Log Editor所編排的節目單，並依排定的時間自動播出。 可設定Autoplay以手動或自動方式播出節目單之節目。
單軌及四軌／八軌音源編輯模組（Surfer Surfer4/8）	• Surfer主要提供聲音檔案基本的剪輯功能。 • 在分類瀏覽區內以滑鼠拖曳方式將聲音檔載入Surfer音軌內，載入後出現音源聲波圖形，即可開始剪輯。 • 將欲編輯的音源以滑鼠反白後，利用剪下、貼上與複製等功能完成所需的編輯動作。 • 系統提供無限的復原（undo）與重複（redo）動作，使用者做了錯的編輯動作後，可無限次的復原或重複。 • Surfer模組中提供多項預聽音源的功能，除了正常速度的播放外，尚包括：快速前進、快速後退、只播放反白區內音源、播放反白區外的前後音源。 • Surfer模組亦提供錄音功能。 • 錄製商業廣告時，由於錄音人員在錄製音源檔較難精確掌控錄音時間長度，廣告常無法一次就能在廣告客戶所購買的廣告秒數內完成，因此，Surfer提供可調整最終錄音長度的功能。 • 系統採用的音源壓縮格式為MPEG II，如有需要，Surfer提供可存取為其他的聲音檔案格式，如：Windows WAV、PCM、ADPCM、Raw MPEG等；或將其他的音源檔格式轉換為MPEG II格式，以供系統使用。 Surfer的標題列上會自動計算並顯示系統伺服主機內硬碟容量尚餘多少時間可供使用者錄音，方便管理人員有效掌握硬碟空間。
系統時鐘模組（Top Clock）	Top Clock主要功能在於幫助使用者瞭解目前的系統時間，管理者可設定以十二小時至二十四小時之顯示，並有校時功能。

資料來源：怡德視訊（2007），作者自行整理。

進行數位編輯後，節目的錄製已大致完成，可運用DALET電腦錄音及自動化播出系統，以無人監控之方式進行電腦自動播出，藉電台塔台發射機進行發射。

貳、RCS音樂自動化播出系統

中國廣播公司在1994年8月完成中廣音樂網自動化系統。電腦硬體選用以穩定度高而聞名的美商NCR廠牌產品，成音設備採用瑞士STUDER廠牌的產品爲主。並和美國廣播資訊化服務公司（Radio Computing Service; RCS）公司簽訂軟體合約完成音樂資料庫之初期建置。

中廣音樂網自動化系統是一套完整的全數位化廣播節目製作和播出系統。此系統有四大主要功能：(1)音樂和廣告音源的數位化和儲存管理；(2)電腦輔助編排節目；(3)插播廣告的編排；(4)節目的自動化播出。

一、音樂和廣告音源的數位化和儲存管理

傳統的類比音訊儲存方式，無論是盤帶、卡帶或是匣帶，就算在最佳的情況下，皆無法避免在音源錄製和復原的時候不同種類的雜音的滲入。而保持這些盤帶機的最佳狀況不僅需要經常性的專業維護，高品質的盤帶，且必須庫存昂貴的零件以備不時之用。歐美國家，因爲絕大部分電台均是現場節目型態，而音樂節目則以播放CD唱片爲主。此類作業雖然可以保持最佳音質，但是必須人工操作，且不易管理（電台經營者無法掌握節目主持人實際播出之歌曲）。因爲音樂網節目製作型態採用無主持人且非現場模式，相當適合自動化播出作業。雖然RCS系統具備連接和控制多台傳統成音設備，如盤帶機、CD唱機或CD唱片櫃（JUKEBOX）的能力，爲

了避免傳統機械式成音設備與電腦設備介面的準確度問題，和對於音源品質的最高水準要求，故將全部音源（音樂、廣告、台呼和特效）數位化後儲存於具高容錯性和穩定性的磁碟陣列儲存系統（Redundant Array of Inexpensive Disks; RAID）。初期儲存系統容量規劃爲（以一首歌曲平均三分鐘長度）五千首節目用音樂歌曲。音源數位化且儲存於電腦式磁碟機有相當多的好處。無論同一首歌曲在一年三百六十五天節目內使用多少次，因爲其數位化特性，最後一次播放的音質與第一次是一樣的，而且因爲電腦磁碟機旋轉速度高達每秒五千四百次，在系統內任何一首音源幾乎可以瞬間找到和隨時播放。關於設備穩定性，今日的電腦磁碟機平均故障率值均超過二十萬小時，更由於應用了RAID的技術，雖然儲存系統是由二十顆高容量磁碟機組合起來的，任何一顆磁碟機的損壞不會影響系統的運轉和任何一筆資料的索引。NCR的設備更進一步容許線上抽換磁碟機，使得系統可在不需停機的情況下做大部分的維修工作。以音樂網二十四小時播出，系統的穩定度和線上修復能力是相當重要的。

二、節目的製作自動化

音樂節目的編排是一項相當具創意且偏重個人感受的作業。節目製作人員依可以選擇的音樂種類，製作時的心情和其他因素皆可能產生不同音樂的組合和不同感受的節目。在這方面，音樂網系統提供了數百種不同方式和規則來描述各種歌曲和其搭配方式。歌曲描述方式有如曲名、作者、演奏者、唱片名稱等基本資料，還有歌曲的節奏、曲風、適合播出的時段、重複率，音樂種類等細項資料。經由每首歌曲完整的描述，事先訂定的節目型態和樂曲與樂曲銜接的規則，音樂網將藉由電腦軟體的運算，產生每日每一個時段每一首歌曲的節目進行表。

當然，電腦不是萬能的，而音樂節目製作又包含相當多的創意成分。雖然電腦系統將自動編排節目進行單，音樂網製作人員必須利用一至兩個小時執行後續節目單調整工作，是無法省略的。

三、插播廣告作業

中廣音樂網自動化系統不具備完整廣告託播作業功能（客戶資料管理、業務營運統計資訊、廣告託播單和相關作業管理功能），但是此數位化系統容許廣告音源的數位化，且能經由數位音源處理方式，很準確的調整各廣告檔的時間（十五秒、三十秒或一分鐘），以往許多廣告檔在錄製時多或少一兩秒的情況，將因爲此系統的引進而有所改善，每個時段節目進行準確度也將因而提升。當每一個廣告檔皆數位化儲存於系統之後，其處理和編排方式與其他數位化音源，如音樂或台呼，皆一樣。其優點包括廣告不需重複過帶，廣告抽換相當方便且迅速（任何修改皆可以在一、兩分鐘內解決），管理方便（系統記錄每一個時段播出的結果，經由報表列印，供公司管理單位稽核用）。

四、節目的自動化播出

任何一套自動化系統，系統時間掌控必須準確以便正確啓動各項設備，因應事件的發生（音樂或廣告的播放、現場新聞的插播或整點報時等作業）是系統成功與否的關鍵事項。音樂網電腦系統規劃固定與公司標準時鐘每一小時均自動對時一次，且能夠瞬間更新網路上的播出工作站。在掌握精準的時間下，音樂網系統可以按照事先編排好的節目單，在無人操作的情況下自動執行節目的播出（孟慶豐，1994）。

RCS公司爲了滿足節目製播人員與業務部門順暢的編排出電台活動宣傳、台呼的需求，推出LINKER。1983年，CD及數位成音時代來臨，五年內，RCS再度研發出首套全數位自動化播出系統：Master Control™，從此結合Selector及LINKER，廣播電台就有了完整的錄音室製播系統。1993年時，全世界有二千家電台使用RCS的專業軟體；Selector已經獲得五千家以上電台選用。另外，RCS研發出即時音訊辨識技術，並已應用在媒體監測（Media Monitors）服務上，監聽美國、加拿大及其他多國共一千家以上電台所播的廣告與歌曲，以作市場調查分析報告之用（www.rcsworks.com.tw）。

第四節　網路廣播的工程技術

網路廣播可分為點對點（unicast）和群播（multicast）兩種。使用群播方法在頻寬的使用上較有效率；而使用點對點的方法可針對每個使用者作傳送，各有其優缺點（葉文煌，2000）。

壹、點對點傳送方法

播放已錄製下來（Record）的節目使用點對點傳送方法，聽衆可以隨時做點選節目的動作，而伺服器端會為每個聽衆分配一個網路頻寬，所以聽衆可以從頭到尾收聽網路廣播節目。但若是播放現場的廣播節目，每個聽衆同時點選節目，由於節目不是從頭開始收聽，所以每個聽衆都會收到相同的廣播資訊，但伺服器端還是會為每個聽衆分配一個網路頻寬，如果同時有許多聽衆收聽同一個網路廣播節目，其頻寬使用量就會成線性的增加而造成網路頻寬的浪費。Microsoft的Media Server和Real的Real Server，就是利用點對點傳送的方法（葉文煌，2000）。

Microsoft公司出的MMS（Microsoft Media Service），由於MS Windows的占有率高與Windows2000的推出，使得使用MMS的人，有日益增加的趨勢。有關MMS的做法如**圖8-1**所示。整個流程爲：Internet與Intranet的使用者由網頁中點選喜歡的廣播節目，瀏覽器將相關的資訊傳給使用者端的Windows Media Player（或其他Windows的相關軟體），再由Windows Media Player（或瀏覽器）依MMS協定，向Windows Media Server要stream的資料，來播放廣播節目（葉文煌，2000）。

而Progressive Network公司出的Real Network System相關軟體，包括伺服器（server）與播放器（player），亦是目前網路上最常見的聲音影像傳輸軟體之一（如**圖8-2**）。一方面，它提供了plug-in的功能，可以很輕易的和現有的瀏覽器（Netscape，Microsoft Internet Explorer）結合，另一方面，它還提供了近乎real-time的線上廣播功能，所以亦被大部分的使用者所接受。可是，Real System的plug-in功能，其實是透過HTTP協定，由瀏覽器一小段一小段地向伺服器取回後播放，並不算是眞正的資料流（stream）模式。之

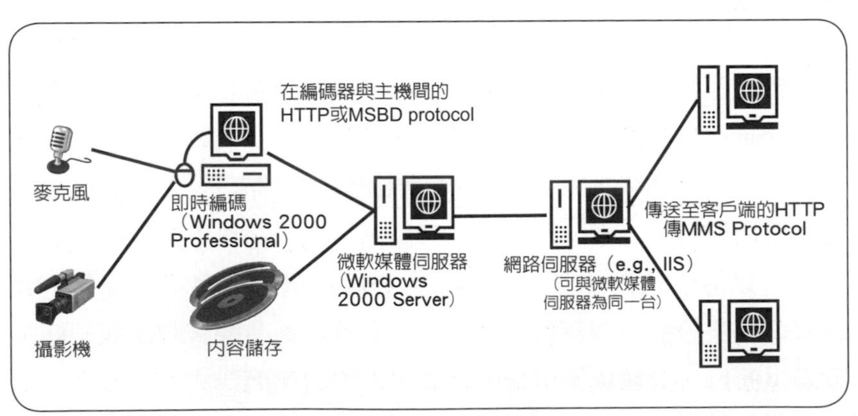

圖8-1　MMS架構

資料來源：葉文煌（2000），《無線網路環境下之廣播資訊快速下載》。

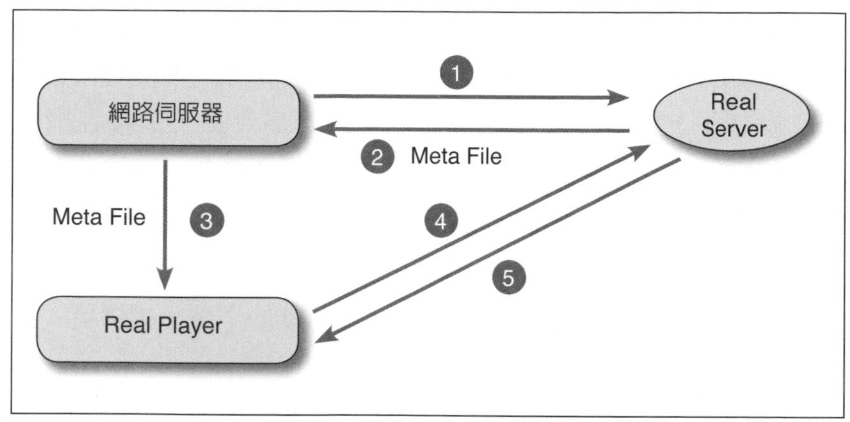

圖8-2　Real System架構

資料來源：葉文煌（2000），《無線網路環境下之廣播資訊快速下載》。

所以這麼做是因爲瀏覽器的plug-in功能只能支援瀏覽器認識的協定（葉文煌，2000）。

貳、群播傳送方法

播放現場（Live）的節目使用群播傳送的方法，若同時有許多使用者點選同一個網路廣播節目，也不會造成網路頻寬的浪費，因爲群播是多點（Multi-point）同時接收的，所以伺服器端只會分配一倍的網路頻寬並只傳送一份廣播資訊，在每位使用者都可以收到相同的廣播資訊。在播放一個已錄製下來的廣播節目時，使用者如果想要從頭開始收聽，可以使用Hot Vod的演算法縮短等待時間，否則使用者只能從一半的地方開始收聽。Mbones tools RAT、live.com、LiveCaster、CISCO IP／TV等都有網路群播的功能，在網路上是以RTP（Real Time Protocol）、UDP（User Datagram Protocol）的格式做資料傳送（葉文煌，2000）。

當然，如果要接收由群播所送過來的廣播資訊必須在Mbone（Multicast Backbone）的網路裡，除非和播放端（Server）在相同的區域裡，否則無法接收群播過來的廣播資訊。直接在網路上接收MP3廣播資訊並且直接播送出來的工具很多，而這些工具都必須能夠接收以RTP和MPEG聲音格式為主的廣播資訊（葉文煌，2000）。現今可用於收聽網路廣播之軟體程式非常多，如winamp、Freeamp等，聽眾可以在網路上方便的下載，選擇更人性化之操作程式收聽網路廣播之節目。

Chapter 9 電子媒體視聽率調查

第一節　電子媒體視聽率調查發展簡史

第二節　電子媒體視聽率調查之影響

第三節　視聽率調查方法

第四節　解讀視聽率

電子媒體視聽率調查之發展源自1927年一位美國的發酵粉商人委託Crossley商業調查公司調查其所投放的廣播廣告效果開始，至今已有八十多年的歷史。在數位時代來臨之後，由於數位匯流及各種數位新科技接收設備之運用，使得傳播媒介與閱聽眾之間的關係亦產生極大的變化。其中閱聽眾收視習慣由被動轉成主動，所產生的延遲收視（time-shifted viewing），MP3、iPod及iPhone等數位行動接收盛行後，移動式的收聽方式及收聽地點，使得節目分類走向更加細微化而進入了微收視率的時代；爲因應數位時代的到來，近年來電子媒體視聽率調查公司積極發展新的設備、新的調查軟體，並有了革命性的改變。

第一節　電子媒體視聽率調查發展簡史

壹、美國

1929年Archibald M. Crossley發表了一項全年度的廣播收聽率調查報告。1930年美國廣告代理商協會（American Association of Advertising Agencies; 4A）和全美廣告主協會（ANA）正式成立了Cooperative Analysis of Broadcasting（CAB），是美國第一個以科學方法來進行聽眾研究的機構。他們以家中裝有電話者爲抽樣母體，根據隨機抽樣原理以科學方法選出樣本戶，再打電話詢問這些樣本戶在前一天都聽了哪些廣播節目，依此來決定哪個節目的收聽率最高，雖然這種電話回憶法（Telephone Recall）後來被同步電話調查法所取代，不過其精神至今仍被延用，如Birch Report即修正其缺點後繼續加以採用（Birch公司在1987年賣給VNU而退出市場）。1935年C. E. Hooper公司以同步電話調查法詢問受訪者在接電話的那一刻是否正在收聽廣播、收聽哪個節目等問題來從事定期的收聽率調查。各廣播電台、廣告商都會按時收到調查結果資料，而節目的存亡也就大致在這份調查報告資料中。1936年A. C. Nielsen以革命性的手法推出了紀錄器調查法（Audimeter）即在收音機上裝上了Audimeter可以連續記錄收音機的使用狀況。並定期出版NRI（Nielsen Radio Index）。為避免調查範圍的重疊，此時Hooper公司轉型為從事區域性的地方電台收聽情況調查。在電視正式播出而成了強勢媒體之後，Hooper遇到的勁敵是以面對面訪問法，測知收聽率的Pulse公司。Hooper公司在六〇年代退出了市場，Pulse公司也在1978年退出了收聽率調查市場。此外，在1969年成立的Statistical Research Inc（SRI）公司每年出版一次的*Radar Report*，它是唯一針對全國性的廣播網所作的收聽調查報告，它採用電話調查法，回收情形良好。唯一的缺點是每年只有一本報告，單位成本頗高，之後經過改組與轉型為Knowledgenetworks/SRI（KN/SRI），放棄了*Radar Report*，現今*Radar Report*由Arbitron 調查公司繼續執行。自2007年起改為每季出版一次。每年出版四本報告。KN/SRI目前則從事以消費者研究為主的四項調查：(1)Proprietary research；(2)Yellow pages Market Reporter：在2005年，KN/SRI受Yellow Pages industry委託建置了Yellow Pages市場調查員，在全美各區進行消費者行為調查；(3)The Home Technology Monitor：在2006年，GAO（Government Accountability Office arm of the US Congress）採用了HTM報告針對數位電視進行評估。基本上HTM的核心研究：包括Television ownership（家庭影視設備），Home technology（電視、電腦、行動電話等器材使用），How people use television（消費者如何使用包含行動影音設備、寬頻網路DVR等）；(4)MultiMedia Mentor提供廣告商及媒體購買公司各項調查資料作為設定目標觀眾之依據。在區域性的收聽率調查市場中，Arbitron公司繼之而起，獨領風騷至今。

一、A. C. Nielsen媒體調查公司

1923年Arthur C. Nielsen成立了Nielsen收視率調查公司，1950年開始提供電視收視率調查服務。尼爾森媒體研究部的主要業務是提供各電視節目的收視人數報告，用以幫助其客戶瞭解閱聽眾如何使用電視，讓客戶能做出更快、更好的廣告分配決策，以增進電視廣告和排檔的效益。使用尼爾森收視率資料的客戶包括全國無線及有線電視網、地區性業者、節目供應事業、電視台、地方有線系統業、衛星電視業、廣告商及廣告主、節目製作業及電視購買業。A. C. Nielsen公司針對美國市場提供全國性報告、地區性報告。以全國性報告而言，美國境內有九千個樣本戶（約一萬八千人），紀錄器裝置於同意合作的樣本戶家中的每一台電視機，主要蒐集兩項資料——「誰在收看」，以及「看的是哪一台的哪個節目」，所以蒐集到的是以家庭樣本戶，電視機或個人為單位的節目和廣告收視數字，可提供無線及有線網、全國性節目和衛星電視的閱聽眾估計使用。

紀錄器蒐集各樣本戶的收視資料，包括各頻道電視節目播出時間與資料（美國的每個電視節目影片上端都有一個特別的識別碼，Nielsen發展了一套AMOL的系統，可以在各地監測當地電視台所播出節目，全國共計有一千七百個電視台，一萬一千個有線電視系統可被監測；廣告則是利用另一套被動式電視訊號認證技術來監測），即可計算各節目的收視人數；誰在收看的資料則透過按下個人收視紀錄器隨附的遙控器上按鍵來記錄，工作人員在樣本戶裝設紀錄器時即記錄家中每個人的性別與年齡資料，電視開機後時，紀錄器上的紅燈或紅字會開始閃爍，提醒收看者按下個人指定鍵（按下後燈號轉成綠色，不過一段時間後又會開始閃爍，提醒觀眾檢查

輸入的資料是否正確），機器上另有按鍵供客人在收視時輸入性別、年齡、資料並按下訪客鍵。

除上述全國性樣本外，在地區性報告中，Nielsen將全國分爲二百一十個地區，在其中五十六個大型區域中使用紀錄器進行調查，定期出版DMA報告。其他規模較小的區域，仍然沿用日誌法，每個地區約有四百至五百個樣本戶，只記錄各戶節目收視情形，每年並有四次，每次爲期一週以日誌法蒐集個人收視情形，專門提供地方電視台、地方有線系統，及地方性廣告公司使用。

這些方式所記錄的資料包括有：開機時間、收看頻道、頻道切換時間、關機時間；個人收視紀錄器另記錄：誰在收視、每個人收視開始及停止時間，另外還有節目表及頻道／台別資料，構成完整收視率資料。設於佛羅里達州Dunedin的操作中心每晚接收資料，於第二天發送，估計每天清晨三點開始接收並處理來自二萬五千個樣本戶，每天約一千萬收視分鐘資料，可提供客戶約4,000GB的資料。

2004年8月Nielsen Media Research和AGB公司合資成立了AGB Nielsen Research並推動NUITAM數位電視調查，這是採用聲音作爲分辨訊號的調查方式，在電視喇叭裝設收音設備蒐集訊號。

2005年Nielsen公司開始採用Active/Passive（A/P）meter，以測量閱聽眾在數位環境或類比環境，無論是時間移轉（time-shifted）或空間移轉（place-shifted）的電視收看資料。（彭玉賢，2006）

2006年6月Nielsen公司宣布爲因應數位時代的來臨，閱聽眾可經由不同的傳輸平台，如網路、手機、iPod及其他可攜式裝置，收看電視的狀況。這項名爲A2/M2（Anytime Anywhere Measurement）的計畫內容包括：

1.繼續提供A/P meter的收視報告。

2.2007～2008年開始提供網路收視的調查報告。

3.2007年開始測試「Go Meter」以測試閱聽衆在住家之外，如工作中、酒吧、旅館、機場等之收視狀況。

4.2006年底開始建立四百個iPod樣本戶，以「Solo Meter」測量可攜式影音播放器之收視狀況（www.nielsenmedia.com）。

2007年VNU改名爲原本之尼爾森公司（The Nielsen Company）。

二、Arbitron調查公司

1937年美國密西根大學教授Garnet Garrison用日記法（Diary）進行了第一次有系統的收聽率研究。1949年美國研究局（American Research Bureau; ARB），正式使用日記法進行地方收視率調查。之後，ARB研發出新型測量裝置名爲Arbitron，調查報告亦以此命名；1973年ARB正式更名爲Arbitron Company（www.arbitron.com）。

Arbitron的Radio Market Report採用日記法，在全國選定出樣本戶後將設計好的問卷置放於樣本戶家中，由樣本戶逐日填寫，之後經由回收、統計、並公布調查結果，提供給廣播電台及廣告公司作爲參考。多年來，雖然有人對於調查方法有所質疑，但是Arbitron在美國廣播收聽率調查公司之中，聲望仍無人可及。2007年冬季起，日記法改爲e-Diary，也就是說樣本戶可以在網路上填寫問卷並回傳。爲因應數位化時代不同之收聽方式，如網路、播客、MP3等，Arbitron公司自1992年起開始發展PPM（Potable People Meter），這是新一代的調查儀器，目前PPM已完成市場測試，自2007年秋季全面擴大樣本戶，尤其是十八至二十四歲之年齡層。目前Arbitron提供五種調查報告供業界使用：

1.Local Radio Rating：提供地方電台之廣播收聽率報告。

2.Network and National Radio Audience Measurement：提供全國性聯播網之收聽報告。例如2008年7月公布之Radar 97報告中，即針對包括ABC Radio network等在內之五十七個全國性聯播網進行調查，提供收聽排行榜及廣告到達率之資料供業界參考。

3.On line Radio Rating：每月提供包括AOL、Microsoft MSN、Yahoo's LAUNCHcast、Live 365等網路電台之收聽率調查資料。

4.Qualitative Consumer and media usage information：提供消費者行爲分析及媒體使用行爲之質化分析報告。

5. Software service：幫助客戶分析、瞭解媒體及消費者資料。

貳、電視收視率在加拿大的發展

1944年Bureau of Broadcast Measurement成立。這是由加拿大廣電協會（CAB）與廣告商協會（CAC）的成員所共同成立的非營利性廣電研究公司，目的在以最少的成本，提供公正的廣電閱聽衆測量資料，現有廣播、電視及互動式媒體三種閱聽衆的測量。1952年在加拿大廣播公司（電視）成立後，加入電視閱聽衆調查，1966年更名爲BBM（Bureau of Measurement）。開始時，每二年做一次廣播聽衆調查，目前是一年分春、夏、秋三季公布調查報告。

BBM除了提供所有會員收視資料，作爲節目規劃及廣告決策之用，其分公司ComQUEST Research Inc.，則對其會員提供客製研究（custom research）。1996年起，BBM成立新媒體部門，開始進行互動式媒體的測量。1998年開始採用TV People Meter，並使用Picture Matching Technology（PMT）科技，測量類比及數位廣播，包括數位影像壓縮、有線、電話、行動電話、衛星等測量服務。

參、廣播電視收視調查在英國的發展

在英國，自1936年才開始有制度的進行研究聽衆的收聽習慣及節目的收聽率。當時BBC由Robert J. E. Silvey組成了一個研究小組，最早Silvey在BBC的廣播中要求聽衆志願當受訪人，這個消息一經播出，立刻接到了兩萬八千封申請信，在這些申請人當中，Silvey以隨機抽樣的方法選出了二千人列入了收聽員的名單。1939年Silvey開始做連續性的收聽問卷調查，以回憶的方式（yesterday recall），由訪員記錄受訪人前一天的收聽狀況。爲了對於單一節目也有深入的瞭解，Silvey先生設置了「榮譽地方通訊員」，每一季對某些單一節目或是某一類型節目進行問卷調查。這種方法對於節目品質的提升與維持有相當大的助益。

Silvey一生對於聽衆研究下過不少功夫，他的基本理念是：聽衆的數量多寡不是節目好壞的唯一評鑑標準，更重要的是質的分析，也就是說到底聽衆對節目播出滿意與否？反應如何？因此Silvey認爲聽衆研究除了應注意聽衆收聽數字外，也應注意聽衆反應。之後，Silvey先生憑藉著這種理念開始進行聽衆滿意程度的分析，也就是說或許有一個節目，它只吸引了少部分的聽衆，但是每個收聽者都能夠喜歡、滿意該節目，那麼這個節目依然有它存在的價値，即所謂欣賞或滿意程度。「欣賞指數」（Appreciation Index）以「興趣」（interest）及「享受」（enjoy）兩個指標，來進行節目評估，並以六個等級測試觀衆對節目的看法，這六個等級包括「極度有趣／享受」、「非常有趣／享受」、「頗爲有趣／享受」、「普通」、「不大有趣／享受」、「完全不有趣／享受」。九○年代以後，BBC將節目質化研究之「欣賞指數」，修改爲0到100分的量表工具，也就是請受訪者依自己對節目的欣賞程度由0至100分給分。最低分約爲50分，最高分約在88分。在每年的BBC年度報告中無論廣播和電視，我們都會找到Appreciation Index這項滿意指數的研究，對於節目質的分析有相當大的貢獻。

1981年成立的Broadcasters' Audience Research Board Limited（BARB），是英國最主要的電視閱聽衆研究機構，是由英國國家廣播公司（BBC）與獨立電視協會（Independent Television Association; ITA）所共同成立。

BARB提供的調查資料包括：

1.電視閱聽衆反應調查：全英國三千名十六歲以上成人樣本組（每週），以及一千位四至十五歲兒童樣本組的質化資料（每月一週），僅供訂購的會員使用。
2.收視率調查：提供電視公司及廣告公司用的量化收視資料。其收視資料是以分鐘計，在一百七十一個ITV播映區和十二個BBC播映區，每個區分別以多階段分層非群集抽樣方法抽出約四十至五百五十個樣本戶，合計約四千四百八十五戶，每個區的樣本稱之爲一個樣本組（panel），每個樣本組皆以個人或家庭戶特徵進行代表性的控制（panel control），因無普查資料可依賴，BARB以大型調查〔整年間以循環累積方式訪問四萬人的基礎調查（establishment survey）〕結果估計這些特徵値。BARB的資料均委託其他機構製作，上述收視資料是委託RSMB Television Research Ltd.（負責基礎調查、樣本組徵募、控制、維護及品質管制）及Taylor Nielson Sofres（負責提供及安裝個人收視紀錄器、資料蒐集、結果處理）兩家公司共同製作。

每個樣本戶裝設個人收視紀錄器（people meter），爲因應數位化播出，在收視紀錄器上加裝數位解碼器，故可記錄數位頻道，以及開／關機、收看頻道、錄影機的使用。錄、放，及透過錄影機收看電視；紀錄器可在錄下的節目上加記號，並記錄放映時間，也就是說所謂移時收視（time shifted viewing）。

另外，BBC也做了一些對於未來節目的規劃研究報告、改進研究方法報告，以及專題報告。在研究聽衆收聽狀況的同時，也針對社會現象加以分析。

Taylor Nielson Sofres（TNS）公司的個人收視紀錄器因功能不同可分爲以下數種：

1. 目前TNS市場研究集團使用的TARiS 5000 people-meter。
2. TARiS Picture Matching People Meter：可辨識數位電視頻道。
3. The TARiS Picture Matching People Meter：可以蒐集樣本戶所收看節目的影像記號，而後與中心的資料比對，確認所收看的頻道，該系統可以以秒記錄頻道切換動作。
4. TARiS Cell-Phone Meter：對電話普及率不高的國家，紀錄器內建行動電話傳輸資料。
5. TARiS Competitor：可分析廣告商、廣告主、產品類別等資料，作爲廣告時段購買、監測、廣告表現、競爭品牌分析之用。
6. TARiS Audience Evaluator：用以細部分析各節目、時段及廣告時間的觀衆收視、頻道切換行爲，以檢視節目排檔表現，並提供廣告次數及涵蓋率評估。

Taylor Nielson Sofres與英國的BARB簽訂的六年新合約將自2010年開始。

肆、視聽率調查在亞洲之發展

一、日本

日本的NHK很早就開始有系統的研究他們的聽衆習慣及收聽情況。1925年左右，執照費收費員在收費同時就以面對面方式詢問聽衆對於節目的意見，1932年NHK曾經大規模的做過一次聽衆意見調查；戰後，盟軍駐防期間受到美國的研究方法影響很大，1946年NHK成立了一個廣播和電視文化研究中心，目的就是定期提出對節目改進的建議。目前日本NHK和日本的商業電台投下大量的金錢，從事研究工作。根據NHK廣播電視月刊中的資料，我們可以知道NHK在全國七歲以上的聽衆中抽出三千六百人作爲樣本戶，以日記調查法取得收聽狀況資料。另外，在首都圈的收聽率報告中涵蓋了每天每一個電台、每一個節目的收聽狀況分析，從這份收聽報告中對於聽衆的性別、職業區分、收聽地點和收聽時段、收聽節目的關係均能有相當清楚的瞭解，無論對於節目決策者或製作者均有相當助益。

二、香港

在2005年以前，尼爾森媒體研究獨家提供香港的收視調查數據資料，CSM自2005年7月起，在香港建置了六百五十個家庭用戶及一千九百五十名個人用戶爲調查樣本，並自2005年11月1日起每天提供最新的收視率資料。經香港電視收視率調查委員的審核後，決定自2006年2月1日開始採用CSM的資料爲向香港廣播電視及廣告商公布的官方收視率。自此，CSM 將成爲香港唯一的收視率調查機構。這項合約爲期五年。在全球電視數位化的衝擊下，香港正全力邁進2007年數位廣播的新紀元，CSM將使用新的TNS 5000系列測量儀，以保證最快速度監測到最新的數位電視收視情況（林育卉、呂婉萍，2007）。

三、新加坡收視調查的現況

新加坡電視機構（Television Corporation of Singapore; TCS）於2000年宣布將收視率調查合約簽給市場研究集團TNS（Taylor Nielson Sofres），TNS自2001年1月在新加坡全國七百五十個樣本戶中安裝TARiS 5000個人收視紀錄器，該紀錄器嵌入由Arbitron公司所發展的無聲頻道識別碼（inaudible station identification codes），這項技術使得TNS可以蒐集收視戶所收看的數位電視頻道甚至是特定節目的資料。2005年7月尼爾森宣布終止在新加坡長達十二年的電視收視率調查服務。

四、中國

目前在中國有兩家收視率調查公司：央視—索福瑞和AGB尼爾森媒介。央視—索福瑞媒介研究有限公司（CSM）是1996年由中央電視台市場研究股份有限公司（CTR）與市場研究集團TNS合作成立的合資公司。CSM在中國的市場占有率大概是80%，AGB尼爾森大致占有10%～15%。

CSM媒介研究擁有世界上最大的測量儀電視收視調查網路，樣本總量已超過四萬四千一百戶，十四萬九千人，對全國二百二十一個（一個全國測量儀網、二十四個省網、二百個城市網）市場提供獨立的收視率及收聽率調查資料、對一千二百九十七個電視頻道的收視情況進行全天不間斷監測。截至到2006年10月底，CSM已經建立了一個全國測量儀調查網，四個省級測量儀調查網，四十個市級測量儀調查網，二十個省級日記卡調查網和一百二十九個市級日記卡調查網。此外，CSM建立了廣播收聽率調查網路，並將收聽率調查拓展到三十一個重點城市，對三百八十個廣播頻率進行收聽率調查。其中北京、長沙、廣州、上海、南京、重慶、杭州、深圳、無錫、佛山和廈門十一個城市進行連續調查，其餘二十個城市進行間隔性調查。CSM的收視率和收聽率已成爲中國電視、廣播節目和廣告交易的主要參考數據。

五、台灣

聯廣公司本業爲廣告代理公司，爲了審慎評估媒體購買，自民國63年起即開始採用問卷留置法，隔週進行一次調查，調查資料只提供廣告客戶作廣告上檔的參考使用，不對外發售，成爲國內第一家進行收視率調查的公司。自民國87年起，聯廣公司爲因應有線電視高普及率、多頻道時代的來臨，而致使電視製作主客觀環境急遽改變的現況，轉而開始研究觀衆收視的「質」爲目的的調查；注重的是哪些人在看哪些節目？因爲收視率僅是做「量」的呈現，然而「質」才是觀衆觀看後的感想，更可以成爲節目製作單位參考之資料。潤利公司早期從事廣告監看作業和統計，民國70年開始採用自行研發的電腦輔助收視率訪問系統，以電話訪問法將訪問所得到的數據進行統計分析，並每日發布收視率報告。

AGB尼爾森公司自1994年開始在台灣進行收視率調查，採用個人收視紀錄器（people meter）蒐集收視資料。目前全省樣本戶約爲一千八百戶，裝設個人收視紀錄器的人數在三千一百八十六人以上。另外，尼爾森公司亦提供「媒體大調查」之服務，「媒體大調查」針對全台灣地區十五～十六歲的人口進行面對面訪問，目的在於提供廣告業及電視業者閱聽人媒體使用行爲及消費行爲之分析資料，嘗試補足個人收視紀錄器所無法知悉的部分，成爲業界極具價值的參考資料。至於廣播部分，廣播大調查採用電話訪問法並以電腦輔助電話訪問系統（CATI）進行資料蒐集，自2008年1月起，樣本數由七千人增加爲一萬人，可有效提升調查結果的可信度。

目前除了潤利和AGB尼爾森公司每日提供前一日的收視率數據，聯廣公司定期進行收視率調查作內部和客戶參考外，電視節目製作單位有時會委託市調或民調公司做節目的收視調查，學術單位或民間團體也會就觀衆的收視情形進行調查研究。由於所得到的收視率數字彼此之間有所差異，因此有關收視率調查之爭議仍難以完全弭平。

第二節　電子媒體視聽率調查之影響

壹、收視率調查的功能

1.顯示廣播（電視）節目的傳播效果，並探測其深度及廣度，所以它是傳播指標。

2.計算廣告刊播成本及衡量廣告效果之依據，所以它是廣告指標。

3.顯示收視者的生活型態，所以它是收視行爲指標。

4.反應社會大衆的流行智慧及偏好的變遷，所以亦是社會指標。

貳、收視率的影響

一、電視台

1.反映觀衆收視偏好，作爲營運參考。

2.反映收視者水準，提供訂定製作方針。

3.作為宣傳資料。

4.作為說服廣告刊播及訂定廣告價格之依據。

二、廣告主

1.作為編列預算及選擇時段的參考。

2.找尋產品消費者的媒體接觸資料。

3.科學化安排媒體刊播之用。

4.節省廣告費用，避免無謂的浪費。

三、廣告公司

1.計算媒體刊播成本。

2.計算累積總收視率。

3.加強媒體計畫的說服力及專業服務。

參、非視聽率研究

一、非視聽率調查研究的功能

1.可提供節目製作單位受眾喜歡或不喜歡什麼節目類型的資訊。

2.可提供受眾人口統計和生活型態（life style）之資訊。

二、非視聽率調查研究之類型

1.節目測試：在節目正式排播前或以焦點團體之方式或以隨機抽樣的方法，將試播帶先播放給部分觀眾觀看，並且記錄他們的想法，其目的在瞭解觀眾的反應後再做適度的修改。

2.音樂研究：音樂電台製作人或音樂總監以聽力室音樂測

試（Auditorium music testing）及外播電話研究（Call-out research）等方法，瞭解聽衆對播出歌曲的喜好。聽力室音樂測試的研究測試主要用來評估流行新曲；外播電話研究則用來測試正在播出的流行歌曲。測試方法是剪輯出十五秒左右的歌曲片段或副歌，讓聽衆聽完後在評估表上做出意見評估。

3.節目研究和節目諮詢：在美國有許多專門的顧問公司，提供廣電經營管理決策所需的資料。這些公司提供廣播電視各領域的研究，包括：測試台呼、藝人受歡迎程度、廣告新聞等之表現。換言之，顧問公司運用研究資料來幫助電台做決策，提供行銷策略。

4.表演者品質評估：行銷評估公司專門提供關於表演者藝人的資訊，包括：藝人受歡迎之排名順序、表演者對目標聽衆吸引力及熟悉程度。

5.電台形象研究：定期對電台形象進行研究，以得知聽衆對各家電台之印象。

第三節　視聽率調查方法

壹、收視（聽）率調查方法

收視（聽）率調查方法可分以下三種：

一、電話調查法

電話調查法可分爲電話同時調查法和電話回憶調查法。電話同時調查法是由調查機構之訪員以電話，詢問抽樣的家庭，獲得該時段之收視資料。電話回憶調查法是調查者以電話蒐集受訪者二十四小時前的收聽情況。

二、日誌法

亦稱爲留置問卷法，在同意參與調查的收視戶家中留置收視記錄表，由其家中成員就實際收視狀況詳細填寫，問卷收回後由調查單位統計之。Arbitron公司就是請樣本戶在一週內的每一天每隔十五分鐘記錄一次收音機使用情形，不論在家裡或外出，例如在車上或在工作都必須記錄，樣本戶現在可得一美元之現金回饋。不過該公司在2006年3月決定提高現金回饋爲二美元，另外爲增加年輕的男性樣本，若一個家庭中有一位或兩位年齡在十八到二十四歲的男性，每人可得五美元之現金回饋。

三、儀器紀錄器法

第一代的尼爾森紀錄器Audimeter是由MIT教授Robert Elder和Louis Woodruff所設計，操作技術頗爲繁複。現在則是透過一台與電視機相連的個人收視紀錄器，記錄該台電視機開、關機及選台的時間資料，收視者並需在特製的電視遙控器上按下指定的個人識別鍵，以記錄收視者的個人資料。除了可以記錄電視機開或關及收看頻道外，還可自動記錄有線電視頻道及錄影機的收視情形。尼爾森調查公司經由電話線，蒐集每一台紀錄器前一天的收視資料，儲存於電腦並進行分析。Nielsen最新研發的Solo Meter可以追蹤手機、可攜式掌上型電腦、iPod等之收視資料，這是一種非常小的無線裝置。

貳、數位電視收視調查方法

一、AGB尼爾森

AGB尼爾森爲因應數位電視時代的來臨已開始著眼於全球布局，AGB尼爾森目前已在英國、愛爾蘭、波蘭、墨西哥、委內瑞拉、匈牙利、希臘及義大利等十三個國家進行數位電視調查。在新的數位電視環境下，原有的頻率測量技術已經不敷使用，所以發展出經由聲音比對、畫面比對、植入密碼（injection code）等三種新的測量方法。

(一)聲音比對

不管是MOD還是數位無線電視等，閱聽眾總是會切入某個有聲的畫面，紀錄器可以把聲音訊號擷取下來。另外在調查公司的頭端，把所有頻道的聲音都錄下來，類似「全民指紋建檔」。當樣本戶收視的聲音訊號被擷取下來，就如同指紋印，將之蒐集回來後，進入快速電腦裡面高速運算、比對；比對之後就知道是哪個節目。聲音比對可以同時適用於類比與數位電視環境，因爲電視節目本身是一個多媒體訊號，不可能沒有聲音。

(二)畫面比對

擷取電視節目的畫面進行比對。聲音與畫面比對的差別在於，聲音比畫面不容易失眞，從這個角度來看，聲音比對較不會受到環境的影響。以儲存容量來講，聲音存起來的容量比較小，因此有較佳的儲存效益。而且，聲音在傳輸的過程被中間的系統台或者氣候等因素改變的機率是比畫面小。因此若同樣的條件不變，聲音比對可能更具效益。

(三)植入密碼

即在節目或者廣告裡面植入一個數位的密碼（digital code），當樣本戶停留於某個頻道收視時，測量的紀錄器會把廣播訊號中的數位密碼抓出來，因此，可以得知收視的節目或廣告，類似指紋比對的技術。植入digital code的比對方式，對於辨識節目訊號來源的準確性最高。但是，由於需要整個產業都進行編碼的動作，因此工程相當浩大，實務上施行起來比較困難（賴郁淇，2005）。

二、Arbitron最新收聽率調查紀錄器

Arbitron自1992年起開始發展新一代的收聽率調查方法，在世界七個國家包括新加坡、澳洲、墨西哥、加拿大、挪威等，都經過測試。2007年起全面採用新的調查紀錄器PPM。這一套新的調查紀錄器運作方式爲在地方電台或有線電視台裝置一台CBET（Critical Band Encoding Technology），CBET可將每一節目編碼，所以在電台節目播出時，可做準確記錄；另外也提供閱聽眾轉台時間的資料，也就是說閱聽眾在某台停留的時間有多長，多久轉一次台，轉到哪一台，皆有完整記錄。PPM之優點爲可以記錄到聽眾收聽過程中非常細微的變化，甚至包括歌曲進行中的轉台行爲。以往的收聽率調查只是提供各種數據供電台經營者參考，對節目企劃或音樂總監助益不多。但是新的PPM，可以記錄每一分鐘的音樂收聽及轉台行爲。2003年Arbitron在費城進行了一項測試，成效頗佳；例如同一首歌在不同的電台，有不同的表現。聽眾在某一台聽到一首喜歡的歌，聽完後會繼續轉台，尋找同一首歌。2005年4月Arbitron公布了在休士頓測試PPM的市場報告，將近一百多家連鎖商店以及休士頓主要的零售商店參與了PPM的計畫，將店內的所有播放的音訊節目加以編碼，以追蹤樣本戶到零售商店參觀以及媒體消費的關係。

目前超過90%的廣播電台和電視台以及有線電視網都已經完成編碼動作，在編碼上最大的進步就是加入了時間標籤（time stamp），來偵測延遲的收視（聽）行為。

PPM系統包含了以下六個部分（賴郁淇，2005）：

1.編碼器（Encoder）：裝設在系統頭端，用來將所有的節目進行編碼，此設備具有自我監控的功能，以確保廣播訊號持續發送，不受干擾。

2.頻道監控器（Station monitor）：用來確定廣播中的訊號是否都已經適當編碼，若是偵測到不正確的編碼訊號或者根本未編碼的訊號，這個監控器會有警報聲提醒工程師注意。

3.可攜式個人收視紀錄器（Portable People Meter）：有一個相當靈敏的音訊變換器（audio transducer）；以及數位化的訊號處理（digital signal processing）電路系統，用來分析所有偵測到的密碼；擴充的記憶體可以容納一整天接收到的密碼；還有可充電的電池。另外，還有一個行動偵測器（motion detector），當受試者攜帶著PPM，行動偵測器就會偵測受試者的移動，而機器上的綠燈會保持亮著，確保受試者整天都有攜帶PPM。

4.基地台（Base station）：可作為充電器使用，當充電的同時，可以把蒐集到的辨識密碼以及從行動偵測器中蒐集到的行動資料都擷取出來，傳送到每個樣本家戶中的「hub」上。

5.可攜式充電器（Portable recharger）：當個人需要外出時，可攜式充電器可以提供多天的資料儲存以及充電功能。

6.家庭資料蒐集器（Household hub）：即是把基地台蒐集到的資料整合，再藉由電話線回傳到Arbitron公司。每個hub上都會有螢幕顯示器，可以進行簡單的指示及診斷家戶的問題。

PPM適用於任何電子媒體傳送系統：類比、數位、現場直播或者錄影播放的播送方式。只要這些節目或者訊號來源嵌入一個確認密碼在其聲波中，PPM就能夠偵測並記錄下來，因此，可以得知消費者在聽什麼廣播節目。由於PPM並非裝置於接收器上面，而是攜帶在身上，因此，較可以適應越來越複雜且多元的閱聽眾收聽行爲，例如：車上行動收聽或者用手機、iPod等設備收聽。

PPM設置在電台、家庭及個人的基本配備如下：

1.在地方台或有線電視台裝置一台解碼器。
2.每一家庭配有一台數據機，以蒐集資料，資料從家中的電視機經由正常的電路儲存在數據機中，每天再由電話線自動傳到Arbitron總部。
3.每一個人配置一台充電器。
4.每人配置一台可攜式紀錄器。

PPM有一個綠燈裝置，它和收聽活動偵測器銜接，當綠燈亮起時，表示樣本戶的收聽活動正在被記錄。假如在二十分鐘都沒有偵測到任何活動，綠燈會開始閃動，警告樣本戶紀錄器已停止偵測，綠燈閃動十分鐘後會自動熄滅。其操作方式如圖9-1所示。

第四節　解讀視聽率

收視率調查之計算公式因使用者的目的不同十分多樣及繁複，以下僅就常用的名詞及計算方式作簡要之陳述：

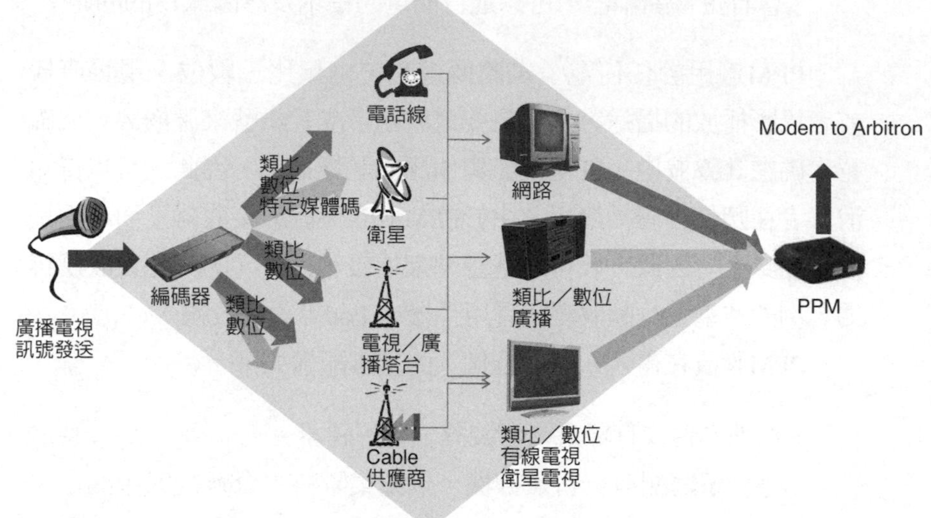

圖9-1　PPM之操作模式

壹、視聽率調查之慣用名詞

一、個人電視／收音機使用率（Persons Using Television/Radio; PUT/PUR）

意指某一時段內收看電視／收聽收音機與擁有電視機／收音機總人數的比率。

PUT/PUR＝收看電視／收聽收音機人數÷擁有電視機／收音機人數×100%

二、家庭電視／收音機使用率（Households Using Television/Radio; HUT/HUR）

意指某一個時段使用電視／收音機的家庭之百分比。

三、市場占有率（Share）

節目企劃人員比較有興趣的數字，則是市場占有率。他們使用市場占有率來決定如何與對手競爭，如何累積閱聽人數。市場占有率亦爲某段時間收看或收聽某一節目的總戶數（總人數），除以同一時段使用電視或收音機的總戶數（總人數）。是指特定時段內收看某一頻道（或節目）的人數（或家戶數）占打開電視機總人數（或家戶數）的百分比。也是特定時段內某一頻道收視率占所有頻道總收視率的百分比。

市場占有率＝收看某一頻道（或節目）的人數（或家户數）÷打開電視機或收音機總人數（或家户數）×100%

四、平均十五分鐘觀眾收（聽）視率（Average Quarter-Hour Rating; AQH）

平均十五分鐘觀衆是指十五分鐘內收看某一頻道（或節目）平均觀衆人數的一種估算。對於以十五分鐘爲記錄單位的日記法調查來說，這個人數恰好是一個記錄單位的收視人數。指以十五分鐘爲單位的時間內，收看某電視或廣播節目的百分率。

AQH Rating＝特定時間段內收看／收聽節目人數÷總體收視／聽人數×100%

貳、累積視聽率與頻率

一、累積收視率（Cume Rating）

累積收視率係指估計某特定時段內所有收看或收聽某個電台

的所有家庭戶數的總收視／聽人數，占所有可收視／聽（擁有電視機）人數的百分率。

累積收視率＝某特定時段內收視（聽）某一台的總人數／可收視（聽）總人數

二、接觸頻次（Frequency）

接觸頻次又稱爲頻率，對廣告主而言，頻率就是調查每個人曝露在特定節目或廣告的次數。對節目企劃人員或電台而言，頻率可用來調查閱聽人對該節目的忠誠度。計算方式爲：

接觸頻次＝觀眾個人（或家户）觀看總次數÷總人數（家户數）

三、到達率（Reach）

到達率是指在特定時段內，收看某一頻道（或節目）的不重複的觀衆人數占觀衆總數的百分比。到達率考慮的是人數而不是人次，也就是說，不管觀衆在特定時間段內收看過這個頻道或節目幾次，到達率只計算一次觀看過該節目的人數百分比。在電視廣告界，人們經常用特定時間段內某一廣告節目的總收視率（總收視點）與重複收看人數百分比之差來表示到達率，計算公式如下：

到達率 ＝總收視率（總收視點）－重複收看人數百分比

四、總收視率（Gross Rating Points; GRP）

總收視率是指某一時段內所有單位時段的收視率之和。總收視率又被稱爲毛收視率、總收視點。總收視點和毛評點在廣告中運用較多。它只關心收視率的總和，而不考慮觀衆（人或家戶）是否重複的問題。

在某特定廣告時段內，所有節目的視聽率總和，相加的視聽率通常要有相同的基礎。

總收視率＝平均十五分鐘收視（聽）率×某廣告時段中廣告播出次數

到達率與接觸頻次、總收視率三個概念經常配合使用，三者之間的關係是：

接觸頻次等於總收視率（總收視點）除以到達率。

接觸頻次＝總收視率÷到達率

根據目標閱聽衆接觸媒體的頻率，所定之訊息播出次數。

總收視率＝觸達率×頻率

參、解讀轉台行為

轉台數和收視時間都是衡量觀衆忠誠度的指標。兩者均與前述平均十五分鐘觀衆指標相關。

一、收視時間（Time Spend Viewing; TSV）

收視時間是指特定時間段內觀衆收看某一頻道的平均收視時間，由某特定時段平均十五分鐘觀衆乘以該時段所含十五分鐘個數，再除以時段累積觀衆求出，以十五分鐘個數或小時數表示。收視時間越長，則觀衆忠誠度越高。公式如下：

收視時間（TSV）＝平均十五分鐘觀衆×該時段所含十五分鐘個數÷該時段累積觀衆數

二、轉台數（Turnover）

轉台數是指某一時段內收看電視的累積觀衆平均十五分鐘轉換電視台（頻道）的次數，由某一時段累積觀衆除以十五分鐘觀衆得出。用公式表示爲：

轉台數＝時段累積觀眾÷平均十五分鐘觀眾

肆、廣告效益

一、總收視印象（Gross Impression）

總收視率除以一百，再乘以目標觀衆人數的結果，代表某一廣告所欲達到目標觀衆之曝光次數。

總收視印象＝總收視率／100×目標觀眾人數

二、每千人成本（Cost Per Thousand; CPM）

計算廣告之媒體刊播成本。意指廣告主要將廣告傳播給一千位目標閱聽人所需的費用。廣告主與電視台通常會依據CPM數字進行廣告費率協商並議定廣告合約。

CPM＝廣告費用／廣告受眾範圍（以千人計算）

三、每收視點成本（Cost Per Rating Points; CPP或CPRP）

比較媒體計畫之優劣用，係指獲得每一收視點所需之成本。

CPP（CPRP）＝媒體廣告總成本／總收視點

綜觀美國、英國和亞洲各國的聽衆調查研究，量與質的爭議始終存在。反對量化的人士認爲收聽率除了提供數字玩宣傳促銷遊戲之外，缺點很多，例如：

1.收聽率無法評估硬體設備的優良與否。
2.收聽率也無法檢驗出電台的影響力。
3.收聽率無法瞭解收聽者對於電台及主持人的好惡。
4.收聽率無法測知電台是否盡了社會責任。
5.收聽率無法評估廣告商的接受程度。
6.收聽率無法說明節目的影響力。

但是贊成量化的學者卻認爲：

1.量化的結果可經由適當的解釋和分析轉換成質的分析所要求的結果。
2.保存在紀錄器資料庫中的資料可以得到附加的訊息。
3.一般廣告商較願意接受建構於人口統計學的資料分析所得的結果。

至於視聽率調查之正確性及公平性的問題，在台灣的廣電業者間也一直存有不同的意見，但隨著調查方法的進步及納入公平法規範的範圍後相關爭議勢必會減少。

行政院公平交易委員會在2006年10月19日通過「收視率調查案件之處理原則」，規定收視率調查機構日後在公布收視率調查結果時，不得有虛僞不實的內容，且應公開調查報告進行的時間、方法等細節。這項規定於2007年2月開始實施，違法最高將被罰新台幣二千五百萬元。公平會發言人周雅淑表示，廣告主或廣告代理業多以收視高低作爲投資廣告決策的指標，因此，主動將其納入公平法規範的對象（黃筱珮，中國時報）。

Chapter 10 電台經營與管理

第一節　電台的種類與規模

第二節　電台組織與員工職掌

第三節　電台經營

第四節　數位時代的電台經營與管理

傳播學者雪曼（Sherman）指出，所有的傳播媒介組織均涉及四項活動：發展（development）、製作（production）、分銷（distribution）與展示（exhibition）。

由於媒介的發展包括了革新與創新，其涵蓋面是從利用組織的資源，使媒介組織得以成長並永續經營。因此，除媒介組織正常的運作與活動外，媒介組織必須隨著時間與科技的轉變，而作出適當的應變，否則組織的競爭力就會落後（蔡念中等，1996）。

依據雪曼的說法，傳播媒介主要提供資訊與娛樂（information and entertainment）兩項服務給予閱聽人。因此，綜合雪曼的觀點，可歸納出傳播媒介所規劃的組織架構有下列特性：(1)不同的媒體有不同的組織架構；(2)個別企業組織有個別之目標與宗旨；(3)組織架構之設定，乃為執行組織目標而立；(4)各組織單位及其分支機構皆由人員組成，因此人力資源是組織中最重要的資產。(5)各單位及其分支機構所擁有之資源不同；(6)領導人、經理人是組織內的協調者與資源分配者；(7)組織執行工作成效取決於人。

第一節　電台的種類與規模

壹、電台的種類

目前台灣地區的電台種類，依我國現行「廣播電視法」第五條規定：政府機關所設立之電台為公營電台，由中華民國人民組成之股份有限公司或財團法人所設立之電台稱為民營電台。再根據行政院民國81年提出的「廣播電視法」第七條規定，除前述公營及民營兩類電台之外，增設學校實習電台，隸屬於設有傳播新聞與廣電科系的大學院校，供學生實習的電台。目前台灣

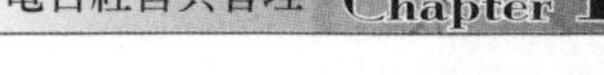

調幅電台（不含海外電台及學校實習電台）共有一百二十一台（526.5KHz-1606.5KHz）。調頻台分爲兩類，包括校園實習電台（FM88.1-88.7）及商業電台（FM 88.9-107.8）。根據國家傳播通訊委員會官方網站資料統計：目前台灣正式領有廣播執照，並正式營運的廣播電台共有一百七十家（不含數位廣播電台），其中公營電台有七家（www.ncc.gov.tw）。

貳、電台的規模

電台規模的大小必須考慮所擁有的發射功率大小，所處的市場大小及所籌措的資金多少等各種因素而定，如此，才能決定電台所需的員工人數與部門的多寡（莊克仁，1998；陳清河，2005）。

一、地區人口數

在美國廣播市場規模的大與小，是以該地區的人口數來計算。大型電台多位在人口密集的都會中心如紐約、洛杉磯、芝加哥等。中型電台則位於人口十萬至五十萬等人口稠密的城市；而小型電台則位於居民僅有五千名至二萬名的小城鎮。以美國廣播市場爲例，大型市場的電台員工人數可達五十至七十名，中型市場的電台也在十二至二十人，小型電台則可少到只有數名全職員工，因爲電台收入少，人員兼職者多，必須彈性運用，換句話說，播音員可能兼做新聞主播，閒時也兼跑業務。以我國廣播電台的規模來看，屬於全國性大功率電台，如中廣公司、警廣電台，其全台灣地區工作人員約爲二百至三百人，2008年中廣公司現有員工人數已精簡至二百五十人。台北國際社區電台（ICRT）在設有地方分台情況之下，員工人數約有一百人。至於民營新設立之中功率、區域性電台，員工人數約爲三十到五十人。

二、電台定位與經營

在美國之許多音樂類型電台，節目來源可向節目供應商購買，所以可以精簡許多電台人力；有些屬於中型廣播市場的電台，其組織和人力部署上有時不超過十人。但若是新聞類型電台，則因有新聞採訪的需求，人力配置需求亦相對較高，因此，電台屬性定位亦為其經營規模大小之重要依據。

第二節　電台組織與員工職掌

壹、美國廣播電台組織與工作職掌

一、小型電台組織

美國之大、中、小型電台，依其規模、電台定位、人力需求之不同，組織結構亦有所不同。依據Lewis B. O'Donnell、Carl Hausman、Philipo Benoit等學者的說法，電台可分為大、中、小三種組織型態，其組織圖如圖10-1、圖10-2、圖10-3。

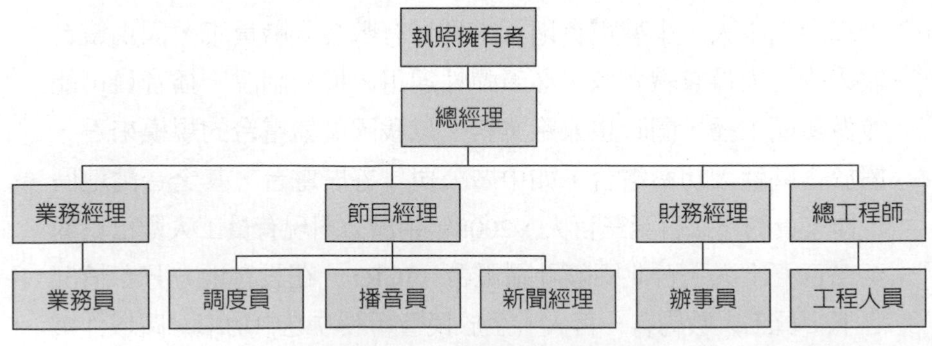

圖10-1　小型電台組織

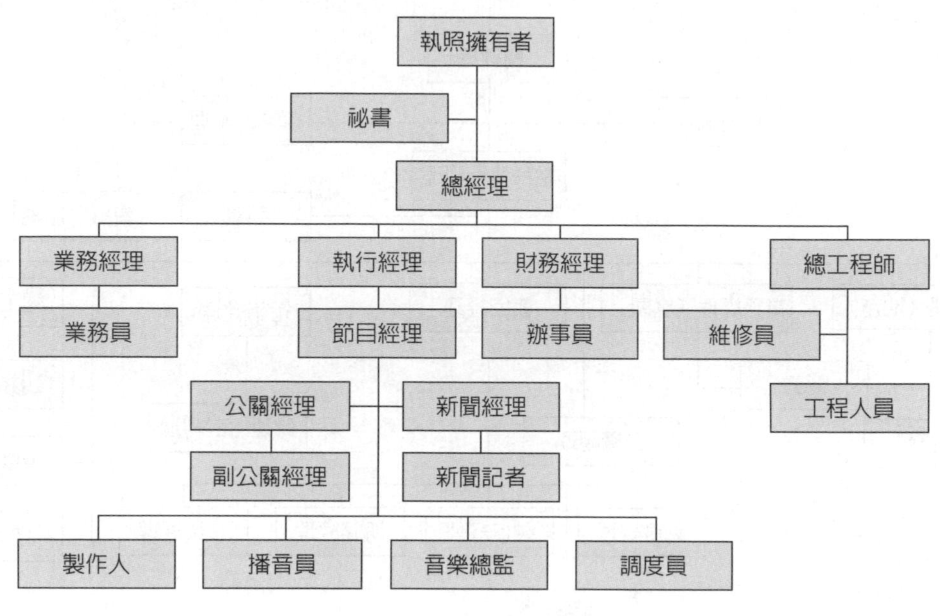

圖10-2　中型電台組織

二、工作職掌

無論是大、中、小型電台經營的成敗關鍵和電台領導人有直接的關聯性，其中總經理、節目部、業務部、工程部經理皆被稱爲關鍵人物（Key Person）。以下則簡述其職掌及相關資格（O' Donnell等，1989）：

(一)總經理

總經理是電台之最高指導者，也是決策執行者，其職掌如下：

1.保障電台及員工的最高權益。

2.遵行法規進行規劃發展與管理工作。

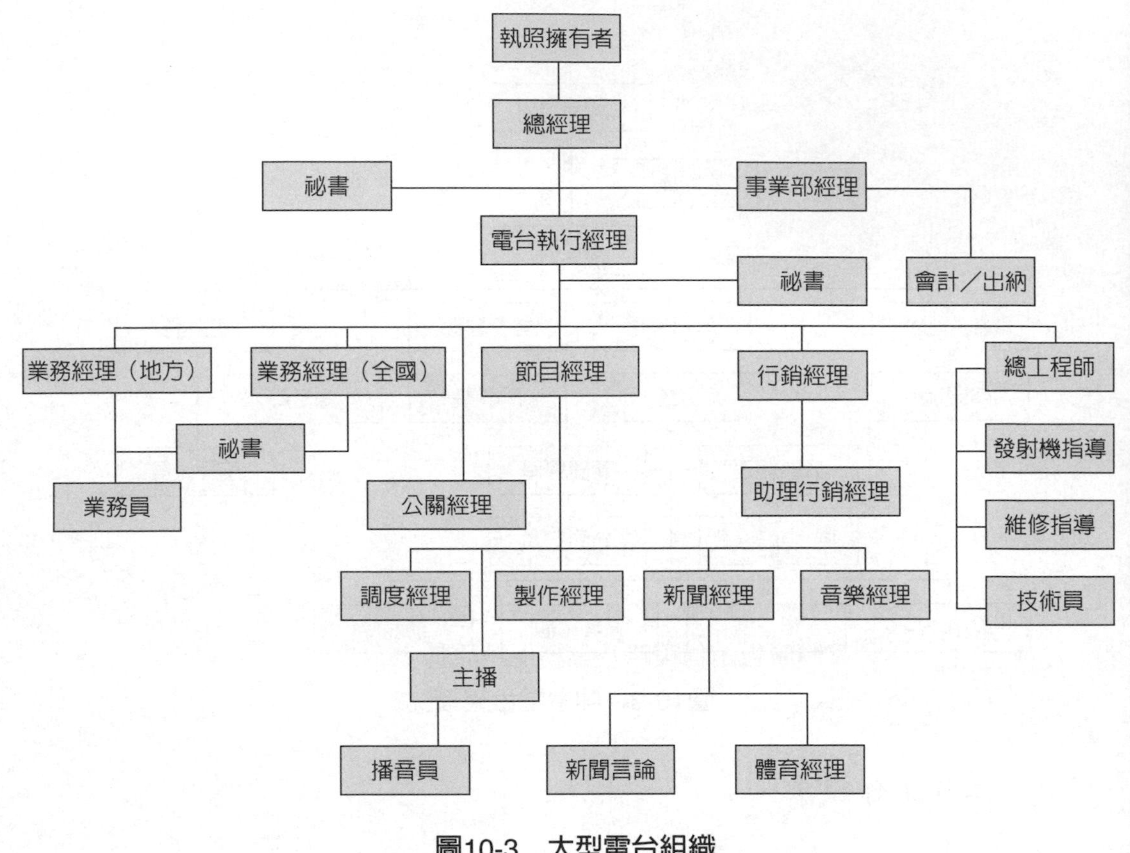

圖10-3　大型電台組織

3.善盡對電台設備、業務督導、勞工關係管理的職責。

4.確實督導節目部門對節目政策之執行。

5.維持和社區之良好關係並確保電台之社會形象。

從企業經營的角度來看，稱職的總經理必須具備足夠的領導智慧和能力、高度的使命感、果斷的判斷力才能勝任。

(二)節目部經理

節目部經理是廣播電台三大重要主管之一，其職掌如下：

1.構思並執行節目政策。
2.僱用並管理主持人、播音人員。
3.聽衆調查之舉辦與監督指導。
4.確保節目品質及其一貫性。
5.掌握有關影響節目製播的競爭與趨勢。
6.維護音樂資料庫的品質。
7.某些電台中節目部經理亦指導有關新聞與公共事務活動。

(三)業務經理

業務經理（Sales Manager）的決策，關係到電台的廣告收益。其職掌爲：

1.負責廣告時間的銷售，以創造電台收入。
2.設計廣告價目結構及訂定廣告價目表。
3.規劃整體廣告銷售策略及業務促銷活動。
4.擬訂業務員銷售配額。

(四)總工程師

總工程師（Chief Engineers）的工作，是電台運作的基石，其職掌爲：

1.根據政府主管機關規定之工程技術規範來運作電台。
2.採購與督導維修機器設備。
3.監視傳送訊號。
4.與新聞部及節目部配合現場轉播任務。

在小規模的電台中，沒有設置總工程師的職位，而改設兼職的工程顧問，以節省人力。

(五)廣告調度員

廣告調度（Traffic）此名詞源自廣告代理商所建立的一種協調制度（Traffic System），其用意在於促進各部門的協調、監督廣告的製作與刊播等的必要過程。美國廣播電台則取其意，設有專人或部門，專事負責廣告製作、排檔、播出及收費等聯繫、協調與督導工作。

貳、國內廣播電台組織架構

在台灣，有關廣播電台的行政組織與員額編制，根據「廣播電視法施行細則」第十六條規定：「廣播事業應分設節目、工程及管理部門外，並應視其性質增設新聞、教學、業務、專業廣播或其他有關部門。其員額自定之。」由上可知，就電台組織而言，必須依規定設立節目、工程及管理三大部門。其餘部門與員額多寡，則視電台的需要，亦即電台經營方針自行訂定。例如，以新聞服務導向者，應增設新聞部，並配署相當之人員以為調派。

為了達成電台經營最高目標，董事會是依公司法及公司章程由全體股東產生，負責釐訂經營策略，為最高決策機構。總經理則是負責執行董事會決策，並領導公司各級員工。民營商業廣播電台之組織基本架構如**圖10-4**。

一、董事會與董事長

「廣播電視法」第五條規定：「由中華民國人民組設之股份有限公司或財團法人所設立之電台為民營電台」。所以所有民營廣播電台，必然是公司或財團法人組織型態。既屬公司或財團法人組織，自應依公司法或財團法人相關法規之規定，組織董事會，並依規定程序選出董事長，擔任電台負責人，對廣播電台之經營負完全

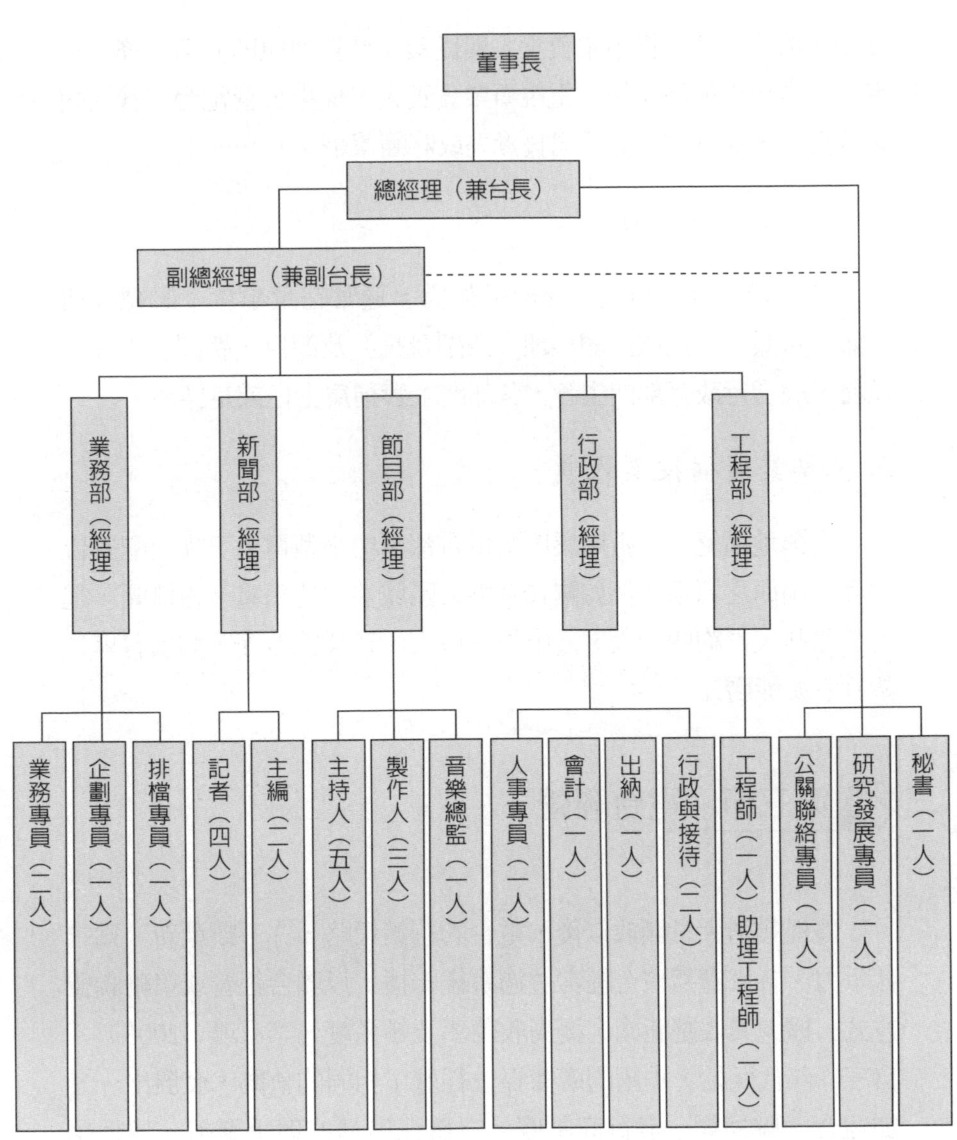

圖10-4　廣播事業組織與人員編制圖

責任。依「廣播電視事業負責人與從業人員管理規則」第二條之規定：「本規則所稱廣播、電視事業負責人，係指公營電台主管機關之負責人、民營電台之公司負責人或財團董事。」

二、管理階層人員

就一般民營廣播電台之組織架構，通常在董事會下設總經理（兼任台長），並置副總經理（兼副台長）及節目、新聞、工程、業務、綜合行政等部門主管，各部門主管稱爲主任或是經理。

三、專業廣播從業人員

台灣地區絕大多數商業廣播電台都屬中小型電台，人員配置皆須發揮精簡之原則；例如**圖10-4**爲某區域性中功率電台組織圖，電台專兼職人員約四十人，其中如主持人、音樂總監等，均須有專業素養者始能勝任。

第三節　電台經營

廣播頻道大量開放以後，電台的行銷策略，亦不斷創新。爲求競爭力，各家廣播電台經常透過系統聯播，以聯合經營或策略聯盟方式，擴大其收聽範圍，提高收聽率及知名度（李家璋，2003）。自三〇年代開始，美國的廣播界也經歷了相同的軌跡，發展出一套加盟台、聯播網、發行商制度，以確保廣播的競爭優勢。傳播學者赫巴特（Ray Eldon Hiebert, 1991）指出：聯播網之形成基於四項因素：(1)一個財力雄厚的母公司才能有足夠資金展開對媒體未來科技和設備的開發；(2)規模較大的製作公司將節目賣給地方小電台，可增加額外收入；(3)電訊技術可很方便的做連線播放節目；

(4)如果一個節目或演員在地方上受歡迎，如能藉諸全國媒體加以宣傳，成爲全國性節目，則收益會更大（黃西玲，1997）。

壹、美國聯播網的形成

1923年起紐約的WEAF電台以電話線連接紐約市與麻薩諸塞州南達特茅斯（South Dartmouth）的WEAF電台，開啓聯播之先鋒。1924年10月AT&T已擁有一個由八家電台組成的聯播網，並聯合二十二家電台，聯播柯立芝總統（Calvin Coolidge）的演講。此時Radio Group（由奇異公司、西屋及RCA合組的），使用西方聯盟公司的電報線路，在1925年，成功的聯合十四家電台組成聯播網。在1926年，Radio Group成立了一個RCA關係企業名爲國家廣播公司（National Broadcasting Corporation; NBC）。1927年RCA將NBC擴大爲藍網（the Blue）與紅網（the Red）。WJZ（後成爲WABC）及Radio Group原有的廣播網，是藍網的核心電台，WEAF（後成爲WABC）及Telephone Group原有的廣播網，則是紅網的主力。

1928年9月裴利（William S. Paley）買下了經營情況困窘又虧損的公司——哥倫比亞唱片廣播系統。他接手時，CBS只有二十二個加盟台（affiliates）。裴利很快便以新的加盟合約扭轉頹勢。他在五十年後出版的自傳中說：「我提出免費長期服務的觀念……。我保證，每週提供的節目不是十小時而是二十小時，而且，凡有廣告的節目每小時付給各電台五十美元。但有一項新但書，即前五小時有廣告的節目時段公司不付錢。……爲預防會有更多的廣告進來，公司方面保留增加時段的權利。而且，我們首次要求取得加盟台的專屬權，即加盟台不得再爲其他廣播網播出節目。我又加上一項有利於公司發展的創舉，各地方台必須在我們的節目中標示出

CBS的名號。」裴利這些獨到的構想，後來成爲廣播加盟合約的標準做法。

互惠廣播系統（Mutual Broadcasting System; MBS）成立於1934年。1930年代初期，美國僅有兩家未加盟的大型廣播電台，包括芝加哥的WGN及紐約的WOR。這兩家電台與底特律的WXYZ、辛辛那提的WLW於1934年建立合作關係，成立MBS。但MBS想要擴大爲全國性廣播網的企圖難以實現，因爲大多數電台均已與NBC或CBS結盟。MBS只有向聯邦通訊委員會（FCC）陳情，抗議兩大廣播網的市場壟斷。FCC展開深入調查，經三年研究，於1941年5月公布：連鎖廣播管理辦法（Chain Broadcasting Regulations）。FCC的想法是，要讓各加盟台對本身的節目時間享有更大自主權，並削減廣播網的規模。NBC及CBS不服，官司一直打到最高法院。最高法院在1941年作成判決，支持聯邦通訊委員會的做法，這個關鍵判例，確立了聯邦通訊委員會有權訂定管理規範的憲法原則。由於此一判例，NBC被迫結束雙網並行的經營方式，將較差的藍網出售。藍網於1945年改組爲美國廣播公司（American Broadcasting Corporation; ABC）。MBS及NBC、ABC、CBS廣播網在戰後迅速發展。廣播業四分天下的情勢一直持續到1960年代末。

整體而言，聯播網的營運方式是節目製作公司與各地廣播電視台簽訂聯盟合約，或由節目製作公司將播映權售予各地廣播電視台放映，或者地方電視台將自己的時段賣給節目公司放映節目。在此狀況下，小的獨立公司根本無法與聯營公司競爭，而不得不加入其中，因此自1950年起FCC對聯播網的經營型態做出規範，例如聯播網每週只能在全美不超過十州的二十五個電視台上映，且時間也不得超過十五小時，目的在於阻止聯播網的權益過大，並防止壟斷。另外也在1952年的傳播法規第三〇七條款中〔Communication Act of Section 307（b）〕明定對於地方電視台的保護，但業者仍希望他們的節目能合法的在全國各地上映，因此要求解禁的呼聲四起（黃西玲，1997）。在經過幾次修正後，FCC同意聯播網對於其所播出的節目可以獲得財務上的利益與所有權，但不能合併黃金時段的各聯播網（the Prime-Time Rule）。

目前全美前十大廣播公司擁有之加盟台數目如下：

1.Clear Channel（1,133台）。

2.Cumulus（344台）。

3.Citadel（236台）。

4.CBS Radio（140台）。

5. Entercom（114台）。

6.Salem（98台）。

7.Saga（89台）。

8.CoxRadio（79台）。

9.Univision（75台）。

10.Regent（68台）。

貳、台灣的聯播網政策

民國82年，政府開放申設新電台之後，改變了原本廣播的面貌。舊有的電台收聽率被瓜分，區域性的電台難以獨力支付高昂的製作成本，地區性的廣告量不足以維持電台運作等諸多複雜因素之交互影響下，新成立的區域性電台爲增加競爭力，減少經營成本，提高知名度，開始嘗試以節目聯播的方式，以策略聯盟或併購的方式，擴大收聽範圍。「廣播電台聯合經營及聯播等事宜現階段之管理原則」於1997年5月21日公布施行。其要點包括：

一、聯合原則

目前廣播電視法原則上並未禁止廣播聯合經營原則，惟聯合經營因涉及公平交易法經營權之聯合，因此仍應依個案向行政院公平會依法申請許可。

二、聯播原則

1.非屬新聞局依法指定之聯播行為，其進行聯播之電台應由主播電台向新聞局報備。
2.電台進行聯播不得違背電台營運計畫。
3.凡大、中功率之獨立電台聯播比率不得高於50%，小功率獨立電台不得高於70%；設有分台之電台，其分台聯播比率比照小功率電台標準。
4.電台聯播時，仍應維持本台之台名、呼號及頻率。
5.聯播行為涉及節目供應性質者，應依規定申請廣播節目供應事業許可證（新聞局廣電處，1997）。

參、聯播網與策略聯盟之意涵

所謂電台聯播，是指無線廣播電台透過工程技術上的聯結或盟約，在一定時段，聯合播送同一個節目，藉此擴大收聽範圍，增強影響力、降低成本、增加廣告收入（陳東園等，2002）。

「聯播網」則是在電台進行聯播行為的前提下所構成，透過主播（總台）與聯播台（分台或稱地方台）間的資源合作、分工與共享，擴展聯播節目的涵蓋範圍，並形成一個跨越地理空間的共時傳播網路。不僅可以擴大收聽市場，亦可以服務廣大閱聽眾的相同需求（羅如芳，2001）。聯播網的節目（network programming）因為有「經濟規模」（economics of scale）的優勢，廣播公司在其主播台、內製作高品質、高成本的節目，並將這些節目與各個自營電台及許多的會員電台共同分享，不但能夠將製作成本由這些電台來加以分攤，而且還能夠降低每一個電台的成本支出。對於全國性的廣告商而言，也能透過其涵蓋全國範圍的無線電台，提供一個能同時將廣告宣傳內容在全國播放的機會：因此，聯播網也創造一個全區化的廣告市場（蔡念中、張宏源，2005）。

電台間進行策略聯盟對主播台而言，除了上述優點外還能降低錄音場地設備成本，提高競爭與收聽率（詹懿廉，2000）。

電台以策略聯盟的方式合作，有以下兩種經營模式與特質（呂明俐，2001）：

1.未聯盟前的各個獨立電台在聯盟後仍保有自己的自主權、保有電台本身的電台台名、台呼以及定位及風格；縱使有一方較居主導地位，也不應喪失自己的電台自主權。

2.在股份方面基於聯盟目標也許有一方面投資較大部分，而不是凡事聽令主播台。如電台之股權已被另一方擁有大半部分，且主控權已掌握在他方，便不應稱爲策略聯盟，已屬購併意涵。

肆、台灣廣播策略聯盟之現況

電台聯播與策略聯盟在台灣廣播頻道開放後改寫了廣播的生態。不僅就電台本身，許多地方電台不同節目也都開始串聯模式或稱聯播模式，希望將區域性的節目擴展到各地。聯播是大部分廣播電台的合作方式，指各電台間共同出資或分攤一個節目的製作費用，再由各個出資的電台聯合播出，如此一來，既可以降低節目的製作成本，亦可以增加聯播節目的涵蓋範圍（羅如芳，2001）。

一、廣播電台聯營方式

目前廣播電台發展聯播、聯營與策略聯盟的主要方式有三種，第一種是「經營結合」，第二種是「業務結合」，另一種是「節目共享」（陳佳芬，1998）：

(一)經營結合

此種合作模式是指結合的兩家電台所播出的節目完全一樣，如同公司的關係企業模式。但其缺點是被聯播的電台容易被總台控制，而失去自主的能力。

(二)業務結合

係比照聯播合作方式，主播台與聯播台之經營權各自完全獨立，對於聯播節目則採取業務合作經營方式，期降低節目製作成本以增加其核心競爭能力。其優點為各自電台有獨立經營權，不易被總台操控而影響電台各項運作，同時總台和地方台之廣告比例可事先約定。但其缺點是好時段廣告由總台和地方台依比例共享，較差時段由地方台獨撐，則地方台經營難度會提高。

(三)節目共享

同一節目由多家廣播電台共同製作、播出。此合作模式較似策略聯盟。其缺點為總台與地區電台節目理念必須一致，否則易生糾紛。

二、策略聯盟

目前以購併、策略聯盟的聯播對象而言，廣播電台聯播網可以分成內部聯播網以及外部聯播網。

(一)內部聯播網

內部聯播網（radio network）通常指「透過企業併購的方式，各聯播台與主播台的股東結構有相當程度的重複性；被併購的聯播台極可能失去其經營的主控權、企業文化以及經營定位、目標與宗旨，成為主播台電台節目的轉播站。」內部聯播網的另一個型態則為「藉由設立分台的方式來擴大其經營範圍，而主播台得以與各分台自行成為同一企業之廣播聯播網」（張耘之，2001）。

目前電台主要的策略聯盟，以經營權的取得方式可區分為下列數種：

1.超過50%以上股份的經營權：即聯播網的主控電台，擁有其他加盟台的50%以上的股權，雖受法令限制無法成立一個廣播公司，但其經營管理與一般公司無異。
2.不超過50%股份的經營權：經營狀況與聯播網相同，但遇到重大意見相左時，聯播網有面臨瓦解之虞。
3.股權不相隸屬透過契約合作：經契約取得經營權的主控台，對其他電台的掌控弱，且合作期滿，重新議訂合約時，為一不確定期，經營無法正常化，同時有各台間隨時解約之可能。
4.股份與契約綜合型：聯播網內之組合台有部分是控股台（超過50%或不超過50%均屬之）有部分是契約台。

(二)外部聯播網

外部聯播網（syndicate）是指：「主播台與聯播台採取策略聯盟的方式，透過雙方間各類資源（如生產、人事、財務、行銷等）的分享與合作，共同研發節目，並藉由主播台集中處理電台節目的生產，以降低生產成本、擴大服務範圍。由於主播台與聯播台屬於合作的關係，因此各電台間仍可以持有其自身的營運宗旨以及經營的自主權，在雙方獲益的經營模式下，共同提升其市場競爭優勢。」

廣播聯播網的形式除了內部聯播網以及外部聯播網，就策略聯盟的思考，策略聯盟電台家族的模式又可因其合作關係而有不同的聯盟形式，通常又可分爲以下六種模式，但各種不同的模式皆有其優缺點：

1.部分節目策略聯盟：採取部分節目與時段聯播方式，此一聯盟方式較能符合主播台與被聯播台各自之需求。但其缺點爲電台具有自主性，和聯盟電台相配合時容易造成電台整體調性不協調。
2.行銷策略聯盟：各有各的節目，初期業務分開，但以結盟象徵作爲行銷的宣傳訴求，爾後視實際情形需要採行業務策略聯盟。但其缺點爲形象上的結盟，並無實質上的業務關係，對於節省成本、共同製作節目、人力資源共享並無助益。
3.節目聯播策略聯盟：策略聯盟電台節目聯播，但廣告獨立，業務由各地電台各自承攬。節目時段依總台決定，分台自製節目時段主要安排在深夜或是週末冷僻時段，受限於總台之處頗多。
4.節目與廣告策略聯盟：電台共同製播節目，但廣告獨立，由各地電台各自承攬，但亦可進行交換。其缺點在拆帳、人力與資源上很難有公平劃分。
5.共同經營策略聯盟：中功率電台收購小功率電台的部分持股，如同共同經營互相持股，各分台的高階職位大多是由總台主導。在整體經營權上由總台獨攬控制，分台自主性低。
6.綜合式策略聯盟：行銷、人事、財物、資訊，整合資源節省人力成本，行銷活動直接由業務主播進行共同促銷。缺點爲廣告市場無法機動調度，影響整體競爭能力（陳佳芬，

1998；陳清河，2005）。

整體而言，台灣廣播市場的聯播型態（如飛碟、好事聯播網）皆採取股權併購的方式，以達成擴大收聽範圍的效果。也就是大量購買聯播電台的股份，成爲最大股東，以便掌控經營權及聯播節目的品質控管。因此，各聯播的分台自製節目主要集中在深夜、凌晨，至於高收聽率的時段則成爲聯播時段，承租中華電訊設備，透過衛星方式將節目訊號傳送到聯播分台。飛碟電台在當初成立時就訂下全省串聯的目標，因此，成立才滿半年，民國86年1月就和幾家小功率電台同步播音，包括苗栗中港溪、台中眞善美、澎湖社區電台、雲林民生展望、北宜產業、花蓮太魯閣之音及台東知本電台。同年9月再與高雄南台灣之聲聯播。至此，播音範圍幾乎涵蓋全省。

學者陳清河（2006）對於聯播網經營提出之具體建議極具參考價値，茲援引如下：

1.數位節目資料庫與跨平台概念：在數位環境中對節目數位資料庫的需求會日益加重。數位資料庫最大的優點除了發揮聯播結盟最大效益外，同時包括未來異業聯盟之跨媒體平台運用。模組化之觀念必須於節目製作之初即帶入，並應用於廣播、網路、電子看板、行動通訊等多元媒體，除了可以降低節目生產成本也更能強化競爭力。
2.建立模組化：模組化及節目組裝，並積極開發專爲數位資料庫設計之管理介面，貫徹「一次生產、多次使用、多元加工、多頻傳輸、多功服務」之多元需求。數位資料庫的使用不僅止於數位典藏，而是更偏重於模組化及節目組裝，方能發揮聯播之最高效益。
3.節目調性整合：聯播台在節目製作上也缺乏明顯之地方與電

台特色，在以商業爲主要利益的聯播關係配合下，形成主播台與聯播台各自產製節目，卻缺乏之間的關聯性與節目應有之特殊調性。聯播網需要不斷累積核心能力與富特色之電台形象，更應該由主播台與聯播台相互配合產製特有調性之節目，創造電台特色與差異。

4.多元化行銷模式：應採用不同策略聯盟之方式創造更多的商機、減少成本，並將行銷和業務結合在一起。在製作廣告時需要對該電台完全瞭解，包括電台特性、節目特性、聽衆群及目前市場現況、經濟等都必須兼顧才能夠去做，不應刻意將兩者區分成行銷或是業務，而是與節目部、企劃部等節目產製單位密切配合，並結合風險評估。

5.廣告區域與地方區隔化：在廣告經營策略上應該朝向明顯區隔全國性廣告與地方性廣告，讓各商業廣告可以在最適切的地方單獨呈現，並導入客戶資料庫之整合的行銷概念，提供廣告、活動、專訪等各項資訊之整合服務，並加強在地客戶服務、推廣跨業合作，藉此強化電台與聽衆互動關係。

6.不同媒體跨平台合作：建立數位資料庫最大的優點是未來媒體平台的運用，能夠更容易的整合不同性質之跨媒體資訊平台，並導入以中央廚房與大編輯台的模式製播節目，成爲內容供應中心。然而未來之聯播網策略除了導入大編輯台概念外，更需要與不同媒體整合，不論是新聞、節目、廣告、行銷都應該不局限於廣播單一媒體。

7.聯播網的推動可以與新媒體抗衡：在異業入侵廣播媒體市場情況之下，最務實的做法即爲廣播電台業者間的聯盟與合作，讓電台業者建立起聯盟關係，形成具有足夠競爭力之企業聯盟，以擴展其經營範圍，達到綜效之加乘效果。以中央廚房及大編輯台的形成進行，如此才足以使廣播產業與新媒體科技產業抗衡的條件。

8.跨平台聯播模式：在數位時代，廣播媒體將不再局限於「聲音」的播送；另外也可以將節目內容，轉變成適合在其他類型媒體展現的形式，再加以產出、利用、傳送或廣播的現場實錄以影像的方式播放出來。亦即，未來之廣播聯播網不再只局限於廣播平台，而是轉變成多元平台經營模式。

第四節　數位時代的電台經營與管理

壹、數位時代的電台組織

數位時代的來臨，由於節目產製過程、存取方式以及工程技術之改變，因此，整體電台組織亦必須有所因應並加以調整，以達到管理績效。英國BBC在2006年7月宣布為迎接數位時代的來臨，將2000年原有以總經理為中心之花瓣型、扁平化的組織結構，以「創意未來」為概念，進行大規模的改造，其重大變革如下：

1.未來媒體科技部（Future Media & Technology）：原為新媒體部（New Media）。

2.BBC Vision：由原來之電視部（Television）、戲劇娛樂與兒童部（Drama Entertainment & Children's）、紀實與學習部（Factual & Learning）三個部門合併而成。

3.營運部（Operation）：合併原有的政策法務部（Policy & Legal）及策略推廣部（Strategy & Distribution）。

4.新聞部：整合全球（Global）、全國（Nation）及地方（Regions）的新聞單位，將原本十四個部門縮減為九個。整體組織架構以行銷傳播與聽眾觀眾服務（Marketing Communication & Audience）爲核心，在未來媒體科技部下分成三大節目內容產製領域：包括新聞（Journalism）、影視（BBC Vision）、廣播及音樂（Audio & Music），最外圍則爲財務（Finance）、人力資源（People）、營運及全球服務與全球資源部（Worldwide & BBC Resource）。**圖10-5**爲BBC之新組織架構圖。

另外，美國PBS也在2006年公布增設一名CCO（Chief Content Officer），目的在強化PBS在多平台所提供的服務。使PBS節目內

圖10-5　BBC新組織架構圖

資料來源：www.bbc.co.uk.

容藉由地方台學校以及多媒體平台能夠服務更多的公衆。同時加強策略聯盟，讓更多優質節目在PBS平台播放。在台灣，公共電視也在2006年增設新媒體部門，以因應數位新媒體時代的到來（曹婉玲，2006）。

另外，銀河網路電台是台灣第一家也是規模最大的一家原生網路電台。本小節以銀河網路電台爲個案，從電台組織、經營策略、節目產製、等面向和傳統廣播電台作一比較。

一、銀河網路電台之規劃理念與經營策略

(一)規劃理念

銀河網路電台節目以音樂、娛樂、人文爲主，避開時效性、高敏感度政治話題，讓銀河的節目在任何時空對網友來說都具有價值。

(二)經營策略

銀河自1998年開台以來，節目的頁面、內容、聲音都放在網路上，銀河打破傳統電台無法重複收聽的特性，網友可以自由的選擇在任何時間收聽銀河的節目，銀河目前的節目存檔高達一萬多集，而且每天都在持續增加中。

二、銀河網路電台之組織架構

銀河網路電台之組織架構共分爲六大部門，與傳統廣播電台有顯著的差異。

(一)媒體製作部

凡網站媒體之創意企劃、製作執行、資料蒐集整理、通告管理、專業人士協調整合、網站維護互動、客服社群凝聚互動、活動

等，都經由媒體製作部成員精密的分工之後，戮力完成。媒體製作部分爲：

1.音控視控系：負責將網站節目影音內容作最完整、專業的呈現。
2.企製系：負責銀河內部所有數十個自營內容網站及節目的企劃發想，爲網路上各類型單一特定族群量身打造符合他們需求之服務功能性網站。
3.節目系：負責銀河內部數十個自營內容網站及節目之每日常態更新。

(二)視覺設計部

視覺設計部是銀河網站媒體的視覺設計中心，其下分爲：

1.平面視覺設計。
2.數位設計系。
3.網頁技術系。

部門成員從數位視覺設計、平面廣告設計、電腦動畫製作、3D繪圖模組、虛擬環境構成、多媒體影音技術、數位或平面攝影、動態程式應用各方面皆有專精。

(三)系統發展部

系統發展部掌握銀河網站媒體的傳導神經與龐大資料庫系統。在網路與網路的跨國環境裡，如何生產、管理、儲存、播送、互動、維護、備份是系統發展部最首要的課題。下分：

1.程式開發系：目標即爲融合不同系統、運用各種介面、創造新的機制。
2.資料庫系：負責銀河資源的累積。

3.多媒體系：隨著寬頻時代的來臨，人們對網路內容的需求愈來愈大，而多媒體更是不可或缺的內容之一。如何在全球各種不同的頻寬環境下，保持最好的傳輸品質，滿足寬、窄頻的網路使用者在視覺上的享受，是多媒體系最重要的目標。

4.網管系：負責確保內部資料及人員安全之外，更需維持各ISP公司伺服器的正常運作及網路傳輸的運作順暢。以最少的成本讓頻寬的使用達到最高的效率，提供最安全、順暢的作業環境。

(四)商業開發部

負責對外服務商業客戶，扮演銀河在其他傳統產業欲跨入網路領域時的溝通捷徑與顧問角色。舉凡業務開發、提案、執行企劃、執行流程、時效掌控、客戶服務等作業，均親身參與。

(五)整體策略部

整體策略部包括：

1.秘書系。
2.公共宣傳系。
3.情資系。
4.銀河陸戰隊。
5.大中華系。

(六)事業開發部

是銀河互動網路集團對海外銀河單位的指揮協調單位，並主導銀河與各跨國大型企業與網路事業的合作業務。

從銀河網路電台之個案中可發現數位時代之人才需求，部門設計，經營管理策略皆與傳統電台不同，具體建議如下：

1.增設媒體設計部門：為配合寬頻影音時代的到來，傳統電台必須加強節目資料庫和音樂資料庫之建置。不只蒐集聲音及音樂，亦必須儲存文字及圖像。如何讓龐大、多樣化的自製內容資料能被有效地建立、歸類，並讓網友用最便捷、人性的方式滿足所需，是十分重要的課題。

2.培養數位人才：可運用建教合作方式，和各大專院校相關科系合作，協助電台加速節目資料庫和音樂資料庫之建置。並進用視覺媒體專才，從數位視覺設計、電腦動畫製成、3D繪圖模組、虛擬環境構成、多媒體影音技術、動態程式應用等。積極組成新的數位資訊團隊。

3.整合原有工程部門為數位資訊部：擴大或整合原有工程部門，將網站系統更新維護，程式開發，維持數位及網路傳輸的運作順暢是新的部門目標。

4.加強節目部之數位節目企劃：為配合一次儲存，多次分享的中央廚房式的節目概念，節目人員必須重新定位節目之元素，為再次編輯組裝，建立模組化的條件。

貳、數位時代的電台監管機構

一、美國廣播事業監管機構

美國的廣播事業之法源基礎為憲法第一條第八款，其中授權國會管理對外及各州之間的商務。1887年州際商業法案（Interstate Commence Act of 1887，簡稱商業法案）將所有的無線通訊含各類廣播都視為州際商務；跨越州際者才由聯邦管轄。1910年的曼恩一艾爾金法案（Mann-Elkins Act），率先授權美國「商業委員會」管理電報與電話，可視之為管理無線電廣播的第一個法律與主管單位。

1927年廣播法（The Radio Act of 1927），特別成立「聯邦廣播委員會」（Federal Radio Commission），負責收拾混亂的廣播電台，以恢復空中無線電波的秩序。1934年傳播法（Communication Act of 1934），將原來的「聯邦廣播委員會」改爲「聯邦傳播委員會」（FCC），委員人數爲五人，同一政黨之委員人數不得超過三人，由總統提名，參議院行使同意權，任期五年。其工作使命爲訂定電子傳播政策、技術水準之規範以及公共利益之保障等。美國聯邦傳播委員會對申請廣播執照之主要規定包括：

1.根據美國聯邦傳播法第三百一十條規定只有美國人才有權經營廣播事業。
2.教育廣播電台具有優先權。
3.電台執照有效期間爲三年。國會於1981年立法修正電視台執照爲五年，廣播電台爲七年。
4.美國聯邦傳播法第三百一十三條明定不得違反獨占法與不合法契約等法律。聯邦傳播委員會爲防止壟斷和獨占，特規定任何個人或公司：(1)不得在同一地區控制一個以上之廣播電台。1992年FCC新規定爲在較大市場中可擁有一家以上之廣播電台；(2)不得擁有七個以上之調幅、調頻電台，和七個以上電視電台（其中VHF不得超過五個，UHF兩個）。經過1985年及1992年兩次法令的鬆綁，到1994年新規定上限爲二十家調幅及二十家調頻；(3)擁有一家電台的時間不得少於三年。FCC自1982年起允許在任何時間出售執照。八○年代後，FCC對於節目之數量建議（1982決行取消）、公平原則（1987決行取消）、廣告時間上限原則（1982決行取消）。但仍認爲節目內容不得違反社會共同規範與善良風俗，違反此項規定的廣播電台，聯邦傳播委員會可以吊銷其執照。1990年國會通過立法訂定兒童節目廣告量的管制原則，規定兒童節目每小時的廣告量在週末不得超過十分三十秒，在週日不得超過十二分鐘。2006年6月美國總統布希簽署了一項新法案（Broadcast Decency Enforcement of 2005），在法案中明文規定FCC有權針對不遵守正派經營的廣播電視台及工作人員處以三十二萬五千美元的罰款。

二、英國廣播事業監管機構

爲因應數位時代到來，英國議會在2003年7月通過通訊法（Communication Act 2003）該法共四百一十一條，分爲：Ofcom的職權、網路業務和無線頻率、電視和電台業務、電視接收的許可、通訊市場的競爭、附則等六大部分。這個法案取代了1984年英國電信法而成爲英國電信管理的根本大法，也確立了Ofcom這個電信管制機構的法律地位，賦予Ofcom全面監管全英國資訊及傳播領域的權力；2004年，Ofcom正式取代原本分散於電視、廣播、電信傳播事業的五大管理機構，即Broadcasting Standard Commission（BSC）、Independent Television Commission（ITC）、Office of Telecommunications（OFTEL）、Radio Authority、Radio Communications Agency，並接管上述五個法定管制機構的全部職權，而成爲英國橫跨資訊、大衆傳播及通訊的唯一且獨立的統合監督管制機構。

根據2003年英國通訊法的規定，Ofcom是一個獨立於政府部門的公共機構，既非政府組織，亦非民間單位，但直接對英國議會的專門委員會負責，而不需要對英國總理或其他政府首長負責。而在財務上，亦只接受審計部的審計和監督。如此一來，使得Ofcom成爲一個獨立於政治之外的組織，而且具有高度透明性和延續性。

一般而言，英國政府無權干涉Ofcom任何一項職權的行使，唯有在有關無線電頻譜的國際事務中，Ofcom需要與英國貿易和工業部偕同處理相關事務（但Ofcom的管制決定仍要受到司法審查）（呂堅志，2004）。

三、法國廣播事業監管機構

在法國，郵電法、電信管制法、視聽通訊法和通訊自由法是數位匯流的基本法源。

在1996年和2006年郵電法經過兩次重大修改，改稱爲電子通訊與郵政法。郵政法在市場准入方面，除了無線頻率和電話號碼，需要個別許可證或使用權外，對於長期實施的電信市場准入許可證制度更改爲一般授權。意即新的電信提供者，無需申請許可證，就可以進入電信市場，廣播電視業自然包括在其中。電信管制法要求，所有公共網路經營者應當客觀、透明、允許視聽業務接入其網路，說明了視聽服務市場比以前更開放。

1989年最高視聽委員會（Conseil Superieur Audivisuel; CSA）成立，是法國廣播電視業的獨立監管機構。CSA之委員有九人，任期爲九年。包括總經理在內之三名委員由法國總統任命，三位委員由議長任命，三位由國民大會任命。

CSA之成立基本精神爲維護傳播自由，相對的傳播媒體對於社會大衆應有之傳播責任亦十分重要。因此CSA必須監管廣播及電視之節目內容。具體而言，CSA之監管權限如下：

1.提名公營廣播及電視之總經理。

2.核發FM、AM之廣播執照。

3.核發商業電視、有線電視、衛星電視執照。

4.所有政府預算部分之經費管理。

5.廣播電視中政治性節目之監管。

6.建立選舉期間公共廣播電視節目製播規則。

7.監管節目品質。

CSA和美國FCC的不同之處在於，CSA不負責電信方面的業務，而多加了像BBC的Broadcasting Standard Commission的規範媒體的角色。CSA雖然是由政府編列預算作爲經費來源，但卻是完全獨立的。綜觀各國之電台監管機構，均必須擔負法規制定、核發執照、節目監管等任務，**表10-1**依其法源依據、組織型態、權力來源、經費來源，說明其間之差異。

表10-1　美、英、法國及台灣之電台監管機構

國家	美國	英國	法國	台灣
單位名稱	FCC	OFCOM	CSA	NCC
法源依據	Communication Act of 1934；及其他相關法規	Office of Communication Act 2002；Communication Act 2003；及其他相關法規	視聽通信法1982；通信自由法1986	通訊傳播基本法2004；國家通訊傳播委員會組織法2005
組織型態	委員會，委員五人	委員會，委員九人	委員會，委員九人	委員會，委員七人
權力來源	總統提名，參院行使同意權	內政大臣任命	三名委員由法國總統任命，三位委員由議長任命，三位由國民大會任命	行政院長提名，立法院同意後任命
經費來源	政府預算	政府預算及規費	政府預算	政府預算及規費

資料來源：FCC、OFCOM、CSA、NCC等網站資料，作者自行整理。

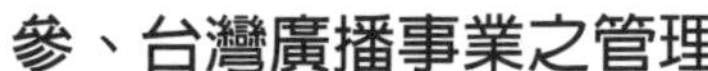

參、台灣廣播事業之管理

一、相關法規

民國38年政府遷台，原有政治架構與權力結構解體。廣播事業之主管單位，基本上回歸交通部。民國62年行政院新聞局接辦廣播電視業務，期間五次修改「廣播電視法」，十五次修訂「廣播電視法施行細則」，以符合時代需要。民國93年1月7日爲因應科技匯流，促進通訊傳播健全發展，維護國民權利，保障消費者利益，提升多元文化，特制定「通訊傳播基本法」。依據中華民國94年11月9日公布「國家通訊傳播委員會組織法」成立國家通訊傳播委員會（National Communication Commission; NCC），成爲我國正式的電訊傳播主管機構。根據第二條之規定：「通訊傳播相關法規，包括電信法、廣播電視法、有線廣播電視法及衛星廣播電視法，涉及本會職掌，其職權原屬交通部、行政院新聞局、交通部電信總局者，主管機關均變更爲本會。其他法規涉及本會職掌者，亦同。」國家通訊傳播委員會掌理之事項如下（第三條）：

一、通訊傳播監理政策之訂定、法令之訂定、擬訂、修正、廢止及執行。

二、通訊傳播事業營運之監督管理及證照核發。

三、通訊傳播系統及設備之審驗。

四、通訊傳播工程技術規範之訂定。

五、通訊傳播傳輸內容分級制度及其他法律規定事項之規範。

六、通訊傳播資源之管理。

七、通訊傳播競爭秩序之維護。

八、資通安全之技術規範及管制。

九、通訊傳播事業間重大爭議及消費者保護事宜之處理。

十、通訊傳播境外事務及國際交流合作之處理。

十一、通訊傳播事業相關基金之管理。

十二、通訊傳播業務之監督、調查及裁決。

十三、違反通訊傳播相關法令事件之取締及處分。

十四、其他通訊傳播事項之監理。

國家通訊傳播委員會在民國97年1月9日修正第四條條文針對委員之產生方式規定如下：

一、本會置委員七人，均爲專任，其中一人爲主任委員，特任，對外代表本會；一人爲副主任委員，職務比照簡任第十四職等；其餘委員，職務比照第十三職等。委員任期爲四年，任滿得連任。但本法第一次修正後，第一次任命之委員，其中三人之任期爲二年。

二、本會委員應具電信、資訊、傳播、法律或財經等專業學識或實務經驗。委員中同一黨籍者不得超過委員總數二分之一。

三、本會委員由行政院院長提名，經立法院同意後任命之。主任委員及副主任委員由委員互選產生後任命之。

四、本會委員自本法第一次修正後不分屆次，委員任滿三個月前，應依第三項程序提名任命新任委員。如因立法院不同意或出缺致委員人數未達足額時，亦同。

五、本會委員任期屆滿未能依前項規定提任時，原任委員之任期得延至新任委員就職前一日止，不受第一項任期之限制。

六、第三項規定之行使同意權程序，自立法院第七屆立法委員就職日起施行。

「國家通訊傳播委員會組織法」中之第五條、第六條、第七條

對於委員職權之行使亦有明確規定：

第五條：主任委員出缺或因故無法行使職權時，由副主任委員代理；主任委員、副主任委員均出缺或因故無法行使職權時，由其他委員互推一人代理主任委員。

第六條：本會委員於擔任職務前三年，須未曾出任政黨專任職務、參與公職人員選舉或未曾出任政府機關或公營事業之有給職職務或顧問，亦須未曾出任由政府機關或公營事業所派任之有給職職務或顧問。但依本法任命之委員，不在此限。

第七條：本會依法獨立行使職權。

本會委員應超出黨派以外，獨立行使職權。於任職期間應謹守利益迴避原則，不得參加政黨活動或擔任政府機關或公營事業之職務或顧問，並不得擔任通訊傳播事業或團體之任何專任或兼任職務。

本會委員於其離職後三年內，不得擔任與其離職前五年內之職務直接相關之營利事業董事、監察人、經理、執行業務之股東或顧問。

本會委員於其離職後三年內，不得就與離職前五年內原掌理之業務有直接利益關係之事項，爲自己或他人利益，直接或間接與原任職機關或其所屬機關接洽或處理相關業務。

「國家通訊傳播委員會組織法」中之第八條係規定了委員會所掌理之事務：

「本會所掌理事務，除經委員會議決議授權內部單位分層負責者外，應由委員會議決議行之。

下列事項應提委員會議決議，不得爲前項之授權：

一、通訊傳播監理政策、制度之訂定及審議。

二、通訊傳播重要計畫及方案之審議、考核。

三、通訊傳播資源分配之審議。

四、通訊傳播相關法令之訂定、擬訂、修正及廢止之審議。

五、通訊傳播業務之公告案、許可案及處分案之審議。

六、編制表、會議規則及處務規程之審議。

七、內部單位分層負責明細表之審議。

八、人事室、會計室及政風室以外單位主管遴報任免決定之審議。

九、預算及決算之審核。

十、其他依法應由委員會議決議之事項。」

國家通訊傳播委員會之經費來源如下（第十三條）：

「本會所需之人事費用，應依法定預算程序編定。

本會依通訊傳播基本法第四條規定設置通訊傳播監督管理基金；基金來源如下：

一、由政府循預算程序之撥款。

二、本會辦理通訊傳播監理業務，依法向受本會監督之事業收取之特許費、許可費、頻率使用費、電信號碼使用費、審查費、認證費、審驗費、證照費、登記費及其他規費之百分之五至十五。但不包括政府依公開拍賣或招標方式授與配額、頻率及其他限量或定額特許執照所得之收入。

三、基金之孳息。

四、其他收入。

通訊傳播監督管理基金之用途如下：

一、通訊傳播監理業務所需之支出。

二、通訊傳播產業相關制度之研究及發展。

三、委託辦理事務所需支出。

四、通訊傳播監理人員訓練。

五、推動國際交流合作。

六、其他支出。

通訊傳播監督管理基金之收支、保管及運用辦法，由行政院定之。

第二項第二款至第四款之基金額度無法支應通訊傳播監督管理基金之用途時，應由政府循公務預算程序撥款支應。」

「本會於年度預算執行中成立，其因調配人力移撥員額及業務時，所需各項經費得由移撥機關在原預算範圍內調整支應，不受預算法第六十二條及第六十三條規定之限制」（第十四條）（www.ncc.gov.tw）。

二、國家通訊傳播委員會之施政重點

NCC在97年度訂定了施政目標，其重點爲：(1)促進數位匯流效能競爭；(2)健全通訊傳播監理制度；(3)維護國民及消費者權益；(4)提升多元文化尊重弱勢。

(一)促進數位匯流效能競爭

■放寬固網市場進入管制

完成「固定通信業務管理規則」相關條文之修正，吸引有線電視系統業者跨業經營市內網路業務，塑造固網市場開放競爭之環境；同時開放電信事業提供多媒體傳輸平台服務，擴大頻道事業及內容產業所需多元通路。

■建立資通安全技術規範與管制

完成資通安全體系建置，提供資通安全設備保證等級之審驗服務，使消費者可選購具資通安全標章之產品，以確保國內資通安全設備能符合國際標準。

■促進通訊傳播國際交流合作

配合世界貿易組織（WTO）、自由貿易協定（FTA）談判，強化通訊傳播國際交流合作，並汲取各國通訊傳播服務業之發展經驗，掌握國際相關技術、標準、法規等之發展趨勢。

■推動電信設備驗、認證國際相互承認協定

繼續推動APEC TEL MRA PHASE I與APEC經濟體相互認可測試實驗室及相互承認測試報告，並積極就APEC TEL MRA PHASE II尋求與APEC經濟體相互認可驗證機構及相互承認驗證證明書。

■因應數位匯流研修通訊傳播相關法規

配合民國96年所完成通訊傳播法草案通盤檢討，研修通訊傳播相關法規，以因應數位匯流。

■推動行動電視服務

研議現行開放業務或新興技術之應用服務模式及行動電視服務管理機制，研訂相關管理規則。

■開放式共通平台整合技術及推動修法之可行性研究

推動制定無線寬頻開放式平台介面及應用服務開發技術，就世界先進國家於共通平台建置情形及立法規定深入探討，供未來我國推動共通平台之參考，以期帶動行動電信業者、設備製造商、內容供應商等相關產業發展。

■配合價格調整上限X值之公告檢討會計制度

完成第一類電信事業會計制度及處理準則修正，以期精確計算電信事業各項業務之相關經營效率。

■擴大有線電視經營區以促進數位匯流競爭之研究評估

為因應數位匯流趨勢及提升有線廣播電視產業發展，研究採行擴大經營區範圍之方式，提供更廣泛之數位加值服務，以促進有線廣播電視產業間及電信產業平台間之競爭，期能增加消費者寬頻服務之選擇。

■配合跨網通信費回歸發端訂價政策研修相關法規

配合本會民國96施政計畫「研訂回歸發話端訂價之具體評核基準」所完成之跨網通信費歸屬政策案政策白皮書，研修相關法規，以期透過市場競爭機制，讓固定網路、行動網路業者加強電信科技研發，提供新服務，提升經營效率與電信服務品質，使消費者享有品質高且價格低廉之多元化電信服務。

■因應數位匯流開發通訊傳播監理資訊系統

開發符合依數位匯流所訂通訊傳播相關法規之整合型監理管理資訊系統，俾有效提升監理業務之執行效率，並供監理政策訂定之參考。

(二)健全通訊傳播監理制度

■開放第十一梯次調頻廣播執照

滿足各界近用媒體、自由言論之殷切需求，並維護弱勢權益，保障聽眾福祉，促進頻譜有效使用，營造多元公平且更具競爭力之優質廣播環境。

■取締非法廣播電台

持續取締非法廣播電台，避免干擾飛航通信及合法無線電使用者，並宣導民眾認識合法廣播電台及用藥安全。

■頻率資料庫查詢系統擴充案

擴增查詢無線電頻率之地理圖示功能，以增強系統操作之簡易性與資料展現之親和力，提高社會大眾對查詢無線電頻率資料之意願，提升爲民服務品質與機關形象。

■電信號碼管理資訊系統規劃與研究

蒐集國外電信號碼電腦化管理相關功能，作爲規劃我國電信號碼管理資訊系統之參考，進而促進電信號碼資源之有效使用。

■行動電話基地台架設管理

控管行動通信業者基地台狀況，防制非法行動電話基地台，並整併或撤除現有基地台，以減少基地台數量。

(三)維護國民及消費者權益

■推動網站分級制度

建立完善公民參與機制，鼓勵民間團體參與保護兒少安全上網行動行列；有效結合教育體系及大衆媒體宣導，推廣網路安全相關知能；推動有效平台管理機制，落實保護兒少上網安全。

■促進通訊傳播普及服務縮減數位落差

使國人公平、合理享有通訊傳播服務，以維護國民通訊權益。

■維護網路使用及消費者權益

進行濫發商業電子郵件防制監理機制研究，以維護消費者權益。

■促進產業發展，疏解消費私權爭議

協助消費者於通訊傳播消費爭議發生時，得儘速利用爭端解決機制，以適時疏導消費爭議。

(四)提升多元文化尊重弱勢

■擴大弱勢族群寬頻通信優惠方案

讓寬頻通訊網路基礎建設已到達偏遠地區之弱勢族群，皆能使用寬頻通訊網路提供之各種網路資源。

■保障聽障族群電視新聞收視權益

讓聽障者得享有近用通訊傳播之權利，並促進社會大眾瞭解、關懷身心障礙者，增加身心障礙者與社會之互動（www.ncc.gov.tw）。

三、小結

通訊傳播管理法草案與原有之廣電三法相比，顯而易見的是較符合時代需要，亦更具周延性；以換照爲例：民國95年6月14日NCC修正公布第十二條條文將廣播或電視執照，有效期間由原有的二年修訂爲六年，期滿申請換發。而在通訊傳播管理法草案中第二十一條第三項規定廣播電視服務事業及頻道事業，第一次取得之營業執照有效期間九年，期滿後換發執照之有效期間爲六年。

BBC總裁Mark Thompson曾在演講中表示：目前正處於數位發展的第二波，隨選改變了傳統廣電業者單純以線性播放的樣貌，閱聽人擁有更多的主動權，因此業者在認知、製作、傳輸等各方面都必須有新觀念，並應有超越廣播（Beyond broadcasting）的新思維。

在數位匯流的新媒體時代中，過往的電台組織架構必須做適時的調整因應，藉由內容的整合，並建構多平台合作概念，才能滿足閱聽人主動選擇的需求。而相關主管機構亦必須順應時代趨勢，加速法案修訂，以回應業者需求；並確實監督執行，以保障大眾權益。

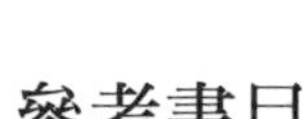

參考書目

一、中文

(一)中文書籍

Helper, Donna，張淑華中譯（1997）。《廣播音樂節目導播》。台北：廣電基金。

Robert, Ted，詹懿廉中譯（1997）。《廣播電台促銷實務》。台北：廣電基金。

Roger D. Wimmer & Josegh R. Dominick，黃振家等譯（2003）。《大眾媒體研究》。台北：學富。

江顯新（1999）。《行銷學》。台北：三民。

李少南（1994）。《國際傳播》。台北：黎明。

李希光、周慶安（2005）。《軟力量與全球傳播》北京：清華大學。

李瞻（1992）。《國際傳播》。台北：三民。

徐耀魁（2000）。《世界傳媒概覽》。重慶：重慶。

張多馬（1995）。《大陸新聞事業概況》。台北：陸委會

莊克仁（1998）。《電台管理學》。台北：正中。

許安琪（2001）。《整合行銷傳播引論》。台北：學富。

陳東園、陳清河、許文宜編著（2002）。《 廣播節目概論》。台北：空大。

陳政三（1988）。《英國廣播電視》。台北：三民。

陳清河（2005）。《廣播媒介生態與產業：台灣廣播產業與政策研究1992-2005》。台北：亞太。

陳萬達（2005）。《媒介管理》。台北：揚智。

曾國峰（2003）。〈媒介組織資訊管理〉。《新世紀媒體經營管理》。台北：雙葉。

黃英忠（1988）。《現代管理學》。台北：華泰。

黃葳威（2002）。《聲音的所在——透視電台節目規劃管理》。台北：道聲。

廖俊傑（2005）。《數位廣播的經營與商機》。台北：陽光房。

劉建順（2001）。《現代廣播學》。台北：五南。

劉新白等（1997）。《廣播電視原理》。台北：空大。

劉繼南、周積華、段鵬等著（2002）。《國際傳播與國家形象——國際關係的新視角》。北京：北京廣播學院。

蔣麗蓮（1982）。《廣播電視發展史話》。台北：黎明。

蔡念中（2003）。《數位寬頻傳播產業研究》。台北：揚智。

蔡念中、莊克仁、張宏源（1996）。《傳播媒介經營與管理》。台北：亞太。

謝章富（1989）。《節目主持研究》。台北：國立藝專廣播電視學會。

龐文眞（1996）。《國際傳播》。台北：五南。

(二)中文期刊、論文

中華民國廣播電視事業協會（1996），《中華民國廣播電視年鑑（79-84）》。台北：中華民國廣播電視事業協會。

行政院新聞局（1995）。〈行政院新聞局廣播頻道開放作業現況簡報〉，頁5-6。

吳芬滿（2000）。〈網路廣播電台閱聽人生活型態與收聽行爲之研究〉。國立中山大學傳播管理研究所碩士論文。

吳俊達（2006）。〈數位家庭——家庭多媒體中心整合網路廣播電台與iPod音樂分享及管理〉。國立中正大學光機電整合工程研究所碩士論文。

呂佩珊（2003）。〈廣播電台之整合行銷傳播運用——從電台網站談起〉。國立交通大學傳播研究所碩士論文。

呂明俐（2001）。〈廣播電台廣告行銷制度與策略研究〉。國立政治大學碩士論文。

呂堅志（2005）。〈淺介英國通訊管理局OFCOM：一個統合性的電信與傳播管制機構的範例〉。台北：財團法人廣播電視基金會。

呂婉萍、林育卉（2007）。〈餅做大了嗎？談數位時代的收視率調查〉。

台北：財團法人廣播電視基金會。

李文益（1999）。〈亞太地區的DAB發展現況〉。《無線電界月刊》，81(1)，頁121-127。

李木村（2001）。〈數位音訊廣播DAB的探討〉。《廣電人》，75，頁24-27。

李家彰（2003）。〈中功率廣播電台應用整合行銷傳播之實證研究——以陽光聯播網促銷策略爲例〉。國立中山大學碩士論文。

李蝶菲（2005）。〈2004年歐洲數位廣播DAB的發展現況——以英國和德國爲例〉。2005傳播管理研討會——數位多媒體產業的製播與行銷學術研討會。台北：銘傳大學。

李彩（2007）。〈從Podcasting到iPhone，淺談數位行動媒體的變革與內涵〉。台北：公共電視。

沈伯陽（2003）。〈廣播電台有聲資料之應用與管理——以警察廣播電台爲例〉。國立台灣科技大學管理研究所碩士論文。

林必瑩（2001）。〈台灣廣播電台網站的E-mail 互動之研究〉。私立銘傳大學傳播管理研究所碩士論文。

林立（1993）。〈企業併購與策略聯盟的比較分析〉。國立台灣工業技術學院管理技術研究所企業管理學程碩士論文。

林高洲（2004）。〈寬頻衛星通訊系統之運用與展望〉。《IECQ報導》，2004年，8月號。

林漢年（2001）。〈數位廣播接收系統的技術整合與未來發展〉。《數位視訊多媒體月刊》。2001年，1月號。

林寶樹（2003）。〈數位多媒體廣播——數位廣播未來的天空〉，《數位視訊多媒體月刊》。2003年，5月號。

常勤芬（2001）。〈台灣網路電台經營管理之研究——以銀河網路電台爲例〉。私立銘傳大學傳播管理研究所碩士論文。

張英信、盧素涵（2003）。〈數位廣播新紀元啓動IA產品新契機探討〉。新竹縣：工業技術研究院產業經濟與資訊服務中心。

張素華、石倩蓁（2000）。〈1999年風雲廣告代理：達美高倒了沒？〉。《廣告雜誌》，頁78-93。

張耘之（2001）。〈大媒體朝列傳之聯播網風雲〉。《廣電人》，76，頁26-35。

張聲智（2005）。〈廣播電台自動化作業之研究——以漢聲電台爲例〉。世新大學傳播管理學研究所碩士論文。

曹琬玲（2006）。〈PBS與BBC組織改造迎向數位第二波〉。《公視研究季刊》，2006年10月號。

莊尚平（2005）。〈DAB全球地面廣播的新紀元）。《電工資訊》。2005年，6月號，頁36-39。

連紀舜（2004）。〈交通資訊在DAB的整合應用〉。數位廣播人才培訓講習會演講。

陳佳芬（1998）。〈描繪中功率電台未來遠景〉。《廣告》，89，頁48-50。

陳惠芳（2003）。〈台灣國際傳播機構整合之初探研究——以中央社、中央廣播電台、宏觀電視爲例〉。台北：國立政治大學廣播電視研究所。

陳慧瑩（2002）。〈網路廣播網站設計——互動性功能與便利性對閱聽人線上收聽偏好之研究〉。國立中山大學傳播管理研究所碩士論文。

陳耀聰（2008）。〈數位廣播應用創新服務〉。台北：數位視訊廣播通訊聯盟。

陸中明（2005）。〈校園網路電台節目與網站內容初探〉。台北：藝術學報。

陸中明（2006）。〈當Radio遇上iPod〉。台北：藝術欣賞。

陸中明（2007）。〈網路時代的國際廣播〉。2007台灣數位廣播電視傳播論壇研討會。

彭玉賢（2006）。〈數位時代的收視率調查面臨新變革〉。台北：公共電視。

馮景青（2008）。〈通訊大整合全面IP化TIME時代來了〉。台北：中國時報。

黃西玲（1997）。〈從台灣看美國媒體併購經驗——近五年併購個案及相關法令之分析與探討〉。台北：電視文化研究委員會。

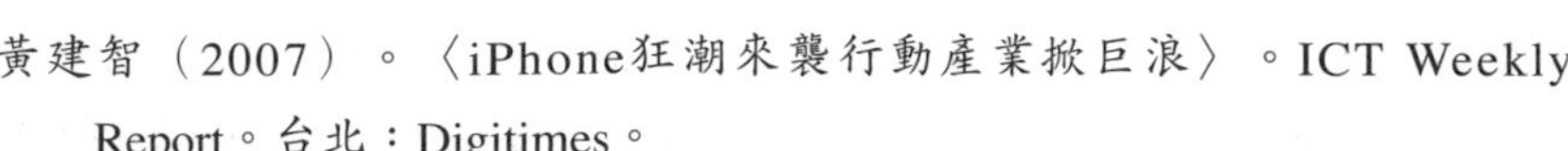

黃建智（2007）。〈iPhone狂潮來襲行動產業掀巨浪〉。ICT Weekly Report。台北：Digitimes。

黃雅琴（1999）。〈台灣地區廣播電台網站資訊呈現之分析研究〉。《傳播管理新思潮研討會——傳播、資訊與通信之整合》，頁378-434。高雄：國立中山大學傳播管理研究所。

楊忠川（1996）。〈傳播生態的新衝擊——網際網路廣播時代的來臨〉。《廣告雜誌》，62，頁125-127。

楊忠川（1996）。〈網際網路廣播站的經營策略〉。《廣電人》，21，頁45-47。

葉文煌（2000）。〈無線網路環境下之廣播資訊快速下載〉。國立中央大學資訊工程研究所碩士論文。

詹懿廉（2000）。〈廣播電台聯播、聯營、策略聯盟、相關問題之探討〉。《行政院新聞局八十八下半年及八十九年度研究報告彙編下冊》，頁617-636。台北：行政院新聞局。

蔡清嵐（2003）。〈資訊匯流下廣播產業未來發展趨勢研究〉。國立政治大學資訊管理研究所博士論文。

蕭文合（1996）。〈網際網路對媒體的影響〉。台灣網際網路研討會。新竹：國家高速電腦中心（http://www.nchc.gov.tw/act/tnet/speech）。

賴郁淇（2006）。〈數位時代的收視率調查〉。亞洲數位傳播內容與科技研討會。

羅之盈（2008）。〈BBC多媒體平台執行長特洛依談策略〉。台北：數位時代。

關尚仁（1992）。〈英、德、法三國廣播事業考察報告——英國廣播公司廣播網現況〉。台北：行政院新聞局。

(三)中文報紙

王品涵（2005）。〈個人廣播部落格〉。《蘋果日報》，2005年8月24日。

李寧怡（2006）。〈美2007車款7成可內建iPod〉。《蘋果日報》，2006年8月5日。

林上祚（2006）。〈月付10美元聽眾自己當DJ〉。《蘋果日報》，2006年7

月5日。

張翠蘭（2006）。〈蘋果iTunes 供下載電影〉。《蘋果日報》，2006年9月14日。

陳棐（2005）。〈新iPod播影片〉。《蘋果日報》，2005年10月14日。

馮景青（2008）。〈通訊大整合全面IP化TIME時代來了〉。《中國時報》。

黃筱珮（2006）。〈收視率調查將納入公平法規範〉。《中國時報》，2006年10月20日。

(四)中文網站

〈線上音樂服務發展趨勢觀察〉。2005, 5, 31. www.find.org.tw

交通部電信總局（2001）。〈數位音訊廣播DAB〉，http://www.dgt.gov.tw/chinese/Public-cares/12-0/12-0-900924.htm

行政院新聞局（2004年6月8日）。〈數位廣播頻率開放規劃方案〉，台北市：行政院新聞局。2005年8月25日，取自：http://info.gio.gov.tw/ct.asp？xItem=15316&ctNode=2014&mp=3

吳嘉輝（2003年9月30日）。〈DAB的現況與政策〉。2003國際數位廣播技術研討會，中央廣播電台國際廳。2005年8月14日，取自：http://www.cbs.org.tw/dab/speech/JIA-HUEIWU.pdf

怡德視訊（2007）。〈專屬於廣播電台的自動化播出解決方案〉，2008年10月9日，取自：www.ade.com.tw

林寶樹（2003年5月）。〈數位多媒體廣播——數位廣播未來的天空〉。2005年6月28日，取自：http://www.dvo.org.tw/publication/20030501.html

洪清標（2003年10月1日）。〈我國DAB數位廣播產業現況與未來〉。2003國際數位廣播技術研討會，中央廣播電台國際廳。2005年8月14日，取自：http://www.cbs.org.tw/dab/speech/DAB(2003-10-01).pdf

莊尚平（2005）。〈DAB引領廣播邁入數位新境界〉。《數位視訊多媒體月刊》。2005年8月12日，取自：http://www.dvo.org.tw/webap/c-show.asp?pid=67&parent=52

郭立瑋（2005）。〈網路廣播帶著走〉，www.CNET.com

陳清河（2004下載）。〈數位媒介產製之創新與傳布意涵——以台灣推動電視產業數位化爲例〉，http://ccs.nccu.edu.tw/oldccs/con2002/conworks/5A-3.doc

擎天信使（2008）。〈數位錄音的投資與應用〉。2008年10月5日，取自：www.gtxs.net/resources.htm

二、英文

(一)英文書籍

Albarran, Alan B. (1997). *Management of Electronic Media,* Belmont, CA: Wadsworth Publishing Company.

Bennet, Petter D. ed (1988), *Dictionary of Marketing Terms,* American Marketing Association.

Chris Priestman (2002). *Web Radio,* Boston: Focal Press.

Eastman, S. T. & Ferguson, D. A. (1997). *Broadcast/Cable Programming: Strategies and Practices,* 5th.ed. Belmont, CA: Wadsworth Publishing Company.

Hausman, Carl, Philip Benoit & Lewis B.O'Donnel (1996). *Modern radio Production,* Belmont, CA: Wadsworth Publishing Company.

Philippe perebinosoff, Brian Gross, Lynne S. Gross (2005). *Programming for TV, Radio, and the Internet,* Boston: Focal Press.

Pringle, Peter K., Michael F. Starr & William E. McCavitt (1995). *Electronic media Management,* Boston: Focal Press.

Ray Eldon Hiebert (2000). *Exploring Mass Media Changing World,* NJ : Lawrence Erlbaum Associates.

(二)英文期刊、論文

Briggs, R. and Hollis, N., (1997). Advertising on the web: is there response before click-through? *Journal of Advertising Research,* Mar/Apr: 33-44.

Burnett, J. J., (1991). Examining the media habits of the affluent elderly. *Journal of Advertising Research,* Oct/Nov: 33-41.

Bush, A. J., Bush, V. and Harris, S., (1998). Advertiser perceptions of the internet as a marketing communication tool. *Journal of Advertising Research, 38(2)*: 17-27.

Butler, P. and Peppard, J. (1998). Consumer purchasing on the Internet: Processes and prospects. *European Management Journal, 16(5)*: 600-601.

Dreze, X. and Zufryden, F., (1998. Is internet advertising ready for prime time. *Journal of Advertising Research, 38(3)*: 7-18.

Ducoffe, R. H., (1996). Advertising value and advertising on the web. *Journal of Advertising Research, 36(5)*: 21-34.

Eighmey, J. (1997). Profiling user responses to commercial web sites. *Advertising Research, 37(3)*, 59-66.

Huizingh, E. K. R. E. (2000). The content and design of web sites: an empirical study. *Information & Management,* 37, 123-134.

Kuchinskas, Susan (1999). Tune in to Internet Radio. *Adweek,* 40: 118-125.

Mary Jackson Pitts and Ross Harms (2003). Radio Websites as a Promotional Tool. *Journal of Radio Studies, Volume 10,* No.2, 2003.

Merrill M. and Christine O., (1996). The internet as mass medium. *Journal of Communication, 46(1)*: 39-50.

Napoli, J. and Ewing, M. T., (2001). The net generation: an analysis of lifestyles, attitudes and media habits, *Journal of International Consumer Marketing, 13(1)*: 21-34.

Palmer, J. W. & Griffith A. D. (1998). An emerging model of Web site design for marketing. *Communications of the ACM, 41(3)*, 45-51.

Parker, B. J. and Plank, R. E., (2000). A use and gratifications perspective on the internet as a new information source. *American Business Review, 18(2)*: 43-49.

The Arbitron Company. (2000). Radio Station Web Site Content: An in depth look. Arbitron/Edison Media Research. Retrieved from August 14, 2002. http://www.arbitron.com/downloads/radiostationwebstudy.pdf

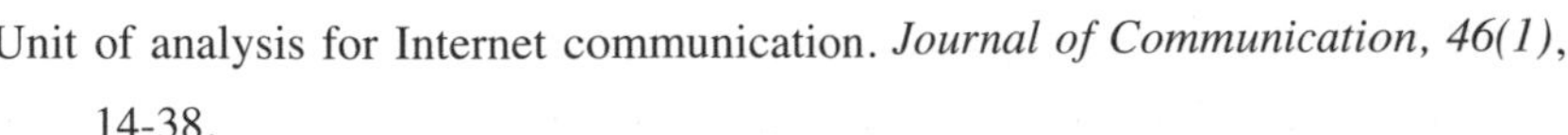

Unit of analysis for Internet communication. *Journal of Communication, 46(1)*, 14-38.

Wen Ren and Sylvia M. Chan-Olmsted (2004). Radio content on the world wide web: Comparing streaming radio stations in the United States. *Journal of Radio Studies, Volume 11*, No.1, 2004.

Yoon, S. J. and Kim, J. H., (2001). Is the Internet more effective than traditional media? Factors affecting the choice of media. *Journal of Advertising Research*, Nov/Dec: 53-60.

(三)英文網站

"Advertisers change channels" Retrieved April 21, 2006 from www.redherring.com

"Anytime Anywhere Media Measurement" Retrieved August 14, 2006, from www.nielsenmedia.com

"BBCiPlayer market Impact Assessment" retrieved Jan.2007, from www.ofcom.org.uk

"BBCiPlayer market Impact Assessment" retrieved January, 2008, from www.ofcom.org.uk

"BBCRadio listening via new platforms" retrieved January, 2008, from www.rajar.com

"Bridge Ratings 2007 Projections & Predictions" retrieved Feb. 2007, from www.bridge.com

"Bridge Ratings 2007 Projections & Predictions" retrieved Feb. 2008, from www.bridge.com

"Bridge ratings studies MP3 players, satellite radio" Retrieved august 23, 2006 from www.fmqb.com/articla.asp?t=p&id=262936

"Create, Record, Edit and Share Music and other Digital Audio" retrieved August 6, 2005, from www.gamesindustry.biz/press-release.php?aid=9371

"Get HD? Radio format starts new push" Retrieved June 10, 2006, from www.reuters.com/news

"Internet and Multimedia 2006: On-Demand Media Explodes" retrieved

January 24, 2008 from www.arbitron.com

"Internet and Multimedia 2006: On-Demand Media Explodes" retrieved March from www.arbitron.com

"Internet Study X1: the Media and entertainment world of on line consumers" Arbitron/Edison Media Research, Retrieved February 25, 2004, from http://www.arbitron.com/downloads/19summary.pdf

"Online Radio Rating", Retrieved May, 2005, from www.arbitron.com

"Radio Today, 2006 Edition" Retrieved May 25, from www.arbitron.com

"Radio Today, 2008 Edition" Retrieved April 1, 2008 from www.arbitron.com

"RAJAR 91" retrieved Feb. 2007, from www.arbitron.com

"RAJAR 96" retrieved Feb. 2008, from www.arbitron.com

"The Infinite Dial: Radio's Digital Platforms" Retrieved January 20, 2008 from www.arbitron.com

"The Infinite Dial: Radio's Digital Platforms" Retrieved Ma 25, from www.arbitron.com

"TNS media intelligence reports US advertising market grew 4.1 percent in first half of 2006" retrieved September 6, 2006, from www.tns-mi.com/news

"U.S. advertising market shows strong growth in 2005" Retrieved April 4, 2006 from www.tns-mi.com/news

"What Do Listeners Listen To When They Listen To Radio Online?" Retrieved January 14, 2008, from www.emarketer.com/articles/

"What Do Listeners Listen To When They Listen To Radio Online?" Retrieved July 14, 2006, from www.emarketer.com/articles/

"Where the listeners go?" retrieved April 6, 2006, from www.fmqb.com/articla.asp?t=p&id=197249

"XM Canada adds Net value with launch of XM Radio Online" Retrieved July 13,2006, from www.newswire.ca/en/releases/archive

Asia DAB Committee(2005). DAB In Asia: Singapore. Retrieved September 22, 2005, from the World Wide Web: http://www.asiadab.org/dab_asia_singapore.htm

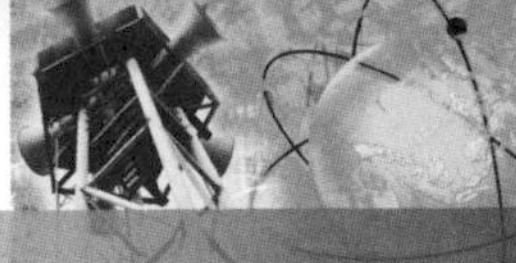

BBC (2004), Radio listening via new platforms, RAJAR Q2, 2004.

BBCAnnual Report and Accounts 2005/2006. Retrieved Aug, 2008, from http://www.bbc.co.uk/

Bill Wise, "MSN+ eBay+ XM=Advertising 2010" Retrieved August 7, 2006, from www.publications.mediapost.com

British Broadcasting Corporation(2004). DCMS Review of DAB Digital Radio-TheBBCsubmission. Retrieved January 5, 2006, from the World Wide Web: http://www.bbc.co.uk/info/policies/pdf/dab_review.pdf

Cary Darling, "Divide and …conquer?" Retrieved August 4, 2006 from www.dfw.com

Claire Nuttall (2004), DAB Digital Radio Market Update, DRDB.

Digital One:www.ukdigitalradio.com

Digital Radio Development Bureau(2003, February). DRDB News Bulletin #5. Retrieved September 26, 2005, from the World Wide Web: http://www.drdb.org/feb_2003.php

Digital Radio Mondiable(2005). DRM: Technical Aspects of The On-Air System. Retrieved September 22, 2005, from the World Wide Web: http://www.drm.org/system/technicalaspect.php

Doreen Filice," Satellite radio offers listeners commercial-free entertainment-and plenty choices" Retrieved August 25, 2005 from www.gilroydispatch.com/lifestyles/contenview

Office of Communications(2005). The Communications Market 2005. Retrieved September 27, 2005, from the World Wide Web: http://www.ofcom.org.uk/research/cm/cm05/comms_mkt_report05.pdf

Samsung and XM to make MP3/radio player, retrieved August 1st, 2005, from www.dailytimes.com.pk.

Steve Outing, "The next big things for newspapers: Podcasting, Vodcasting" Retrieved February 20, 2006 from www.editorandpublisher.printthis.clickability.com

Victor Keegan, "Suring the airwaves with the new wireless" Retrieved

February 2, 2006, from www.technology.guardian.co.uk

World DAB Forum(2005a). DAB Worldwide: Country Status. Retrieved September 18, 2005, from the World Wide Web: http://www.worlddab.org/cstatus.aspx

World DAB Forum(2005b). RSC Brochure: Guide to Digital Radio "Building for Success - Aiding Implementation and Roll-out of DAB". Retrieved September 12, 2005, from the World Wide Web: http://www.worlddab.org/images/Final-Journal2005.pdf

新聞傳播叢書 5

現代廣播學

作　　者／陸中明
出 版 者／威仕曼文化事業股份有限公司
發 行 人／葉忠賢
總 編 輯／閻富萍
地　　址／台北縣深坑鄉北深路三段 260 號 8 樓
電　　話／(02)8662-6826
傳　　真／(02)2664-7633
網　　址／http://www.ycrc.com.tw
E-mail ／service@ycrc.com.tw
印　　刷／鼎易印刷事業股份有限公司
ISBN ／978-986-84317-4-4
初版一刷／2009 年 2 月
定　　價／新台幣 450 元

國家圖書館出版品預行編目資料

現代廣播學 = Modern radio broadcasting / 陸中明著. -- 初版. -- 臺北縣深坑鄉：威仕曼文化, 2009.02
面； 公分（新聞傳播叢書；5）
參考書目：面
ISBN 978-986-84317-4-4 (平裝)

1.廣播學

557.76 97024398